Michael Iwanowski

101 Namibia

Die schönsten Reiseziele, Lodges & Gästefarmen

IWANOWSKI'S REISEBUCHVERLAG

Im Internet:

www.iwanowski.de

Hier finden Sie aktuelle Infos zu allen Titeln, interessante Links – und vieles mehr!

Einfach anklicken!

Schreiben Sie uns, wenn sich etwas verändert hat. Wir sind bei der Aktualisierung unserer Bücher auf Ihre Mithilfe angewiesen: **info@iwanowski.de**

101 Namibia
Die schönsten Reiseziele, Lodges & Gästefarmen
4. Auflage 2022

© Reisebuchverlag Iwanowski GmbH
Salm-Reifferscheidt-Allee 37 • 41540 Dormagen
Telefon 0 21 33/26 03 11 • Fax 0 21 33/26 03 34
info@iwanowski.de
www.iwanowski.de

Titelfoto: Tented Lodge, Nambwa / © Rodgers
Alle anderen Farbabbildungen: siehe Bildnachweis S. 235
Redaktion und Lektorat: Maike Stünkel
Layout: Monika Golombek, Köln
Karten: Astrid Fischer-Leitl, München
Titelgestaltung: Point of Media, www.pom-online.de
Redaktionelles Copyright, Konzeption und deren ständige Überarbeitung:
Michael Iwanowski

Gesamtherstellung: mediaprint solutions GmbH, Paderborn
Printed in Germany

ISBN: 978-3-86197-220-4

Inhalt

Lodges und Gästefarmen 99

Michael Iwanowski bereist seit über 40 Jahren regelmäßig Namibia. 1983 veröffentlichte der studierte Geograf den ersten deutschsprachigen Reiseführer über das Land. Sein renommiertes Reiseunternehmen „Iwanowski's Individuelles Reisen" ist einer der Marktführer für Individualreisen in das südliche Afrika. In Iwanowski's Reisebuchverlag sind viele weitere Reiseführer von ihm erschienen, unter anderem zu Südafrika, Botswana und Florida.
Die freie Autorin und Redakteurin **Daniela Kebel** steuerte für diesen Band 6 Texte bei, diese sind namentlich gekennzeichnet.

EINLEITUNG

Vorwort

Namibia – Luxus der Weite. Selten klang der Slogan des Namibia Tourism Board verlockender als in diesen Zeiten. Endlose Wüstenlandschaften, einsame Nächte unter dem Sternenhimmel, faszinierende Landschafts- und Tiererlebnisse – Namibia ist das ideale Reiseziel für alle, die das Besondere suchen, statt sich auf überlaufenen Touristenpfaden in die Schlange zu stellen. In Namibia leben auf einer Fläche mehr als doppelt so groß wie Deutschland lediglich gut zwei Millionen Menschen. Authentische Begegnungen, Entschleunigung, aber auch ein Hauch von Abenteuer waren hier schon Programm, lange bevor es den Begriff „Slow Tourism“ überhaupt gab.

Dieses Buch will neugierig machen auf die vielen Facetten des abwechslungsreichen Landes im Südwesten Afrikas. Die außergewöhnliche Natur und unendliche Weite Namibias sind nur knapp 10 Flugstunden von uns entfernt. Maximal eine Stunde Zeitverschiebung, ein gesundes Hochlandklima, vielseitige und gute Unterkunftsmöglichkeiten für jedes Budget, hohe Sicherheit für Reisende, keine besonderen Gesundheitsrisiken: Namibia ist das **ideale Reiseland** für Afrika-Liebhaber und solche, die es werden wollen.

In „101 Namibia“ stelle ich Ihnen ein Mosaik zusammen, das Lust auf mehr machen soll. Auf jeweils 2 Seiten werden Ziele aus den Kategorien Landschaft und Natur, Tiere und Pflanzen, Menschen und Kultur, Safaris sowie Lodges und Gästefarmen vorgestellt.

Dieses Buch ist kein Reiseführer im klassischen Sinn und erhebt auch keinen Anspruch auf Vollständigkeit. Stattdessen sollen **ausgewählte Spots die Fülle der Möglichkeiten** spiegeln. Ich möchte zeigen, wie schön, wie vielseitig und einzigartig das Land zwischen Namib und Kalahari ist.

Dabei werden auch **organisatorische Fragen** beantwortet: Wie anreisen? Wo übernachten? Wo gibt es weitere Informationen? Wer bietet Touren und Ausflüge an? Welche Unterkünfte legen besonderen Wert auf Nachhaltigkeit? So können Sie sich nach und nach Ihr eigenes Reisepuzzle Namibia zusammensetzen und alles nach Ihren persönlichen Wünschen und Bedürfnissen gestalten.

Im Anhang finden sich Informationen zu den Themen Autofahren und Mietwagen, Klima und Reisezeit, Sicherheit und Gesundheit sowie Campingurlaub in Namibia.

Für welche Route und welche Spots Sie sich auch entscheiden werden, ich wünsche Ihnen in jedem Fall eine gute Reise – Gute Pad!

Michael Iwanowski

NATUR UND LANDSCHAFT

I Für Abenteurer: 4x4-Tour durchs Kaokoveld

Das Kaokoveld zählt zu den besonders unberührten Landstrichen in Namibia. Im Nordwesten des Landes gelegen und an den Kunene grenzend, ist es das Gebiet der **hererosprechenden Himba**. Im Westen schließt sich die unwirtliche Skelettküste an, seit jeher eine natürliche Barriere. Die Buchtenarmut und die sturmgepeitschte See hielten Eroberer fern, die zerklüftete Gebirgswelt tat ihr Übriges: kein Land für Eindringlinge! In dieser Abgeschiedenheit konnte sich das Volk der Himba zumindest teilweise seine ethnische Eigenart und Kultur bewahren.

Insgesamt betrachtet, ist das Kaokoveld **sehr bergig**. 3 Gebirgszüge erheben sich: der Ehombo, die Zebraberge und das große Baynes-Gebirge. Die Landschaft zeichnet sich durch die bizarren, pastellfarbenen Gebirge, urtümliche Flüsse sowie eine äußerst dünne Besiedlung aus. Dem Reisenden steht nur eine sehr dürftige touristische Infrastruktur zur Verfügung. **Individualreisende** sollten deshalb grundsätzlich mit 2 Geländewagen und entsprechendem Vorrat an Wasser, Lebensmitteln und Benzin unterwegs sein. Gutes Kartenmaterial und ein Navigationssystem sind absolut notwendig. Viele der „Straßen" sind schwere Pisten oder kaum erkennbare Wege, die nur dem geübten Geländewagen-Fahrer vorbehalten sind.

Man muss sich entlang der gesamten Strecke **praktisch ausschließlich auf Camping** einrichten. Wildes Campen ist noch überall erlaubt. Angelegte Campingplätze gehören im Kaokoveld oft den Communities oder kleinen Unternehmern. Solche Campingplätze liegen z. B. im Bereich Marienfluss-Tal/Kunene, an den Epupa Falls und an der Strecke von Swartbooisdrift nach Ruacana.

Der Kunene bildet im Kaokoveld Namibias natürliche Grenze zu Angola

Im Geländewagen durch das Hartmanntal

Für eine Tour durchs Kaokoveld sind auf jeden Fall die trockenen und kühleren Monate **zwischen April und September** vorzuziehen. Vorsicht: Wenn es eine starke sommerliche Regenzeit gab, können viele Wege noch schlimmer sein, als sie es üblicherweise sind! Selbst im Winter wird es tagsüber 30–35 °C heiß, die Temperaturen fallen aber nachts durchaus auf bis zu 5 °C ab. Im Bereich der Hartmannberge und des westlichen Kunene-Tals kommt oft Küstennebel in den frühen Morgenstunden auf – die Temperaturen fallen dann entsprechend.

Zu Beginn des 20. Jahrhunderts war das Kaokoveld noch ein wildreiches Gebiet. Neben den kleineren Antilopenarten, wie Springböcken, Stein- und Gemsböcken, gab es auch Löwen, Nashörner und Elefanten. Dieser Wildreichtum lockte Jäger an, die den Tierbestand stark dezimierten und manche Arten in dieser Region komplett ausrotteten. Durch konsequente Bekämpfung der Wilderei in den vergangenen Jahren und Jahrzehnten konnte sich aber wieder eine **reiche Fauna** im Kaokoveld entwickeln. Berühmt sind die Wüstenelefanten. Man schätzt ihre Zahl auf 500 bis 800 Exemplare. Daneben gibt es Nashörner, Zebras, Kudus, Schakale und viele andere an die harten Bedingungen angepassten Tiere. Unterwegs wird man häufig Oryxantilopen, Springböcken und manchmal Giraffen begegnen, die gerne in akazienbestandenen Flusstälern leben.

Info

Übernachten: Wer sich statt Camping mal ein festes Dach über dem Kopf gönnen möchte, hat u. a. die Wahl zwischen der exklusiven **Okahirongo Elephant Lodge** (S. 116) und dem **River Camp**, der erschwinglicheren **Kunene River Lodge** (S. 100) und dem **Etaambura Camp** (www.kcs-namibia.com.na) mit 5 Chalets für Selbstversorger.

Touren: Geführte Campingsafaris ins Kaokoveld bieten zum Beispiel **Namibia Tracks & Trails** (www.namibia-tracks-and-trails.com) an.

2 Westcaprivi: Popa Falls und Bwabwata National Park

Der sogenannte Caprivizipfel ist mit seiner charakteristischen Fingerform ein **topografisches Unikum** auf der Landkarte des südlichen Afrika. 2 große, majestätisch wirkende Flüsse durchqueren das Gebiet von Norden nach Süden: der Okavango und der Kwando. Über den westlichen Eingang des Caprivizipfels gelangt man ins frühere Kavangoland. Dem Reisenden offenbart sich eine wunderschöne Landschaft: fruchtbares Uferland und eine für Landesverhältnisse **üppige Vegetation**. Etwa 500–600 mm Niederschlag fallen hier jährlich. Weiter südlich des Okavango nehmen die Niederschläge ab. In Ufernähe findet man Getreidefelder, Obst- und Gemüseanbau.

Die **Popa Falls** bei Bagani werden von den Einheimischen auch „Mpupo" genannt, was so viel wie „stürzendes Wasser" bedeutet. Sie sind ein idealer Zwischenstopp bei einer Durchquerung des Caprivizipfels. Es handelt sich hierbei weniger um einen Wasserfall als vielmehr um Stromschnellen. Der Okavango stürzt hier über felsigen Untergrund (dunkler Quarzit) etwa 3 m tief. Während der Trockenzeit ist der Eindruck dieser Kaskaden imposanter als zu Zeiten hohen Wasserstandes, wo der Fluss leichter über die Felsklippen hinweghuscht. Das Wasser ist **herrlich klar**, sodass man die Fälle auch manchmal als „White Water Falls" bezeichnet. Immer wieder gibt es Pläne zum Bau eines Stausees mit dem Ziel der Elektrizitätsgewinnung. Mit Sicherheit würde die Realisierung eines solchen Projekts viel von der malerischen Schönheit des Gebiets nehmen.

15 km südlich der Popa Falls – auf dem Wege nach Botswana (Shakawe) – liegt der ehemalige Mahango Game Park. Dieser ist seit 2007 ein Teil des großen **Bwabwata National Parks**, zu dem außerdem das Gebiet des ehemaligen West Caprivi Game Parks gehört. Der nicht eingezäunte Park umfasst nun etwa 6.000 km² und liegt zwischen dem Okavango und dem Kwando. Hier leben heute mehr als 5.000 Elefanten, Büffel, Flusspferde, Löwen und Leoparden sowie die savannentypischen Antilopenarten.

Sonnenuntergang am Okavango

Zwar sind Teilstrecken je nach Jahreszeit mit einem normalen Pkw mittlerweile befahrbar, doch die 19 km lange Rundfahrt kann man nur mit einem **Allradfahrzeug** unternehmen. Diese Rundfahrt führt durch den Thinderevy-Omuramba, später über eine Dünenkette in den Mahango-Omuramba und entlang der Okavango-Flussaue zurück.

Da das Gebiet teilweise am Okavango liegt, kann man hier **Flusspferde, Krokodile und Litschiantilopen** beobachten. In der Trockenzeit stehen die Chancen gut, viele Elefanten anzutreffen, die aus Angola, Sambia und Westcaprivi kommen. Vor allem für Ornithologen ist das Gebiet sehr interessant. Die riesigen Baobab-Bäume im Ostteil sind ebenfalls sehenswert.

Wegen des extrem klaren Wassers werden die Popa Falls auch „White Water Falls" genannt

Info

Übernachten: Das **Popa Falls Camp** von Namibia Wildlife Resorts (NWR) liegt direkt am Okavango, an den letzten Stromschnellen, bevor der Fluss ins Okavangodelta fließt. Die schön gestalteten Chalets mit eigener Terrasse stehen unter Schatten spendenden hohen Bäumen. Restaurant, Schwimmbad und Campingplatz sind vorhanden (www.nwr.com.na). Schöne Alternativen in der Region sind die **Kayova River Lodge** (S. 106), die noch ein richtiger Geheimtipp ist, sowie die renommierte **Divava Okavango Lodge** mit Spa (www.divava.com).

Sonstiges: Eine Malariaprophylaxe ist ganzjährig notwendig.

3 Offroad-Erlebnis im Khaudum National Park

Für abenteuerlustige Offroad-Fahrer ist der Khaudum National Park eine besondere Herausforderung. Das 3.842 km² große Wildreservat ist der einzige Teil Namibias, in dem das Kalahari Sandveld unter **absolutem Naturschutz** steht. Hier kann man Giraffen, Elefanten, verschiedene Antilopenarten (Oryx- und Pferdeantilopen, Springböcke, Kudus, Steinböcke), Hyänen, Schakale, Leoparden und Löwen beobachten, aber auch für Ornithologen ist das Gebiet hochinteressant. Der Park ist nicht eingezäunt, sodass die Tiere ihren Migrationsrouten ungehindert folgen können.

Auf dem Weg in den Khaudum

Eine günstig gelegene Zwischenstation auf dem Weg von Zentralnamibia in den Nationalpark ist die nahe der B8 gelegene **Gästefarm Wildacker**. Von hier aus fährt man zunächst über die C44 nach Tsumkwe und dann weiter ins Khaudum-Gebiet (Gesamtstrecke ca. 260 km). Wildacker ist eine sehr persönlich geführte Unterkunft in einem 150 km² großen privaten Wild- und Naturschutzgebiet. 5 großzügige, modern ausgestattete Bungalows stehen für die Gäste bereit. Die familiäre Atmosphäre sowie die abwechslungsreiche Landschaft und Tierwelt laden auch zu einem längeren Aufenthalt auf der Farm ein.

Die Vegetation besteht aus **Trockenwäldern**. Das Gebiet erhält im Sommer meistens so viel Regen, dass das Gras sehr hoch wächst und die Tierbeobachtungen erschwert werden. Da der Park nur von wenigen Touristen besucht wird, ist das Wild sehr scheu. Durch das Parkgebiet ziehen vereinzelte San-Familien, dier hier Wildfrüchte sammeln.

Die Khaudum-Region gehört zu den westlichen **Ausläufern der Kalahari-Sandwüste**. Vor mehr als 100 Millionen Jahren bildete das Kalahari-Becken eine riesige, flache Mulde, die allmählich mit Sedimenten zugedeckt wurde. Im südwestlichen Gebiet lagerten sich Sandschichten in einer Dicke von bis zu 350 m ab, im östlichen Teil dagegen erreichten sie nur 50 m. Vor ca. 3 Millionen Jahren formten Winde von Osten nach Westen verlaufende Dünen, die in der feuchteren Folgezeit durch Vegetation verfestigt wurden.

Nur an wenigen Stellen tritt aus diesem **Sandmeer** Grundgestein an die Oberfläche, so z. B. bei Andara am Okavango, wo alte Basaltformationen zu Tage kommen oder in der Nähe des Camps Sikereti, wo man an einigen Stellen Quarzite entdecken kann.

Die Tour erfordert gute Planung und Offroad-Erfahrung

Die Tiere können ungehindert ihren Migrationsrouten folgen

Der Park ist durchzogen von sogenannten **Omiramba**. Diese Bezeichnung stammt aus der Herero-Sprache und heißt so viel wie „schlecht zu erkennender Flusslauf“. Fast alle Omiramba (in Nordafrika auch Wadis genannt, in den USA Creeks) führen bzw. fließen (falls Wasser vorhanden ist) parallel zu den in ost-westlicher Richtung verlaufenden Dünen. In der geologischen Vergangenheit, als es in diesem Gebiet viel mehr regnete, führten diese Flüsse wahrscheinlich in Richtung Okavangobecken.

Heute fließen sie nicht mehr: Nur in der Regenzeit kann es vorkommen, dass Teile der Flusstäler für kurze Zeit gefüllt werden. Dann sickert das Wasser durch die Sandschichten zum Okavangobecken, während umgekehrt in der Trockenzeit die Fluten des Okavangobeckens für ein Ansteigen des Grundwasserspiegels der Omiramba im Khaudum-Gebiet sorgen. Für die Tierwelt bedeutet das: Da die Vegetation in den Omiramba attraktiv ist (u. a. gesäumt von Akazienwäldern und durchzogen von Riedbetten) und in der Trockenzeit einige Pools mit Wasser gefüllt zurückbleiben, sind diese fossilen Flussbette hoch frequentierte **Wanderrouten** der Tiere und damit optimale Beobachtungsstellen.

Info

Übernachten: Im südlichen Parkteil liegt das **Camp Sikereti**, im nördlichen Teil das (schönere und wildreichere) **Camp Khaudum**. Im Camp Khaudum gibt es eine Rezeption, Toiletten und Duschen, Sikereti ist zzt. nicht in Betrieb (Stand Feb. 2022). Im Nordteil entsteht eine neue Lodge (**Xaudum Lodge**, deren Eröffnung seit Jahren „kurz bevor“ steht). Vorerst muss man sich auf Selbstversorgung einrichten. Die Camps sind nicht eingezäunt, mit Elefanten- und Löwenbesuchen ist zu rechnen.

4 Spektakuläre Skelettküste

Der abweisend klingende Name dieses nördlichen Küstenabschnitts verrät die wahrlich **raue Natur** einer der lebensfeindlichsten Landschaften der Welt. Die sturmzerzauste See des Südatlantiks und die dichten Nebel über dem kalten Benguela-Meeresstrom ließen hier schon viele Schiffe stranden. Die Skelettküste reicht vom Fluss Ugab bis zum Kunene an die angolanische Grenze. Heute gehört sie zum Skeleton Coast National Park. Dieser besteht aus 2 Teilbereichen: dem nördlichen Gebiet zwischen den Flüssen Hoanib und Kunene und dem südlichen Gebiet zwischen Hoanib und Ugab.

An der Skelettküste ist es ganzjährig kühl, oft neblig und – besonders in den nördlichen Teilen – stürmisch. Manchmal liegen in Küstennähe Salzpfannen und Lagunen. Die Strände sind oft steinig. Landeinwärts sind die Felsmassen durch Winde, die Sand mit sich führen, abgeschliffen. Durch starke Winde ist die Sicht immer behindert; man spricht in diesem Zusammenhang von den „Roaring Forties", aus denen die Stürme wehen. Selbstverständlich ist diese Küste quasi **unbewohnt**. Nur in kurzlebigen Bergwerkssiedlungen oder an Stellen, wo Prospektoren tätig sind, leben zeitweise Menschen.

Alte, verrostete Schiffswracks säumen die Küste und legen Zeugnis von so manchem furchtbaren Schicksal ab. Zwischen Sand und Geröll liegen gebleichte Knochen und Menschenschädel. Verschiedene Faktoren führten dazu, dass immer wieder Schiffe strandeten: die Unterströmung des Benguela-Stroms, die starken,

Wer beim Kentern noch davonkam, hatte in der unbarmherzigen Namib keine Überlebenschance

Die meisten Wracks an der Skelettküste stammen von amerikanischen Walfangbooten

landeinwärts wehenden Südwest-Winde und die enorme Sichtbehinderung durch den Nebel. Selbst wenn es einem Schiffbrüchigen gelungen war, das rettende Ufer zu erreichen, so verschlug es ihn an den Rand der Namib, die ihn menschenleer und ohne Nahrung und Wasser empfing. Glaubte man, nur die Küstendünen überwinden zu müssen, um in fruchtbare Gebiete zu gelangen, stellte man nach einigen Kilometern ins Landesinnere fest: Auch hier gab es keine Chance zum Überleben.

Wenn man die Tagebücher der frühesten Händler oder Berichte der ersten kolonialen Küstenexpeditionen in den 1890er-Jahren liest, wird deutlich, wie zutreffend der Name Skelettküste ist. Hier befindet sich nach Meinung von Experten der größte Schiffsfriedhof der Welt. In den alten Dokumenten erfährt man von Wrackteilen, die von portugiesischen, holländischen, britischen, hauptsächlich jedoch von **amerikanischen Walfangbooten** stammen. Überall fanden sich Schiffszubehör, Harpunen, Ketten, Tranfässer, Anker, Planken, die Gebeine von Glücksrittern und Seeleuten, die dem Atlantik zwar getrotzt und sich an Land gerettet hatten, um dann hier elendig zugrundezugehen.

Manche Besucher suchen allerdings vergeblich nach den Schiffswracks … In der Tat liegen diese zumeist **sehr abgeschieden** und schwer zugänglich. Viele befinden sich gar nicht im Bereich des Skeleton Coast Parks, sondern südlich von Walvis Bay, an der Küste nach Lüderitz. Dorthin führen Flugsafaris ab Swakopmund.

Info

Übernachten: Im allgemein zugänglichen Teil des Parks bietet der NWR einfache Bungalows und Campingplätze an (**Terrace Bay Resort** bzw. **Torra Bay Camp**, www.nwr.com.na). Ein ganz besonderes Erlebnis bietet die **Shipwreck Lodge** (s. S. 118).

Touren: Flugsafaris in das Konzessionsgebiet werden von Skeleton Coast Safaris angeboten. Nicht billig, aber dafür unvergesslich sind die 4–6-tägigen Touren, bei denen man in Kleinflugzeugen in geringer Höhe über die spektakuläre Küstenlandschaft fliegt (www.skeletoncoastsafaris.com).

5 Naturwunder und Stätte der Weltgeschichte: der Waterberg

Der freistehende Waterberg erstreckt sich auf etwa 48 km Länge und bildet ein Plateau von 8–16 km Breite. Das Plateau wird von einer 180–200 Millionen Jahre alten Etjo-Sandschicht gebildet. Diese ist porös und speichert daher das Wasser, das langsam durch den Sandstein sickert, bis es auf ein wasserundurchlässiges, lehmartiges Gestein stößt. Entlang dieser Schicht gibt es vor allem am südöstlichen Hang viele Quellen, die für eine reiche Pflanzen- und Tierwelt sorgen. Da er bis zu 200 m aus der flachen Buschsavanne der Kalahari herausragt, fängt der Waterberg in der Regenzeit oft Wolken ab. Deshalb ist er **vegetationsreicher** als die Umgebung.

Schon seit Urzeiten war die Region um den Waterberg **bevorzugtes Siedlungsland**. Davon zeugen u. a. Felszeichnungen am Okarakuwisaberg (dem nördlichen Teil des Waterbergs). 1851 entdeckten Francis Galton und Charles Andersson als erste Weiße dieses Gebiet. In ihren Tagebüchern berichten die Forschungsreisenden von San, die sie hier antrafen. Für die Herero war das Gebiet um den Waterberg stets eine beliebte Weidelandschaft. Der Herero-Häuptling Kambazembi ließ hier eine Herde von annähernd 40.000 Rindern weiden. Da hier viele Menschen lebten, ließen auch die Missionare nicht auf sich warten: 1873 gründete die Rheinische Mission bei Otjozondjupa eine Station, die allerdings während des Herero-Khoikhoi-Kriegs einige Jahre später zerstört und 1891 wieder aufgebaut wurde. 1896 errichtete die deutsche Kolonialverwaltung hier einen Polizeiposten. Das Wohnhaus für die Beamten wurde nach Einrichtung des Parks stilvoll renoviert und dient heute als Restaurantgebäude des Waterberg Rest Camps.

Blick in die Ebene

Ein Ort der Weltgeschichte wurde der Waterberg durch die **größte Schlacht** zwischen den Herero und der deutschen „Schutztruppe" (11. August 1904). Das Vorgehen der Deutschen nach der Schlacht gilt als erster Völkermord des 20. Jahrhunderts, lange wurde dies von Deutschland allerdings nicht als solcher anerkannt. Nach jahrelangen Gesprächen über Reparationszahlungen einigten sich die namibische und die deutsche Regierung 2021 auf eine „Wiederaufbauhilfe" von rund 1 Mrd. Euro. Jährlich findet am Waterberg eine gemeinsame Gedenkfeier von Herero und Deutschen statt.

1972 wurde das 405 km^2 große Plateau des Waterbergs zum Nationalpark erklärt, um die **einmalige Tierwelt** zu schützen. Anfangs vor allem für die Elenantilope gedacht, wurden bald seltene Arten wie Pferde- und Rappenantilope aus den Regionen Kavango und Sambesi (Caprivi) angesiedelt; hinzu kamen Büffel aus dem Nordosten Namibias und Breitmaulnashörner aus Südafrika. 1989 setzte man auch bedrohte Spitzmaulnashörner aus dem Nordwesten Namibias aus. Mittlerweile werden im Waterberg Plateau Park immer wieder überschüssige Tiere gefangen und umgesiedelt oder auf Auktionen verkauft.

Weitere Tierarten am Waterberg sind Giraffe, Schwarznasenimpala, Säbel- und Leierantilope, Kudu, Warzenschwein und Pavian. An Raubtieren finden sich hier Gepard, Leopard, Braune Hyäne, Schabrackenschakal sowie Wüstenluchs. Die zierlichen Damara-Dik-Diks sieht man des Öfteren am Wegesrand am Berghang. Mehr als **200 Vogelarten** wurden am Waterberg beobachtet. Besonders eindrucksvoll sind die Kapgeier, deren einzige Brutstätte in Namibia hier am Okarakuwisaberg liegt.

Insgesamt ist das Plateau des Waterbergs jedoch eher von landschaftlichem Reiz, da man dort die meisten Tiere nur selten zu Gesicht bekommt.

Giraffenfamilie im Waterberg Plateau Park

Info

Internet: www.waterberg-namibia.com
Übernachten: Waterberg Wilderness Lodge (S. 152) oder Waterberg Rest Camp des staatlichen Betreibers Namibia Wildlife Resorts (www.nwr.com.na). Die Frans Indongo Lodge (S. 148) liegt ebenfalls in der Nähe, von hier aus muss man allerdings bis zu 2 Stunden Anfahrt für den Ausflug zum Waterberg einplanen.
Touren: Es werden Geländewagenfahrten, geführte Wanderungen und Wanderwege angeboten (www.nwr.com.na, www.waterberg-wilderness.com).

6 Geheimnisvoller schwarzer Fels in der Savanne: das Brandbergmassiv

In den ariden Wüsten- und Trockensavannenzonen Namibias findet man häufig tiefschwarz glänzende Gesteine, die im Volksmund als „Wüstenlack“ bezeichnet werden. Tatsächlich aber handelt es sich um das Ergebnis chemischer Prozesse an der Oberfläche der Gesteine, hervorgerufen durch extreme Sonneneinstrahlung und die damit verbundene Hitze. Der Wüstenlack ist eine **glänzende Mineralkruste** auf Fels- und Gesteinsflächen, die aus einer 1–3 mm dünnen Schicht von Mangan-, Kieselsäure- oder Eisenverbindungen besteht, welche durch das Aufsteigen von Lösungen an der Gesteinsoberfläche angereichert wird. Kondensierende Feuchtigkeit (z. B. Tau) sowie die hohe Verdunstung begünstigen die Entstehung von Wüstenlack, und da sich dieser mantelartig um das Gestein herumlegt, nennt man ihn auch „Wüstenrinde“.

Unter diesem Deckmantel können sich daher Gesteine unterschiedlicher Farbe verbergen. Der Glanz kommt vor allem durch sogenannten Windschliff zustande: Feine Sandpartikelchen, vom Winde transportiert, schleifen Fels und Gesteinsflächen allmählich blank („Wüstenpolitur“).

Ein Beispiel ist das gewaltige Brandbergmassiv im Westen Namibias, in dem sich die große Tsisabschlucht befindet. Seine Gesteinsmassen erwecken den Eindruck, dass es hier gebrannt habe. Die Umrisse des Brandbergmassivs sind von der Form her oval, ca. 30 km lang und 23 km breit. Hier befindet sich der **höchste Berg Namibias**, der 2.580 m hohe Königstein. Als erster Bezwinger wird Reinhard Maack genannt, der den Berggipfel am 2. Januar 1918 erreichte.

Überzogen von „Wüstenlack“: der Brandberg

Im Gebiet des Brandbergs wurden **ca. 45.000 Felszeichnungen** gefunden, an deren Entstehung verschiedene ethnische Gruppen beteiligt waren und von denen die ersten bereits 2.000 Jahre vor unserer Zeitrechnung geschaffen wurden. Neben Jagdszenen und schamanischen Motiven ist die berühmteste Zeichnung die ca. 45 cm hohe sogenannte White Lady. Reinhard Maack interpretierte sie als Darstellung eines Kriegers, befand sie aber für nicht allzu spektakulär.

Elefanten am Fuße des Brandbergs

Die Zeichnung geriet in Vergessenheit, bis der französische Priester und Prähistoriker Abbé Breuil in den 1950er-Jahren hierherkam, Kopien des Gemäldefrieses anfertigte und die Zeichnung trotz Fehlen weiblicher Formen enthusiastisch als Darstellung einer Frau mit einem Gefäß bzw. einer Lotusblüte in der Hand beschrieb. Heute geht man davon aus, dass die Zeichnung einen **Krieger oder Schamanen** darstellt und die Gegenstände in der Hand der Figur eine Jagdausrüstung andeuten. Das Weiße an der Lady ist eine Art von Körperbemalung, wie sie bei vielen afrikanischen Kulturen (Himba, Herero, Xhosa) zu rituellen Zwecken üblich war und auch heute noch ist.

Der **Fußmarsch** zur Weißen Dame dauert ca. eine Stunde und ist nur mit Führung möglich. Auf dem Weg ist es fast das ganze Jahr über sehr heiß, sodass man die Mittagszeit auf jeden Fall meiden sollte. Man muss über Felsen und Steine klettern; ein nicht leichter, aber lohnender Ausflug. Das Permit für Wanderungen am Brandberg erhält man beim National Heritage Council of Namibia (www.nhc-nam.org).

Die White Lady

Info

Übernachten: Direkt am Fuß des Brandbergs liegt die **White Lady Lodge** mit einfachen Chalets und Restaurant mit Blick auf den Brandberg (www.brandbergwllodge.com).
Buchtipp: Archäologischer Reiseführer Namibia von Peter Breunig, Africa Magna Verlag, Frankfurt a. M., ISBN 978-3-937248-39-4, 328 S. Einzigartiger Reiseführer, der die archäologischen Fundstätten in Namibia und die Vorgeschichte des Landes aufzeigt. Neben bekannten Stätten wie der White Lady und Twyfelfontein werden zahlreiche versteckte Felsmalereien und Gravuren im ganzen Land beschrieben.

7 Klettern und Kunst: Spitzkoppe und Erongo

Das „**Matterhorn von Namibia**" wird die 1.728 m hohe Spitzkoppe in der Nähe des kleinen Städtchens Usakos genannt. Und das nicht etwa aufgrund ihrer Höhe – sie ist bei weitem nicht die höchste Erhebung des Landes. Trotzdem haben sich schon viele Kletterer erfolglos an ihrer Besteigung versucht. Aufgrund der wenig Halt bietenden Steilhänge des Inselbergs ist es nur erfahrenden Bergsteigern mit entsprechender Ausrüstung möglich, den Gipfel bzw. das Gipfelplateau zu erklimmen. Zudem macht die Erhitzung des Gesteins das Klettern im Sommer nahezu unmöglich. Erstmals gelang die Besteigung 1946.

Die Spitzkoppe gehört zur Erongo-Bergregion, die, ebenso wie das Brandbergmassiv, während der **Kontinentalverschiebung** (vor ca. 100 Millionen Jahren) entstand, als Magmamassen in den alten Gesteinssockel eindrangen. Im Zuge der Erosion wurden diese Granit-Intrusionen später freigelegt und bilden die heutigen Gebirge. Neben der Großen Spitzkoppe, die ca. 800 m vom Plateau emporragt, gibt es die Kleine Spitzkoppe (1.580 m über dem Meeresspiegel) sowie die Schwarze Spitzkoppe (1.178 m).

Bewohner der Erongoregion

Als Bergbarriere bildet die Spitzkoppe einen Regenfänger inmitten eines sonst sehr trockenen Umlandes, sodass sich Wasser in geschützten Senken und Felsmulden lange halten kann. Ebenso wie beim Brandbergmassiv reizte diese Naturgunst schon vor langer Zeit San, sich hier in Höhlen niederzulassen. Die Felszeichnungen des sogenannten Buschmannparadieses sowie der Nashornwand zeugen von **früher Besiedlung**.

Das **Erongogebirge** liegt im ehemaligen Damaraland, westlich der Stadt Omaruru. Die wildromantische Bergszenerie lädt zu Wanderungen ein. Besonders berühmt ist die Phillipshöhle (benannt nach Emil Phillip, dem einst die Farm Ameib gehörte). Dieser auf der Höhe eines Berges gelegene Felsvorsprung ist ca. 50 m lang und 10 m tief und steht unter Denkmalschutz. Von der Höhle aus hat man einen fantastischen Ausblick auf die umliegenden Berge. Der französische Forscher und Geistliche Abbé Breuil besuchte diesen Ort und widmete den hier gefundenen **Felszeichnungen** ein ganzes Buch.

Besonders eindrucksvoll ist die Figur eines weißen Elefanten, in dessen Leib ein roter Bock eingemalt ist. Der Bock ist jedoch aller Wahrscheinlichkeit nach jüngeren Datums. Die Phillipshöhle erreicht man auf einem **markierten Fußweg**, der ca. 30 Minuten in Anspruch nimmt. In der Sommerzeit allerdings ist diese Wanderung recht anstrengend, da es in dem zu durchwandernden Talkessel sehr heiß ist. Ebenso ist der Anstieg auf die Höhe recht mühsam, sodass man auch im Winter leicht ins Schwitzen gerät. Deshalb sollte man auf jeden Fall etwas zu trinken mitnehmen und sich an den vorgegebenen Weg halten.

Eine weitere Sehenswürdigkeit ist die auf dem Gelände der Farm Ameib liegende **Bull's Party**: Diese überdimensionalen, runden Steinkugeln sind Produkte der Erosion. Aufgrund der hohen Temperaturunterschiede heizt sich der Gesteinskörper an der Außenseite stark auf, während das Innere stets kälter bleibt. Allmählich lockert sich deshalb das Gestein, die Außenhaut blättert ab. Dieser Platz eignet sich besonders für ein Picknick, da es hier genügend Schatten gibt.

Blick ins Tal

Info

Übernachten: Rund um die Spitzkoppe werden mehrere wunderbar einsam gelegene Campingplätze sowie rustikale Bungalows angeboten (www.spitzkoppe.com). Die traumhaft gelegene **Spitzkoppen Lodge** (www.spitzkoppenlodge.com) bietet 15 komfortable Chalets, die über Holzstege miteinander verbunden sind, Restaurant und Naturpool. Im Erongogebirge bieten sich folgende Unterkünfte an: **AiAiba Lodge** (s. S. 156) und **Gästefarm Omandumba** (S. 158). Das **Erongo Plateau Camp** (www.erongo.iway.na) bietet Einsamkeit und Natur pur für Camper, das **Camp Mara** (www.campmara.com) gemütliche Doppelzimmer sowie Campingplätze am Fuße der Erongo-Berge.

8 Die Nordspitze des Namib-Naukluft-Parks

Der Namib-Naukluft-Park ist mit rund 50.000 km² mehr als doppelt so groß wie der Etosha-Nationalpark und zieht sich von Lüderitz bis Swakopmund an der gesamten Atlantikküste im Westen Namibias entlang. Im Osten ragen Berge auf und bilden mit den einzelnen roten Dünen der Namib, die wie verirrt zwischen den Bergen liegen, ein **fantastisches Panorama**. Die einzige Straße, die am Rand des Naturschutzgebietes von Norden nach Süden führt, ist eine Schotterpiste, zum Teil mit tiefen Sandverwehungen.

Während die Höhepunkte dieses Nationalparks unverkennbar sind, wie zum Beispiel das Sossusvlei, die berühmte Lehmsenke mit ihren knallroten Dünen, oder der Kuiseb-Canyon, sollten sich Entdecker und Abenteurer **abseits der touristischen Attraktionen** bewegen: nämlich ganz im Norden des Reservats. Zwischen den beiden Straßen, die von Osten kommend auf direktem Weg nach Walvis Bay (C14) und Swakopmund (C 28) an die Küste führen, liegen Wüstengebiete, die nur mit kostenpflichtigen Genehmigungen zu erkunden sind. Doch dieser Abstecher lohnt sich in jedem Fall, denn bereits von den Hauptstraßen (Achtung: Auch diese Straßen sind nicht geteert!) aus lässt sich die Weite der Landschaft erahnen.

Man sehnt sich nach Schotterpisten, wenn man auf den unbefestigten Routen in der Wüste unterwegs ist. **Tiefe Löcher, dicke Steine** und immer wieder tiefer Sand – ein Allradfahrzeug ist nicht unbedingt erforderlich, aber ratsam. Ein grauer Schleier liegt über dem hellen Sand, jedes Fahrzeug ist noch minutenlang aus der Ferne an seiner aufgewirbelten Staubwolke zu erkennen. Doch hier fährt fast niemand. Für Stunden können Safarifreunde hier mit sich und der Natur allein sein. Mitten im Nichts, mitten in einem der empfindlichsten Ökosysteme der Welt: der Wüste. Die Oberfläche des Bodens ist verkrustet, doch die harte Schicht ist nur wenige Millimeter dick. Mit dem Finger kaum berührt, bricht die durch Wind und

Allein mit der rauen Natur Namibias

Salz versteinerte Masse auf, darunter feinster, weicher Sand. Kleine grüne Flechten besiedeln die Fläche, winzig kleine Grasbüschel krallen sich zu kleinen Knäueln zusammengerollt im Grund fest.

Stunden der Einsamkeit, die Besuchern dennoch viel Abwechslung versprechen. Zum Beispiel kann man hier einfach am Wegesrand parken und zu Fuß loslaufen. Unbedingt erforderlich: Sonnenschutz, Hut, Sonnenbrille und eine Flasche Wasser. Und das Auto stets abschließen, wenn man sich vom Wagen entfernt. Wer hier wandert, erlebt, wie eine vermeintlich flache Ebene trügen kann. Denn schon nach etwa 30 Minuten ist das Auto nicht mehr zu sehen. Zum Glück aber die Fußspuren, die zwischen Gras und kleinen Steinchen immer wieder im tieferen Sand zu erkennen sind und an unzähligen Termitenbauten vorbeiführen.

Die Schönheit der Wüstenflora erschließt sich oft erst auf den zweiten Blick

Doch es geht auch bequemer: Auf den Hügeln oder den zahlreichen Felsansammlungen ist genügend Platz, um sich einen schönen **Aussichtspunkt** einzurichten. Mit Getränken, Fernglas und Kamera einfach hinsetzen und den 360°-Rundumblick genießen. Die winzigen Punkte, die weit entfernt auftauchen, sind oft Strauße, die in Gruppen von bis zu 20 Tieren ein tolles Bild abgeben: Denn sie laufen alle hintereinander in einer Reihe. Herden von Zebras oder Oryxantilopen lassen sich ebenfalls auf ihren Streifzügen durch die Ebene beobachten.

Wichtig für alle Selbstfahrer: Es gibt – wie in den meisten Teilen Namibias – kein Handynetz in diesen Wüstengebieten. Werkzeug gehört ebenso ins Auto wie genügend Getränke, denn hier kann sich niemand schnell mal ein schattiges Plätzchen suchen. Tankstellen gibt es nicht, die findet man erst wieder in Richtung der Städte und Orte. Außerdem gehört eine aktuelle Straßenkarte zur notwendigen Ausrüstung, da man sonst schnell die Orientierung auf den schlecht bis gar nicht gekennzeichneten Pfaden verlieren kann. Und trotz Genehmigung für diese Gebiete gilt selbstverständlich: Offroad fahren ist streng verboten. Wandern ist dagegen überall erlaubt, feste Schuhe sind auch im Hochsommer aus Sicherheitsgründen empfehlenswert.

Text: Daniela Kebel

Info

Übernachten: Unterkünfte gibt es direkt in der Wüste keine. Von Swakopmund oder Walvis Bay aus sind Tagesausflüge in das Gebiet möglich.
Touren: Geführte Tagestouren in die Namib dauern etwa von 8 bis 16 Uhr und werden u. a. von Charlys Desert Tours angeboten (www.charlysdeserttours.com).
Sonstiges: Die Hauptstraße durch das Gebiet ist frei und ohne Permit befahrbar.

9 Dünenwanderung im Sossusvlei

Knallrot ragen sie bis zu 300 m in den stahlblauen Himmel. Die Nachmittagssonne zeichnet scharfe Kanten auf die Dünen des Sossusvlei. Ihre Schattenseiten erscheinen pechschwarz. Die berühmte Lehmsenke im Westen Namibias inspiriert unzählige Fotografen zu den schönsten Bildern, Postern und Postkarten. Das Gebiet liegt im Namib-Naukluft-Park, ist aber zweifellos trotz aller Naturschönheit ringsum der **Höhepunkt der Namib-Wüste**. Einige Dünen, auf deren Oberfläche der Wind zwar den Sand verweht, die aber weder ihren Standort noch ihre Form verändern, sind nummeriert. Düne 45 ist eine der bekanntesten, deshalb liegt vor ihr ein kleiner, runder Schotterparkplatz. Wer den Sonnenuntergang auf der Düne genießen möchte, kann dort sein Auto abstellen und zu Fuß ein schönes Plätzchen suchen. Wandern ist überall erlaubt, Fahrzeuge müssen auf den markierten Pisten bleiben.

In der Regenzeit füllt sich manchmal **die Senke mit Wasser**, dann kann man sogar darin schwimmen, doch das passiert selten. Antilopen, Springböcke und Strauße leben in Abhängigkeit von diesem Wasser und von den Pflanzen, die sich die Feuchtigkeit aus dem Grundwasser holen. Die Dünennamib ist der sandige Teil dieser Wüste, der sich auf etwa 300 km zwischen dem Kuiseb-Canyon und dem Fluss Koichab (Lüderitz) erstreckt. Bis zu 135 km reicht die Sandwüste ostwärts ins Land. Die meisten Dünen gelten heute als versteinert, da sie in regenreichen Zeiten verdichtet und damit hart wurden. Die Sande, aus denen die Dünen am Sossusvlei aufgeweht sind, stammen aus dem Mündungsbereich des Oranje, der seine Schwemmsande an der Küste ablagert. Dieser Sand wird durch nordwestliche Winde herantransportiert.

Unregelmäßig führt der Tsauchab Wasser bis ins Vlei hinein. Nach dem Austrocknen bleiben rissige, hellgraue bis weiße Lehmflächen zurück. In den Sommermonaten ist es hier zu heiß zum Wandern, nur kurze Spaziergänge sind den Besuchern möglich. Doch **zumindest auf die ersten Dünen** sollte man steigen, denn der Ausblick ist einzigartig: Kleinere Vleis liegen gelbweiß inmitten der orangeroten Dünen und heben sich wie kleine Punkte ab. Nur vom

Die Dünen des Sossusvlei gelten als versteinert

Flugzeug aus oder während einer Ballonfahrt ist zu erkennen, dass sich westlich von Sossusvlei noch weitere Senken anschließen, die jeweils durch Dünenberge getrennt sind. Man kann deshalb davon ausgehen, dass der Tsauchab in der geologischen Vergangenheit ungehindert den Atlantik erreichte.

Um das Sossusvlei herum sieht man auf den kleinen Dünen **Nara-Melonen**, ein Hinweis darauf, dass im Untergrund genügend Feuchtigkeit ist, denn das Kürbisgewächs benötigt viel Wasser. Deshalb hat die Pflanze bis zu 30 m tiefe Pfahlwurzeln. Da das Gewächs keine Blätter hat, ist die Verdunstung auf ein Minimum reduziert. Gewaltige Kameldornbäume findet man in der Nähe des Campingplatzes am Eingang zum Sossusvlei sowie an den beiden Parkplätzen am Sossusvlei selbst. Diese riesigen Bäume verfügen über ein tiefes, weit verzweigtes Wurzelsystem und erreichen Höhen von bis zu 15 m. Sehr oft begleiten Kameldornbäume ein Trockental. Die halbmondförmigen Früchte sind ein Leckerbissen für viele Tiere. Kurz vor dem Eingangstor ins Sossusvlei zweigt ein Weg zum nahen Sesriem Canyon ab. Hier hat sich der Tsauchab etwa 50 m tief in das schieferartige Gestein hineingefressen. Der Name „Sesriem“ leitet sich von frühen Erzählungen der ersten Siedler ab: Man brauchte 6 aneinandergeknotete (Ochsen-)Riemen, um von unten Wasser heraufzuholen. Für den Besuch des Canyons benötigt man eine Erlaubnis, die man am Eingang zum Sossusvlei erhält.

Im Dead Vlei

Info

Übernachten: Sossus Dune Lodge (S. 196), **A Little Sossus Lodge** (S. 202), **Gondwana Namib Desert** Lodge (S. 190) oder **Namib Naukluft Lodge** (www.namib-naukluft-lodge.com).

Sonstiges: Das Sossusvlei ist 65 km vom Eingang bei Sesriem entfernt. Für Pkw-Fahrer endet die Fahrt am Parkplatz unter den Kameldornbäumen. Von hier aus sind es noch 5 km zum Sossusvlei, die man im Geländewagen, per Shuttle oder zu Fuß zurücklegen kann. Letzteres kann sehr anstrengend werden, da der tiefe Sand und die Hitze zu schaffen machen.

10 Wandern und 4-Pässe-Fahrt in der Naukluft

Das Naukluftgebirge ist so etwas wie ein kleiner Geheimtipp – die meisten Touristen fahren hier einfach vorbei. Die höchsten Erhebungen reichen bis 1.949 m über den Meeresspiegel. Das Gebiet erhält – im Vergleich zur Umgebung – relativ gute Niederschläge, die jährlich zwischen 50 und 500 mm schwanken. Der meiste Regen fällt während der teils heftigen Gewitter zwischen Dezember und April. Die Niederschlagsmenge nimmt in Richtung Namib ab. So kommt es, dass es im Gebirge zahlreiche Quellen und Bäche gibt, die selbst in der Trockenzeit über Wasser verfügen und dafür sorgen, dass in ihrer Nähe eine **erstaunliche Vegetation** gedeiht. Im Winter kann es empfindlich abkühlen und die Temperaturen können nachts unter 0 °C sinken.

Auf verschiedenen Wanderwegen kann man im Naukluftgebirge die einzigartige Natur und Landschaft genießen: Der **Waterkloof-Wanderweg** ist etwa 17 km lang. Man wird vom staatlichen Campingplatz aus in einem Rundweg geführt, wobei man zunächst einem Bachbett stromaufwärts folgt und die höchste Stelle (1.910 m) etwa in der Mitte des Weges erreicht. Auf dem Rückweg vom Plateau folgt man der Naukluft-Klamm. Der Weg nimmt etwa 6 Stunden in Anspruch. Der **Oliven-Wanderweg** fängt ebenfalls in der Nähe des staatlichen Campingplatzes an und ist ca. 10 km lang. Man muss etwa 3–4 Stunden Wanderzeit ansetzen. Nach

Natürliches Fenster im porösen Dolomitgestein

einem steilen Anstieg erreicht man die Hochebene, wo man herrliche Aussichten genießen kann. Der Abstieg erfolgt durch ein Flusstal. An einer Stelle ist es etwas abenteuerlich, bei der Überquerung eines Wasserfalls muss man sich an Ketten entlanghangeln. Unterwegs kann man Felsenadler beobachten.

Die Vegetation ist hier üppiger als im kargen Umland

Der **Naukluft-Wanderweg** ist eine besondere Herausforderung für trainierte Wanderer! Der gesamte Rundweg ist 120 km lang und nimmt 7–8 Tage in Anspruch. Man kann sich aber auch auf die ersten 4 (relativ einfachen) Tagesetappen beschränken. Übernachtungen sind in alten Farmhäusern und Hütten möglich. An allen Unterkünften gibt es Wasser, allerdings muss man einen Schlafsack und den gesamten Proviant mitführen.

Wer lieber mit dem Auto unterwegs ist, der sollte sich die **4-Pässe-Fahrt** vom Naukluftgebiet aus nicht entgehen lassen. Auf dieser Rundfahrt erlebt man die grandios bizarre Welt der mittleren Gebirgslandschaft Namibias und die Pässe Remshoogte, Gamsberg, Gaub und Spreetshoogte. Die Pässe sind unterschiedlich steil, aber alle gut zu befahren. Der Gamsberg-Pass ist wohl der bekannteste Pass in Namibia, die Steigung verläuft von West nach Ost. Die Passstraße führt unterhalb des 2.347 m hohen Gamsberges, einer Art Tafelberg, entlang. Die Steigung verläuft von Süden nach Norden. Der Spreetshoogte-Pass ist der Pass mit der stärksten Steigung. Er ist dennoch gut für Pkws befahrbar, da man bestimmte Kurven und lockere Schotterflächen durch umfangreiche Bauarbeiten (die wesentlichen Teile sind nun befestigt) entschärft hat. Oben auf dem Plateau-Abbruch wird man mit einer grandiosen Aussicht belohnt. Die Strecke ist insgesamt 409 km lang; lässt man den Spreetshoogte-Pass aus, sind es nur 289 km.

Info

Internet: www.naukluft-experience.com
Übernachten: Unter dem Namen „Naukluft Experience" haben sich die Gästefarmen **BüllsPort** und **Ababis** zusammengeschlossen, um die Region um das Naukluftgebirge gemeinsam touristisch zu vermarkten. Traumhafte Aussichten und Entspannung für Köper und Seele nahe der 4-Pässe-Fahrt bieten das **Barkhan Dune Retreat** (S. 186) und die **Namib´s Valley Lodge** (www.namibsvalley.com).

II Gerettetes Wüstenparadies: das NamibRand Nature Reserve

Ursprünglich lagen im heutigen Gebiet des NamibRand Nature Reserve 9 kommerziell arbeitende Farmen. Durch lang andauernde Dürren waren die Farmer gezwungen, Wild zu jagen. Bald entwickelte sich die Überzeugung, dass mit dem Wild mehr Geld zu verdienen war als mit dem armseligen Rinder-Farming, und der **Raubbau an der Natur** nahm rapide zu. Manche Farmer schreckten nicht zurück, Wild aus dem Namib-Naukluft-Park anzulocken, um es abzuschießen. Kein Wunder, dass die Wildbestände dezimiert wurden. Nur die Farm Gorrasis betrieb Artenschutz, doch letztendlich vergeblich, da die Tiere von Nachbarfarmern abgeschossen wurden.

In dieser Situation erwarb der Windhoeker Geschäftsmann J. A. Brückner 1984 die Farm Gorrasis, die er in den Folgejahren durch den Zukauf der Farmen Die Duine und Stellarine vergrößerte. Seine Idee, ein **großes privates Naturschutzreservat** zu schaffen, führte zur Gründung einer privaten Holdinggesellschaft, in der sich weitere Privatinvestoren bereitfanden, Geld für den Kauf der Nachbarfarmen Wolwedans, Jagkop, Verweg, Kwessiegat und Vreemdelingspoort bereitzustellen.

Überraschende Farbenvielfalt in der Wüstenlandschaft

Sonnenuntergang im NamibRand Nature Reserve

Zwischen den Farmen wurden alle Zäune niedergerissen und Wasserstellen erschlossen, um der Tierwelt einen **ökologisch intakten Lebensraum** zu gewähren. Vorsichtig wurde der Wildbestand ergänzt.

Auf dem nun zusammenhängenden Gebiet erfreut den Besucher die **Vielfalt der Wüstenlandschaften** der Namib: Weite Sand- und Schotterflächen wechseln mit endlos silbrig schimmernden Grasflächen. Eindrucksvolle, bizarre Gebirge definieren den Gegensatz zu grasbewachsenen, roten Dünenlandschaften. Viele der ursprünglich hier beheimateten Tiere und Pflanzen haben ihre Heimat wiedergefunden. Neben dem Großwild, wie Oryx- und Kuhantilopen, Zebras, Straußen und Leoparden, gibt es die kleineren Vertreter der Fauna, repräsentiert z. B. durch Tenebrio-Käfer, Geckos, Schlangen, Maulwürfe und Erdhörnchen. Die **Vogelwelt** – mittlerweile sind 120 Arten identifiziert worden – hat sich auf das trockene Klima eingerichtet. Insbesondere gibt es Wachteln, Kiebitze, Adler, Falken und Geier zu beobachten.

Die Vielfalt der Wüstenvegetation wird vor allem nach den seltenen kurzen Regenschauern offensichtlich. Den Besucher dürften in besonderer Weise die unglaublich schönen **Farbenspiele** faszinieren, die so wirken, als stammten sie nicht von dieser Welt.

Info

Übernachten: Wolwedans Dunes Lodge (S. 208).
Touren: Besonders interessante Wanderungen werden von Tok Tokkie Trails angeboten. In kleinen Gruppen (2–8 Personen) geht es 3 Tage lang in überschaubaren Etappen (ca. 10 km) durch die Wüste. Man lernt die Schönheit und Stille der Landschaft und das verborgene Leben der Namib intensiv kennen. Man kampiert und isst in der grandiosen Natur. Während der Mittagshitze werden Pausen an schattigen Stellen eingelegt (S. 86).

12 Braune Hyänen in rauer Landschaft: das Diamantensperrgebiet und die Atlantikküste

Ingrid Wiesel schaut angestrengt durch ihr Fernglas. Jeden Meter sucht sie ab, jeden Hügel beobachtet sie minutenlang. Da! Ein kleines Loch zwischen den Felsen, das wie der Eingang zu einer kleinen Höhle aussieht. „Das könnte ein Bau sein", vermutet die Biologin und startet ihren Geländewagen. Er rumpelt über die Piste durch die Wüste, Sand und Gestein sind hier überall beige und grau. Um die Tiere nicht zu stören, schleicht Ingrid Wiesel schließlich zu Fuß über die Felsen hinauf zu einem versteckt liegenden Loch. Tatsächlich deutet alles auf Bewohner hin: Knochenreste, eine uralte Glasflasche und frischer Kot. Hyänen. Braune.

Ingrid hat mittlerweile fast ihr halbes Leben mit ihnen verbracht, denn bereits 1995 kam sie während ihres Studiums zum ersten Mal nach Namibia. Damals ging es nur um eine Projektarbeit, auf ein Tier hatte sie sich zu der Zeit noch gar nicht festgelegt. „Ich dachte an Schakale, denn die sind leicht zu studieren", erzählt die Hamburgerin. Doch dann entschied sie sich für die **Braunen Hyänen**. „Sie sind scheu, aber unheimlich neugierig", verrät sie lachend und krabbelt auf allen Vieren seitlich in Richtung Loch.

Die Biologin weiß, was sie tut. Viele Situationen erkennt sie aufgrund ihrer jahrelangen Erfahrung in der Wüste und dem Diamantensperrgebiet bei Lüderitz, an der Atlantikküste im Süden Namibias. Eine Landschaft, in die sich Naturfreunde sofort verlieben. **Weite Flächen** aus Sand und Schotter, ausgetrocknete Ebenen, in denen sich nach heftigem Regen kleine Seen bilden, bizarre Hügel, breiter Strand

Der landschaftliche Reiz im Sperrgebiet ist eher schroffer Natur

am Atlantik und starker Wind, der das ganze Jahr über beständig den Sand von den Dünen über die Landschaft peitscht. Wer hierher kommt, braucht warme Kleidung – auch im Sommer. Gerade am Wasser bläst der Wind beinahe eisig. Wer die Küste entlang zum Diaz-Kreuz fährt, sollte Mütze und Schal für den hoch gelegenen Aussichtspunkt dabei haben. Denn ansonsten lässt sich der Blick auf den großen Felsen, der ein Stück vom Strand entfernt aus dem Meer aufragt und auf dem sich Hunderte von Robben sonnen, gar nicht genießen.

Auf der Spur der Hyänen: Ingrid Wiesel

Ingrid bleibt oft **wochenlang in der Wüste**, um nachts den Hyänen Halsbänder mit Sendern anzulegen. Ein Tierarzt begleitet sie, er betäubt die Hyänen, die sie gemeinsam untersuchen. Anhand der GPS-Sender und der zahlreichen Kameras, die Ingrid überall im Sperrgebiet aufgestellt hat, kann sie Bewegungen und Gruppenverhalten der Tiere minutiös überwachen. „Ich bin damals nur noch für die Abschlussprüfungen in der Uni nach Hamburg zurückgeflogen. Aber mein Leben wollte ich hier verbringen“, erinnert sie sich. Seit 1997 wohnt sie in Lüderitz, dem verschlafenen Ort an der Küste, der einst Boomtown im Diamantenfieber war. Als Forscherin hat sie eine Sondergenehmigung für das Sperrgebiet, die Regierung unterstützt ihre Projekte.

Die promovierte Biologin hält Vorträge in Schulen und versucht, ihren Teil zur umweltbewussten Erziehung der namibischen Kinder beizutragen. Und sie zeigt die **Schönheit der Natur** in der windzerzausten Wüste südwestlich von Lüderitz. Dünen, die aussehen wie an der Nordsee, flache Pflänzchen, die sich am Sand festklammern. Buchten, an deren Felsen die Brandung tost und die beinahe karibisch wirken. **Kolmanskuppe** ist seit Jahren eine Geisterstadt, die verfallenen Gebäude sind bis zu den eingestürzten Dächern voller Sand. Ausflügler kaufen sich eine Genehmigung, um bei geführten Touren diese Ruinen zu sehen, doch die Landschaft drum herum schauen sich die wenigsten an. Dabei ist es kein Problem, mit dem eigenen Wagen entlang der markierten Grenzen des Sperrgebiets durch die Wüste und an die Küste mit ihren unzähligen Buchten zu fahren. Einsamkeit ist dort ebenso garantiert wie Entdeckungen abseits der Touristenrouten. *Text: Daniela Kebel*

Info

Internet: www.strandwolf.org (Informationen über das Projekt von Ingrid Wiesel)
Übernachten: Lüderitz Nest Hotel, alle 73 Zimmer mit Atlantikblick, es gibt ein Restaurant mit Bar, eine Terrasse, einen Kamin in der Lobby, mehrere Konferenzräume (www.nesthotel.com).

Touren: Es gibt verschiedene Anbieter, die beste Informationsmöglichkeit ist das Touristenbüro Safaris & Tours auf der Bismarckstraße, dort bekommt man auch die Genehmigungen für Kolmanskuppe (ludsaf@africaonline.com.na). Infos unter http://kolmanskuppe.com.

13 Wandern im Fish River Canyon

Er wird als der **zweitgrößte Canyon** der Welt bezeichnet (nach dem Grand Canyon des Colorado). Dennoch sei jeder Besucher vor Enttäuschungen gewarnt: Gegenüber dem Grand Canyon ist der Fish River Canyon eine ganze Nummer weniger eindrucksvoll … und unten am Talboden tosen nur sehr selten wilde Wassermassen.

Trotzdem ist die 161 km lange Schlucht allemal einen Besuch wert und bietet insbesondere Wanderern und anderen Natur- und Frischluftfreunden einigen Reiz. Neben Wanderungen am Canyonrand, kann man sich auch in das Tal begeben und dem Flusslauf des Fish River folgen. Die etwa 86 km lange **Wanderung** vom Aussichtspunkt im Norden des Canyons bis nach Ai-Ais im Süden ist von Mai bis August möglich und erlaubt. 3–5 Wandertage sollte man, je nach Konstitution, veranschlagen. Belohnt wird der Wanderer durch die wildromantische Szenerie des Canyon.

Einige Regeln gilt es zu beachten: Die Gruppengröße muss mindestens 3 Personen umfassen, maximal 30 werden zugelassen. Die Genehmigung muss vorher beim NWR in Windhoek beantragt werden. Außerdem muss vor Beginn der Wanderung in Ai-Ais oder beim Aussichtspunkt (Nähe Camp Hobas), wo die Wanderung beginnt, ein ärztliches Attest über körperliche Tauglichkeit vorgelegt werden, das nicht älter als 40 Tage sein darf. Wichtig ist, sich nicht zu überschätzen. Selbst in den Wintermonaten kann es im Canyon zur Mittagszeit **um die 40 °C** heiß werden. Und man schleppt alles selbst mit, was man für die Wandertage braucht!

Wildromantische Szenerie

Sonnenaufgang am Canyon

Am besten beginnt man die Wanderung am Aussichtspunkt nördlich (rechts) vom Hauptaussichtspunkt, auf den die Straße zuführt. Ein steiler Weg führt in ca. 45 Minuten zum Fish River hinab. Man folgt dann den Flussmäandern, überquert gegebenenfalls den zum größten Teil schmalen und flachen Fluss und sucht sich das Flussufer aus, an dem man am besten wandern kann. Der Weg führt im Allgemeinen langsam abwärts; nur an den sandigen oder felsigen Stellen wird die Wanderung etwas strapaziöser.

Es gibt **keine festen Übernachtungsplätze**, man hat also freie Wahl! Ein beliebter Platz ist die Stelle an den Schwefelquellen, denn hier stehen einzelne Palmen, die vermutlich während des Zweiten Weltkrieges von flüchtenden deutschen Gefangenen gepflanzt wurden. Wanderungen mit Übernachtungen werden auf privater Basis z. B. durch die Gondwana Canyon Lodge (S. 216) angeboten.

Info

Übernachten: Gondwana Canyon Lodge (S. 216) und **Fish River Lodge** (https://fishriverlodge-namibia.com).
Touren: Von Gondwana werden 3 verschieden lange, geführte Wanderungen angeboten, die 3 bzw. 4 Übernachtungen in Hütten beinhalten. Gute Kondition ist wichtig, die Wanderetappen dauern bis zu 8 Stunden. Selbstversorgung, der Proviant und das Gepäck werden im Auto von Camp zu Camp transportiert, sodass Wanderer nur ihren Tagesrucksack selbst tragen müssen (weitere Infos unter www.gondwana-collection.com). Auch die Fish River Lodge bietet mehrtägige Wanderungen an mit Übernachtung in einfachen Steinhütten und Vollpension.

14 Wilde Einsamkeit im Ai-Ais/Richtersveld Transfrontier Park

Im äußersten Nordwesten der Northern Cape Province von Südafrika gelegen ist die Kulturlandschaft Richtersveld eine der **letzten Wildnisse** des südlichen Afrika. 2007 wurde die Region aufgrund ihrer biologischen Vielfalt zum **Weltnaturerbe** der UNESCO erklärt. Das Gebiet ist eine *mountain desert*, eine Gebirgswüste mit weniger als 50 mm Jahresniederschlag. Oft bringen Morgennebel die erforderliche Feuchtigkeit vom Meer, wofür der kalte Benguelastrom die Ursache ist.

Über 200 Vogelarten leben im Park

2003 wurde die Region vom namibischen und vom südafrikanischen Präsidenten zum Richtersveld Transfrontier Park erklärt. Dadurch sollten zum einen die umliegenden Gemeinden der Städte Kuboes, Sanddrift, Lekkersing und Eksteenfontein vom Tourismus profitieren, zum anderen sollte die einzigartige Biodiversität des Parks geschützt werden. Außerdem sollte die Öffnung der Grenze helfen, das kulturelle Erbe und den **Lebensraum der Nama** zu erhalten. Der Park ist eine der letzten Regionen, in denen die Nama ihren traditionellen Lebensstil, die mobile Viehhaltung, aufrechterhalten können. Es finden sich zudem einige archäologische Stätten: Die äl-

Hierher kommen kaum Touristen

testen Relikte menschlichen Lebens wurden in einer Höhle bei Die Toon gefunden und stammen schätzungsweise aus dem Jahre 2200 v. Chr.

Der Park ist bekannt für die wasserspeichernden **Sukkulenten**, die sich den klimatischen Bedingungen angepasst haben. Dazu gehören die Köcherbäume, artverwandte Stammsukkulenten wie die Aloe Pillansii sowie die nur hier vorkommenden *halfmen* (Pachypodium namaquanum). Der Name geht auf die ungewöhnliche Form des Baums zurück, der oben auf seinem Stamm nur eine kleine, runde Krone hat, die an einen Kopf erinnert. Insgesamt gibt es im Park über 2.700 Pflanzenarten, darunter über 500 endemische Arten.

Der Park ist bekannt für seine Sukkulenten

Die hier lebenden Tiere haben sich ebenfalls an das harsche, aride Klima angepasst. In den etwas grüneren Gebieten am Oranje leben **ca. 200 Vogelarten** und einige Säugetiere. Perfekt an die Lebensbedingungen angepasst haben sich außerdem 36 Eidechsenarten und über 15 Schlangenarten, die den Park bevölkern.

Der Park ist durch ein Wegesystem gut erschlossen, wobei es in einigen Flusstälern sehr sandig werden kann. Ebenso sind die Abstiege von der Hochfläche zum Oranje, z. B. zum Camp De Hoop, selbst für geübte Offroad-Fahrer eine Herausforderung. Der Park ist nur mit Geländewagen befahrbar, Campsites muss man vor Einbruch der Dunkelheit erreichen. Es gibt im Park selbst keinen Laden, nur in Sendelingsdrif einen kleinen Store. Hier steht auch eine kleine Tankstelle. Im Richtersveld gibt es keinen Handy-Empfang.

Info

Übernachten: Mehrere staatliche Camps befinden sich im Park. Das Sendelingsdrif Rest Camp bietet Chalets und Zeltplätze. Es liegt direkt am Eingang in den Richtersveld-Teil des Nationalparks. Gut ausgestattet sind auch die Campingplätze **De Hoop** und **Richtersburg**. In den **Wilderness Camps Tatasberg** und **Ganakoriep** gibt es einfache Chalets bzw. zeltartige Unterkünfte und gute sanitäre Einrichtungen mit warmem Wasser. Trinkwasser muss mitgebracht werden (www.sanparks.org).

15 Entlang und auf dem Oranje

Mit 1.860 km Länge ist der Oranje der **längste Fluss im südlichen Afrika**. Er entspringt auf 3.160 m Höhe in den Drakensbergen, die aufgrund ihrer hohen Niederschläge eine ganzjährige Wasserführung ermöglichen. Sein größter Nebenfluss ist der Vaal. Als Fremdlingsfluss passiert er die trockenen und heißen Gebiete im Norden Südafrikas. Fremdlingsfluss bedeutet, er erhält in den trockenen Gebieten keinen Zufluss mehr und wird lediglich aus weit abgelegenen feuchteren Gebieten gespeist.

Im canyonartigen Unterlauf bildet er die Grenze zwischen Südafrika und Namibia und mündet bei Oranjemund (im Diamantensperrgebiet) in den Atlantik. Aufgrund der geringen Wasserführung, vieler Stromschnellen und Felsbrocken ist der Oranje **nicht schiffbar**. Besonders eindrucksvoll sind die Augrabies-Fälle in der Republik Südafrika. Die Wassermassen des Oranje sehen ziemlich braun aus, denn dieser Fluss führt 0,69 % Schlamm mit sich (5-mal mehr als der Nil).

Eine besonders reizvolle Strecke führt **von Ai-Ais** entlang dem Oranje über Rosh Pinah und Aus **nach Lüderitz**. Der Weg führt durch die weite Tallandschaft des Gamkab Rivier, einzelne Tafel- und Inselberge unterbrechen die Weite. Es folgen

Der Oranje ist der längste Fluss im südlichen Afrika

bizarre Bergformationen, später stößt man auf das Flusstal des Oranje. Die Abkürzungsstrecke von der D 316 durch das Gamkab-Tal zum Oranje ist landschaftlich sehr schön – und einsam.

Für diejenigen, die den längeren Weg über Noordoewer wählen: Kurz hinter Noordoewer fährt man an **Bewässerungskulturen** (Gemüseanbau, Tafeltrauben) und Orangenplantagen entlang – ein großartiger Gegensatz zu der sonst so trockenen Landschaft. Ein Beweis für die Ertragfähigkeit des Bodens, sobald kostbares Nass zur Verfügung steht!

Ein besonderes Abenteuer: mit dem Kanu auf dem Oranje

Man überquert die Mündung des Fish River in den Oranje und genießt immer wieder die z. T. enge Tallandschaft des Oranje. Zelt-Fans kommen hier auf ihre Kosten! Hinter Rosh Pinah steigt die Landschaft wieder an, Tafelberge zeichnen ein **grandioses Landschaftsbild**. Von Aus nach Lüderitz durchquert man die Namib. Rechts und links der Straße beginnt das Diamantensperrgebiet, das nicht betreten werden darf. Flache Berge, vor Lüderitz sogar Sanddünen und eine fast vegetationslose Landschaft begleiten den Reisenden nach Lüderitz.

Für größere Schiffe gibt es zu viele Felsen und Stromschnellen

Hinweis für Abenteuerhungrige: Von Noordoewer bis zur Mündung des Fish River werden regelmäßig **Kanu-Fahrten auf dem Oranje** veranstaltet. Dafür sollte man zwar in allgemein guter, also sportlicher Verfassung sein, besondere Vorkenntnisse sind aber nicht nötig. Die Tour ist auch für Anfänger geeignet.

Info

Übernachten: Hier bietet sich entweder das **Norotshama River Resort** (S. 218) oder das rustikale, idyllisch gelegene **Provenance Camp** des Safarianbieters Felix Unite (www.felixunite.com) an. Wer die Strecke von AiAis nach Rosh Pina nimmt (C13), kann auf der **Boplaas NWR Campsite** (www.nwr.com.na) direkt am Oranje übernachten. Dort genießt man die Einsamkeit, kann Kajaks mieten oder zu Fuß die Gegend erkunden.

Touren: Sowohl Felix Unite als auch die Booplas Campsite des NRW bieten 2–6-tägige Kanusafaris auf dem Oranje an. Dabei wird tagsüber gepaddelt, abends in Zelten am Ufer des Oranje übernachtet. Inkl. Verpflegung.

TIERE UND PFLANZEN

16 Tierparadies Sambesi-Region

Die Sambesi-Region im Nordosten Namibias ist beinahe vollständig **von Flüssen umgeben**: dem Kwando im Westen, dem Linyanti und Chobe im Süden und dem Sambesi im Nordosten. Alle Flüsse haben ein seichtes Gefälle und bilden ein verwirrendes System von Seitenarmen und Kanälen, welche die Sümpfe durchziehen. Besonders der Kwando ist in seinem Verlauf schwer nachzuverfolgen, wechselt er doch laufend die Namen: In Angola heißt er Cuando, im Caprivi Kwando, im westlichen Grenzgebiet zu Botswana Mashi. Ab dem Liambesi Lake wird er zum Chobe.

Von Popa Falls bzw. Rundu aus kommend erreicht man bei Kongola den Kwando. Hier zweigt eine Straße nach Süden zu 2 wenig besuchten, aber umso reizvolleren Nationalparks ab. Der **Mudumu National Park** wurde 1990 eröffnet und ist etwa 1.000 km² groß. Der Kwando bildet über etwa 15 km hinweg die Westgrenze des Parkgebiets. Südlich von Lianshulu verzweigt sich der Kwando in ein Gewirr von Wasserarmen, die in die Linyanti-Sümpfe übergehen.

Aufgrund dieses Wasserreichtums leben hier **viele Tierarten**, u. a. Elefanten, Kudus, Impala, Zebras, Büffel, Moorantilopen und Sitatungas. Natürlich tummeln sich im Wasser auch Krokodile und Flusspferde. Für Ornithologen ist das Gebiet ein Paradies!

Der 1990 eröffnete **Nkasa Lupala National Park** (ehemals Mamili) ist das größte namibische Sumpf- und Gewässergebiet. Der Park ist gewissermaßen Namibias

Hippos produzieren ihre eigene, wasserfeste „Sonnencreme“

Für Ornithologen gibt es viel zu entdecken

Okavangodelta. Die Region ist ca. 320 km² groß und befindet sich in der Südwestecke der Sambesi-Region. In diesem Gebiet (80 % sind mehr oder weniger überflutet) gibt es 2 größere Inseln, und zwar Nkasa und Lupala, die man während der Trockenzeiten mit einem Allradfahrzeug erreichen kann. Die typischen Ausflüge im Nkasa Lupala National Park finden **per Boot** statt.

Im Juli und August sind die Wasserstände im Park besonders hoch. Dann sind auch die wenigen Wege nicht mehr passierbar. Auf jeden Fall sollte das Gebiet nur mit einem Guide befahren werden, der die Gegend gut kennt und weiß, wo die festen und seichten Stellen sind (das kann schnell wechseln). Temporäre Überflutungen machen Umwege nötig … Und die muss man kennen!

In den Flüssen des Nationalparks leben Hippos, Krokodile und Otter. Verbreitet sind Wasserböcke und Sitatungas, aber auch Elefanten, Büffel, Giraffen und Warzenschweine. Das Sumpfland ist natürlich auch ein großartiges **Vogelparadies**: Fast 70 % aller in Namibia heimischen Vögel (430 Arten) können hier beobachtet werden.

Info

Übernachten: Im Mudumu NP liegt die luxuriöse **Lianshulu Lodge** (S. 110), etwas weiter nördlich – außerhalb des Parkgebiets – die ebenfalls sehr empfehlenswerte **Nambwa Tented Lodge** (S. 108).

Im Nkasa Lupala NP gibt es mehrere wilde Campingplätze, vom Campen im Park wird aber von offizieller Seite abgeraten. An der nördlichen Parkgrenze befinden sich die **Rupara Campsite** (www.rupara.com) sowie die **Nkasa Lupala Tented Lodge** (S. 114). Die einzige Lodge im Park ist das luxuriöse **Jackalberry Camp** (http://jbcamp.com) direkt an einer Lagune des Linyanti. Es besteht aus 4 Zelten und hat sich dem Ökotourismus verschrieben, so werden z.B. heißes Wasser und Strom von einer Solaranlage generiert. Spektakulär sind besonders die Bootsausflüge.

17 Wüstenelefanten im Kaokoveld

Ausgerechnet die Riesen unter den Landsäugetieren haben es geschafft, sich an eine der unwirtlichsten Regionen der Erde anzupassen und hier zu überleben. Die Wüstenelefanten im Nordwesten Namibias kennen sich im Gelände bestens aus und wissen, wo es die **begrenzten Wasser- und Nahrungsvorräte** gibt. In der Trockenzeit graben sie tiefe Löcher in den trockenen Flussläufen: Hier sammelt sich dann genügend Wasser, das auch für die anderen Tiere überlebenswichtig ist. Im Unterschied zu normalen Elefanten, die etwa 10 km Wegstrecke am Tag zurücklegen, schaffen Wüstenelefanten scheinbar mühelos Strecken von 50–80 km und kommen dabei tagelang ohne Wasser aus. Insgesamt wird die Zahl der Wüstenelefanten im Kaokoveld auf 500–800 Tiere geschätzt.

Äußerlich unterscheiden sich die Wüstenbewohner kaum bis gar nicht von ihren Kollegen in der Savanne. Auch bilden sie keine eigene Art oder Unterart. Sie gehören zu den **Afrikanischen Elefanten**, die bis zu 4 m hoch und 6.000 kg schwer werden. Allein die Haut eines Elefanten wiegt bis zu 500 kg, das Hirn bis zu 5 kg, das Herz bis zu 25 kg. Mit dem Rüssel führt der Elefant Nahrung und Wasser ins Maul, beim Baden verspritzt er Wasser über den Körper oder beim Staubbad auch Staub. Der Afrikanische Elefant lebt in Herden aus Kühen und Jungtieren. Die Bullen sind Einzelgänger, nur zur Paarung kommen sie mit den Kühen zusammen.

In der Mittagszeit suchen Elefanten möglichst schattige Plätze auf. Für Abkühlung sorgen sie, indem sie mit den Ohren fächeln. Aufgrund der riesigen Oberfläche seiner Ohren verliert der Elefant so viel an Körperwärme.

Auch Elefanten brauchen natürlich Schlaf. Sie können sowohl im Stehen als auch im Liegen schlafen. Beim Schlaf im Stehen atmen sie in der

Die riesigen Ohren dienen als Klimaanlage

Elefanten leben in Herden aus Kühen und Jungtieren

normalen Atemfrequenz, im Liegen nur halb so oft. Gewöhnlich schläft ein Elefant etwa 5 Stunden am Stück, die meiste Zeit im Liegen.

Die Backenzähne von Elefanten weisen breite Mahlflächen auf, die dem Zerkauen von Pflanzenfasern dienen. Der **Verschleiß an Zähnen** ist beträchtlich. Ein Elefant (der bis zu 70 Jahre alt werden kann) verbraucht in seinem Leben auf jeder Seite im Ober- und Unterkiefer je 7 Zähne, insgesamt also 28. Wenn ein Zahn abgenutzt ist, wächst ein anderer nach. Sind die letzten Zähne verbraucht, muss der Elefant verhungern.

In ihrem Gesamtverhalten sind Elefanten **furchtlos**, sie kennen keine natürlichen Feinde. Bei Gefahr für die Herde „trompeten" Elefanten. Das Sozialverhalten in der Herde ist stark ausgeprägt. Gefährlich werden Elefantenkühe, wenn ihr Junges bedroht wird.

Info

Übernachten: **Okahirongo Elephant Lodge** (S. 116) oder **Desert Rhino Camp** (www.wilderness-safaris.com).
Touren: Namibia Tracks & Trails bietet verschiedene Safaris ins Kaokoveld an, bei denen u. a. auch Wüstenelefanten-Tracking mit auf dem Programm steht. Daneben gibt es auch eine 4-tägige Safari speziell auf den Spuren der Wüstenelefanten und Spitzmaulnashörner (www.namibia-tracks-and-trails.com). Auch die **Khowarib Lodge** (www.khowarib.com) bietet empfehlenswerte geführte Touren zu den Wüstenelefanten sowie durch das Kaokoveld an.

18 Weltberühmt: der Etosha National Park

Der Etosha National Park gehört mit seinen 22.270 km^2 zu den größten Naturreservaten des südlichen Afrika. Er zählt außerdem zu den artenreichsten Parks, denn hier lassen sich nicht nur die Big Five – Nashorn, Elefant, Büffel, Löwe und Leopard – sondern auch Zebras, Antilopen, Giraffen und unzählige Vogelarten beobachten. Und das ist gar nicht mal schwer, denn die Tiere sind an Fahrzeuge gewöhnt, selbst die sonst so scheuen Springböcke und Oryxantilopen schrecken bei Motorgeräuschen nicht zurück. Doch wer denkt, Etosha sei ein großer Zoo, der irrt. **Die Tiere bewegen sich frei** über die gesamte Fläche, die zum größten Teil aus Salzpfannen besteht. In früheren Zeiten führten diese Wasser, heute liegen sie als scheinbar endlose Sand- und Salzebenen im Nationalpark. Nach starken Regenfällen sammelt sich in ihnen zwar Wasser, doch Vögel und Vierbeiner bevorzugen zum Trinken die künstlichen Wasserlöcher, die das Überleben der Tiere während der Trockenzeit sichern.

4 Eingangstore führen in den Nationalpark, an allen können Besucher ihre Permits kaufen und bekommen die **Parkregeln**. Wer zum ersten Mal in einem Reservat mit frei lebenden Tieren unterwegs ist, sollte sich die wichtigsten Hinweise auf jeden Fall vorher sorgfältig durchlesen. So ist es zum Beispiel gefährlich und deshalb nicht gestattet, aus dem Auto auszusteigen und nah an die Tiere heranzufahren oder auf ihren Pfaden zu parken. Die Tore des Parks öffnen bei Sonnenaufgang und schließen bei Sonnenuntergang. Wer nach Einbruch der Dunkelheit noch drin ist, kommt nicht mehr raus aus dem Gelände. Gleiches gilt für die Camps von Namibia Wildlife Resorts (NWR), die innerhalb des Parks liegen. Hohe Mauern umgeben sie, um wilde und gefährliche Tiere von den Unterkünften fern zu halten. Lediglich

Ganz nah dran: Game Drive im Etosha National Park

Schakale streifen nachts auf der Suche nach Futter umher. Wer sich auf Safari durch den Park begeben will, darf erst bei Sonnenaufgang das Camp verlassen und muss vor Sonnenuntergang wieder zurück sein. Große Uhren an den Toren der Camps zeigen die aktuellen Sonnenauf- und -untergangszeiten an.

Während das **Andersson's Gate** von Süden kommend der direkte Zugang zum Etosha National Park ist, liegt das **Von Lindequist Gate** im Osten des Naturschutzgebietes. Von hier aus erreicht man auf kürzestem Weg die Etosha-Pfanne, die mehr als ein Viertel des gesamten Geländes ausmacht und die Landschaft prägt. Die Spuren in dem grauen sandig-salzigen Boden verraten, dass Herden von Antilopen und Gnus regelmäßig über diese Fläche stapfen.

Diese Nähe zur großen trockenen Fläche ist ein Vorteil für alle Reisenden, die vom **Camp Namutoni** aus ihre Tierbeobachtung starten. Denn ringsum gibt es einige große Wasserlöcher, an denen Elefantenherden planschen und sich im Matsch suhlen. Geduldig warten Zebras daneben und trauen sich erst ans erfrischende Nass, wenn die Dickhäuter weitergezogen sind. Und wagt sich doch ein Zebra vorher schon ans Ufer, machen sich junge Elefantenbullen einen Spaß daraus, alle Zaungäste zu verscheuchen. Nur wenige Minuten entfernt stehen Giraffen breitbeinig an einer Trinkstelle, gegenüber eine kleine Gruppe Springböcke.

Die Wasserlöcher in Etosha bieten großartige Tierbeobachtungsmöglichkeiten

Mit ganz viel Glück ist im dichten Busch auch ein Nashorn zu entdecken. Besucher sollten mit abgeschaltetem Motor an einer günstigen Stelle warten – und vor allem horchen! Denn Nashörner sind an ihren Kau- und Fressgeräuschen eher zu erkennen, als dass man sie sehen kann. Trotz ihrer Größe sind die grauen Riesen nämlich nur schwer im Gestrüpp zu sehen. Während Nashörner gegen Nachmittag schon aktiv werden, braucht man noch mehr Glück, um Löwen zu finden. Denn die liegen perfekt getarnt im beigebraunen Gras und schlafen bis es dunkel wird – und alle Kameras und Autos aus ihrem Revier längst verschwunden sind. *Text: Daniela Kebel*

Info

Übernachten: An Unterkünften besteht in und rund um Etosha kein Mangel. Direkt im Park liegen die **NWR-Camps** (S. 122), außerhalb u. a. die **Etosha Oberland Lodge** (s. S. 130), die **Etosha Collection** von Gondwana (S. 134) oder die **Mushara Lodge** (S. 126).
Sonstiges: Am Ende der Regenzeit (April/Mai) steht stinkendes Brackwasser in den Salzpfannen, was manchem das Safarierlebnis verleiden kann.

19 Heimat der Seebären: Cape Cross

Unverhofft wurde das abgelegene, unwirtliche Cape Cross um 1900 für einige Jahre zu einem wichtigen **Wirtschaftsstandort**. Rund um das Kap tummelten sich Tausende von Robben, die seit dem 17. Jahrhundert wegen ihres Fleisches, des Öls und der Felle heiß begehrt waren. Auch Guanolager gab es in der Gegend, sie befanden sich auf kleinen Erhebungen, die auf der Salzfläche lagen (einem Teil des früheren Meeres, das dann ausgetrocknet ist). 1903 allerdings neigten sich die Guanovorräte dem Ende zu, auch die Robben waren inzwischen sehr stark dezimiert und die wirtschaftlichen Aktivitäten liefen aus.

Starke Bindung zwischen Mutter und Nachwuchs

Heute leben am Kreuzkap wieder zwischen 80.000 und 100.000 Südafrikanische Seebären, eine Robbenart, die zur Familie der Ohrenrobben gehört. Die Kolonie bei Cape Cross ist deshalb so groß, weil hier der hohe Planktongehalt des Benguela-Stromes für **Fischreichtum** sorgt. Die felsige Landzunge und Kieselsteinstrände machen diesen Platz zusätzlich attraktiv. Insgesamt gibt es an der Küste Namibias 23 Robbenkolonien, die zusammen ca. eine Million Tiere aufweisen.

Am Kreuzkap gibt es das ganze Jahr über Robben. Außerhalb der Paarungszeit sieht man aber kaum Bullen in der Kolonie; sie kommen erst im Oktober an Land, um ihren angestammten Bezirk zu besetzen. Ausgewachsene Bullen wiegen normalerweise bis zu 190 kg, doch zu Beginn der Brunftzeit sind sie so fett gefressen, dass sie es auf ein Gewicht von **bis zu 360 kg** bringen können.

Diese Fettreserven verbrauchen sie innerhalb der nächsten 6 Wochen, da sie ihre Territorien mit viel Kraftaufwand verteidigen müssen. Die **Kühe** sind erheblich kleiner als die Bullen und wiegen nur bis zu 75 kg. Ein paar Wochen nach den Bullen kommen die trächtigen Kühe an Land, um hier ein einziges Junges zu gebären. Die Tragzeit dauert ca. 8 Monate. Etwa 5–25 Kühe bilden den Harem eines Bullen, und bereits 7 Tage nach der Geburt beginnt wieder die Brunftzeit. Folglich ist eine Robbenkuh praktisch bis auf wenige Tage im Jahr trächtig.

Die Cape Cross Lodge

Die meisten Robben werden gegen Ende November/Anfang Dezember geboren. Ihr Geburtsgewicht beträgt 4,5–7 kg, ihre Pelze sind pechschwarz. Schon eine Stunde nach der Geburt beginnen die Jungen, bei der Mutter zu saugen. Die Mutter entwickelt eine sehr starke Bindung zu ihrem Nachwuchs, doch sie muss ihr Junges verlassen und zur Nahrungssuche aufs Meer hinausschwimmen. Durch **gegenseitiges Rufen** finden sich Mutter und Kind wieder. Fast ein Jahr säugt die Mutter ihr Junges. Im Alter von 4–5 Monaten beginnen die Kleinen, Schalentiere und kleine Fische zu fressen. Und im Alter von 7 Monaten können sie bereits bis zu 4 Tage im Wasser bleiben.

Zu 50 % ernähren sich Robben von **kleinen Fischen** wie der Bastardmakrele und der Sardine, die in Schwärmen leben. Aber auch Krustentiere und Tintenfische werden nicht verschmäht. Bei alten Robben fand man in den Mägen sogar Kies und Steine, die vor allem verdauungsfördernd sind, aber auch dazu dienen, das Gleichgewicht besser zu halten.

Info

Übernachten: Die Cape Cross Lodge liegt 4 km südlich der Robbenkolonie und bietet große, helle und zweckmäßig eingerichtete Doppelzimmer sowie Campingplätze (www.capecross.org).

Sonstiges: An Robbenkolonien stinkt es fürchterlich. Nach einiger Zeit gewöhnen sich jedoch die meisten Besucher an den Gestank.

20 Die Welwitschia-Route bei Swakopmund

Für Pflanzenkundler, Mineralogen und Landschaftsliebhaber gibt es einen etwas außergewöhnlichen Ausflug in die Umgebung von Swakopmund, der von dort aus als halbtägige Safari angeboten wird: die 160 km lange Welwitschia-Route, auf der die einzelnen naturkundlichen Sehenswürdigkeiten mit nummerierten Tafeln gekennzeichnet sind (im Folgenden stehen die Nummern in Klammern).

Auf den Besucher macht die Namib einen äußerst trockenen, leblosen Eindruck. Doch beim genaueren Hinschauen entdeckt man **Flechten** (1), die hier aufgrund der morgendlichen und abendlichen Nebel überleben können. Sie haben sich lose über die Oberfläche ausgebreitet und sind in der Lage, in allen Rinnen und Furchen Wasser aufzunehmen. Flechten sind die ersten Pflanzen überhaupt, die sich über kahle Stellen ausbreiten und so den Boden vor Erosion schützen. Die primären Wachstumsbedingungen für Flechten sind Feuchtigkeit, kühle Temperaturen und niedrige Lichtintensität. Die wichtigste Bedingung ist aber Feuchtigkeit! Nimmt man auf diese Exkursion etwas Wasser mit und gießt es über die Flechten, kann man beobachten, wie schnell die Pflanzen ihre Farbe verändern.

Talerbüsche (2) sind endemisch, d. h., sie kommen nur in der Namib vor. Die sukkulenten Blätter erinnern in ihrer Form an Taler. Der Strauch benötigt außer Tau und Nebel auch Grundwasser. Interessant zu beobachten ist, dass sich die Blatt-

Die Welwitschia mirabilis kann Schätzungen zufolge bis zu 2.000 Jahre alt werden

ränder des Talerstrauchs während der Mittagshitze der Sonne zuwenden, um dadurch die Verdunstung zu minimieren.

Nahrung für Insekten

Der Swakop hat sich in der geologischen Vergangenheit in die weicheren Gesteine hineingefressen. Ergebnis ist eine wirklich sehenswerte **Mondlandschaft** (4/6), wenn auch ohne Krater. Besonders in der späten Nachmittagssonne kann man hier beeindruckende Fotos schießen.

Ein schwarzes **Dolerit-Band** (8) zieht sich deutlich über die Berge. Es verwittert langsamer als das Umgebungsgestein. Als Dolerit bezeichnet man einen mittel- bis grobkörnigen Basalt. Man kann am Berg deutlich sehen, wie der dunkle Dolerit als flüssige Lava in den Granit des Ur-Gebirges eindrang.

Höhe- und Endpunkt der Route ist die große, wahrscheinlich ca. 1.500 Jahre alte **Welwitschia mirabilis** (12) – ein lebendes Fossil. Die Welwitschia mirabilis gehört zur Gruppe der Sukkulenten. Ihr Hauptverbreitungsgebiet ist ein relativ schmaler Landstreifen, der sich von Namibias Namib-Wüste bis nach Südangola hinzieht. Während in der Namib bei Swakopmund die Pflanzen sehr alt sind, findet man jüngere Pflanzen erst ab Khorixas und dann weiter nach Südangola. Die Ursache ist der von Süden nach Norden zunehmende Niederschlag, der jungen Pflanzen das Überleben sichert.

Der rübenförmige Stamm der Welwitschia kann bis zu 3 m tief in der Erde stecken. Außer den beiden Keimblättern entwickelt die Pflanze nur 2 sehr lange, **lederartige Blätter** mit Zellulosefasern, die am Stamm beginnen und zum Ende hin zerschlissen sind. Die weibliche Blüte der Welwitschia sieht Kiefernzapfen ähnlich. In der Mitte befindet sich die Samenanlage. Hier suchen Bienen in der Blütezeit Nektar. Der Artname „mirabilis“ stammt aus dem Lateinischen und heißt so viel wie „wunderbar“. Der Gattungsname dieser Pflanze Welwitschia geht auf den Namen des Botanikers F.M.J. Welwitsch zurück, der 1806–1872 lebte. Bei einer Forschungsreise entdeckte dieser österreichische Wissenschaftler die nie zuvor in der Literatur erwähnte Pflanze.

Info

Übernachten: In Swakopmund gibt es zahlreiche Unterkünfte, z. B. die **Pension à la Mer** (www.pension-a-la-mer.com), das **Cornerstone Guesthouse** (www.cornerstoneguesthouse.com), das **Organic Square Guesthouse** (www.guesthouse-swakopmund.com) oder das **Orange House** (www.orange-house.de).
Anfahrt: Von Swakopmund aus folgt man ca. 3,5 km der B 2 in Richtung Usakos und biegt dann beim Martin-Luther-Lokomobil in die C 28 ein. Nach ca. 17 km auf dieser Pad zweigt man nach links (Nordosten) in die Pad 1991 ab und befindet sich auf der „Welwitschia-Route“. Die gesamte Wegstrecke ist mit einem normalen Pkw zu befahren. Gesamtstrecke der Welwitschia-Route: ca. 160 km, Fahrzeit ca. 4 Std. (Pausen an den Haltepunkten eingerechnet).

21 Abstecher über Mata Mata zum Kgalagadi Transfrontier Park

Der auf südafrikanischem und botswanischem Staatsgebiet liegende Kgalagadi Transfrontier Park bietet grenzenloses Afrika-Abenteuer inmitten der rotsandigen Kalahari. Herden von Gemsböcken, Elen- und Oryxantilopen ziehen umher, **imposante Kalahari-Löwen** ruhen im Schatten der Kameldornbäume und Leoparden lauern auf ihren nächsten Fang. Zur ökologischen Vielfalt des Parks gehören auch die wuselnden Meerkatzen, die kleinen geselligen Webervögel und räuberische Halsband-Zwergfalken, die kleinsten Falken Afrikas.

Nach vielen Jahren der Verhandlung hatten sich **Südafrika und Botswana** im Jahr 2000 geeinigt, ein einzigartiges, 38.000 km^2 großes Ökosystem politisch zu ermöglichen: Der botswanische Gemsbok Park und der südafrikanische Kalahari Gemsbok Park wurden vereinigt. Die Grenze zwischen Südafrika und Botswana verläuft jedoch entlang dem Fluss Nossob. Damit das Wild bei seinen Wanderungen nicht behindert wird, wurde diese Grenze geöffnet. Lediglich Grenzsteine im Nossob Rivier klären den Reisenden darüber auf, ob er sich gerade auf südafrikanischem oder botswani-

Oryxantilopen am Wasserloch

schem Gebiet befindet. Zudem ist seit Oktober 2007 der Grenzübergang Mata Mata zwischen Namibia und Südafrika an der westlichen Parkgrenze geöffnet.

Im Kgalagadi Transfrontier Park stehen die Chancen auf Löwensichtungen gut

Die Wege, entlang derer man das Wild beobachten kann, folgen den beiden Flüssen Auob und Nossob. Nur selten fließt hier Wasser. Die beiden Flusstäler unterscheiden sich landschaftlich sehr. Während das **Auob Rivier** (Rivier = Bezeichnung für Flusstal) enger, grasreich und mit vielen Bäumen bestanden ist (vor allem mit Kameldorn-Bäumen, einer Akazienart), liegt das **Nossob Rivier** breit und weit vor dem Besucher. Im Gebiet des Nationalparks tummeln sich große Herden von Springböcken, Oryxantilopen, Blaugnus und Straußen. Die Wüstenantilope ist das Emblem des Parks. Oft kann man auch Löwen und Geparde beobachten. Der schwarzmähnige Kalahari-Löwe ist einer der beeindruckendsten Bewohner des Parks. Es gibt z. T. künstliche Wasserstellen, die die Tiere anziehen.

Insbesondere in der sommerlichen Regenzeit erwarten den Besucher unbeschreiblich schöne **Farbspiele**: Rötliche Dünen, grüne Akazien, ein tiefblauer Himmel und zum Greifen nahe Haufenwolken sichern ein grandioses Naturerlebnis. Beeindruckend ist die Landschaft vor allem entlang des Auob Rivier sowie an der südlichen Querstraße zwischen Nossob und Auob Rivier. Hier dominieren herrliche orangefarbene Dünen, die im Kontrast zum strahlend blauen Himmel stehen.

Info

Übernachten: Es gibt auf der südafrikanischen Seite des Parks 3 größere Rest Camps: das Hauptcamp **Twee Rivieren** im Süden am Flussbett des Nossob, das **Camp Mata Mata** am Auob Rivier im Nordwesten und das **Nossob Rest Camp** inmitten von Savannenbäumen. In allen Rest Camps gibt es kleine Läden für Selbstversorger und Tankstellen. Daneben gibt es im Park mehrere einsam gelegene Wilderness Camps (www.sanparks.org). Die **!Xaus Lodge** im Süden ist die Luxus-Variante der Unterkünfte im Park; man wohnt in urigen Chalets mit Grasdächern (www.xauslodge.co.za). Auf botswanischer Seite gibt es mehrere rustikale Campingmöglichkeiten sowie zwei Luxus-Camps, die beide im wildreichen Tal des Nossob River liegen: **Rooiputs** liegt ca. 25 km nördlich von Twee Rivieren und besteht aus 11 luxuriösen Chalets mit Bad. **Polentswa** ist ein klassisches Zeltcamp und liegt rund 220 km nördlich von Twee Rivieren am Ende des Nossob Valley. Beide Camps sind nicht eingezäunt, es kann durchaus zu einem Löwenbesuch kommen (www.tashebube.co.bw).

22 Köcherbäume und andere Sukkulenten

Der größte Köcherbaumwald Namibias liegt in der Nähe von Keetmanshoop auf dem Gelände der Farm Gariganus. Hier wachsen ca. **300 sogenannte Baum-Aloen** (Aloe dichotoma), die zu den Sukkulenten gerechnet werden. Die Gruppe der Sukkulenten ist vor allem durch ihre Fähigkeit der langfristigen Wasserspeicherung gekennzeichnet. Diese Pflanzen können in großzelligen Geweben Wasser speichern.

Der **Name** „Köcherbaum" ist wie folgt zu erklären: Die San höhlten die Äste der Bäume aus und die das Pflanzenmark umgebende Rinde diente als Köcher für die Pfeile. In ganz Namibia stehen Köcherbäume unter Naturschutz. Sie erreichen eine Höhe von etwa 8 m.

Die bizarre Verästelung der Köcherbäume lockt die kleinen **Siedelwebervögel** an, die hier mit viel Fleiß ihre gigantischen Nester bauen. Mehrere Hundert Vögel leben dann unter dem riesigen Dach, das sie vor Hitze schützt. Die Einfluglöcher ins Nest befinden sich unten.

Man unterscheidet verschiedene **Sukkulentenarten**: Die Blattsukkulenten, bei denen die stark verdickten, manchmal walzenförmigen Blätter als Wasserspeicher dienen. Die Stammsukkulenten, deren verdickte Sprossen Wasser speichern können; hierzu gehören auch die Köcherbäume. Die dritte Art sind die Wurzelsukkulenten, wozu z. B. die Welwitschia mirabilis gehört. Ihr kurzer Stamm steckt im Boden und feine Haarwurzeln saugen das Wasser auf.

Insgesamt gibt es folgende **sukkulente Tricks**, um mit ariden, d. h. trockenen Lebensräumen fertig zu werden: Wurzel-, Stamm-, Blattsukkulenz, Wachsüberzüge, die Verdunstungsschutz geben, z. B. bei der Welwitschia mirabilis und verschiedenen Aloen; außerdem Verlegung des Stammes in die

Besonders schön bei Sonnenuntergang

Auch in der Nähe der Gondwana Canyon Lodge gibt es Köcherbäume

Erde (Welwitschia), Behaarung oder dichte Bestachelung (Euphorbia), Wasseraufnahme z. B. durch Blätter oder durch Pfahlwurzeln.

Besonders eindrucksvoll ist die Beleuchtung des Köcherbaumwalds am **späten Nachmittag**. Während des Sonnenuntergangs heben sich die Silhouetten der Köcherbäume malerisch gegen den rotblauen Horizont ab. Bei einem Gläschen Wein als Sundowner kann man so die besondere Stimmung dieser einmaligen Landschaft genießen.

Sicherlich ist der hier beschriebene Köcherbaumwald aufgrund seiner leichten Zugänglichkeit und Fülle von Bäumen besonders interessant – und entsprechend besucht. Köcherbäume können aber auch noch **an anderen Orten** entdeckt und bewundert werden: 20 km nördlich von Keetmanshoop im Garaspark, in der Nähe der Spitzkoppe östlich von Swakopmund, bei Bushmanskopje in der Nähe vom Sossusvlei, bei Wanderungen durch die Schlucht auf dem Gelände der Farm Büll-sPort sowie entlang des Oliven-Wanderwegs im Naukluft-Park. Einzelne Exemplare stehen auch in der Nähe der Blutkuppe, an der Strecke durch die Namib (C 28). Wer von Südafrika kommt oder einen Abstecher dorthin geplant hat: Im Augrabies Falls National Park gibt es auch Prachtexemplare.

Ganz in der Nähe des Köcherbaumwalds liegt der **Giant's Playground** („Spielplatz des Riesen"). Hier kann man zahlreiche bizarre Felsformationen bewundern, zwischen denen sich ebenfalls Köcherbäume befinden. Dieser imposante Steingarten hat einen Durchmesser von 5 km. Der Rundweg nimmt ca. 45 Minuten in Anspruch.

Info

Übernachten: Die preiswerte Pension Gessert in Keetmanshoop ist eine nette und persönlich geführte Unterkunft mit 7 Zimmern und einem sehr guten Frühstück (gesserts@iafrica.com.na). Das Quivertree Forest Camp liegt direkt am Köcherbaumwald und bietet Bungalows und schattige Campingplätze (www.quivertreeforest.com).

23 Tierparadies Gondwana Canyon Park

Das private Naturschutzgebiet Gondwana Canyon Park grenzt im Westen direkt an den Ai-Ais/Richtersveld Transfrontier Park, ist 1.260 km^2 groß und reich an Wild. Auf den weiten Ebenen äsen Springböcke, Oryx- und Kuhantilopen, Streifengnus, Savannenzebras und Strauße; an den Rivieren (Trockenflüssen) und in den zerklüfteten Felslandschaften leben Bergzebras, Kudus, Klippspringer und Steinböckchen; selten gewordene Raubtiere wie **Leopard, Schakal und Hyäne** vermehren sich wieder oder kehren langsam zurück. Manche bezeichnen den Gondwana Canyon Park auch als „Klein-Etosha" im Süden Namibias.

Dabei handelt es sich keineswegs um einen gigantischen Zoo, denn alle diese Tierarten waren in dem Gebiet einst heimisch. Selbst Giraffen, Elefanten und Löwen zogen umher, ähnlich wie heutzutage im Damaraland im Nordwesten Namibias. **Abenteurer und Jäger** rotteten im 19. Jahrhundert im Süden viele Wildarten aus, Farmer machten wegen des Fleisches Jagd auf Wild und verfolgten Raubtiere aus Sorge um ihr Vieh. In Dürreperioden – in Trockengebieten eher die Regel als die Ausnahme – kam es immer wieder vor, dass Schafe und Ziegen die Pflanzen zu stark abfraßen. Die Folge war Überweidung. Mit Zäunen teilten Farmer ihr Land zudem in kleine Parzellen ein, um sie abwechselnd beweiden zu können. Zäune jedoch hindern das Wild daran, dorthin zu ziehen, wo Regen gefallen ist und entsprechende Weiden vorhanden sind.

Um die einzigartige Pflanzen- und Tierwelt der Nama Karoo am Fish River Canyon auch für künftige Generationen zu erhalten, wurde ab 1995 Farmland aufgekauft und in den Gondwana Canyon Park umgewandelt. Gondwana stellte die Viehwirtschaft ein, entfernte schrittweise die Zäune und legte wildgerechte Wasserstellen

Kuhantilopen werden in die Freiheit entlassen

Traumkulisse am Canyon

an. Langsam erholten sich die Pflanzen und vermehrte sich das Wild. Ein Parkmanager wurde eingestellt, um mit seinem Team Außenzäune zu kontrollieren, die Wilderei einzudämmen, den Zustand von Tieren und Weide zu beobachten sowie jährliche Wildzählungen vorzubereiten und auszuwerten. Um die Vielfalt des Wildes zu erhöhen und damit das Ökosystem zu stärken, startete Gondwana ein umfangreiches Auswilderungsprogramm: Auf der Basis historischer Studien wurden **Tierarten ausgesetzt**, die in dieser Gegend einst heimisch gewesen waren.

Die Gondwana Canyon Lodge

Am Canyon Roadhouse, an der öffentlichen Sandstraße durch den Gondwana Canyon Park, gibt es ein Info-Center, das auf vielen ansprechenden Schautafeln über das Wildprogramm und weitere interessante Aspekte des Naturparks informiert.

Info

Übernachten: Gondwana bietet im Canyon Park verschiedene Unterkunftstypen an: die **Canyon Lodge** in einem restaurierten alten Farmhaus, Bungalows im Canyon Village und das rustikale **Canyon Roadhouse** (S. 216).

Touren: Gondwana bietet Fahrten zum Fish River Canyon und Sundowner Drives im Canyon Park an.

MENSCHEN UND KULTUR

24 Begegnungen mit Himba im Kaokoveld

Fährt man von Palmwag aus nach Norden durch das zentrale Damaraland in Richtung Opuwo, so stößt man inmitten einer atemberaubenden Landschaft eventuell schon auf die ersten Himbafamilien, die nach althergebrachter Nomadenart im Nordwesten des Landes leben. Bei der Weiterfahrt in westlicher Richtung gen Kaoko Otavi führt der Pfad ins westliche Kaokoveld. Ziel ist das Tal des **Trockenflusses Hoarusib**. In einer einzigartigen Landschaft, mit Palmen bewachsenen Riviertälern und Oasen, liegt eines der Hauptsiedlungsgebiete der Himba. Das Nomadenvolk lebt hier teilweise noch unberührt von den Einflüssen der sogenannten Zivilisation und hält seine jahrhundertealten Traditionen und Bräuche aufrecht.

Neue Hoffnung durch Schulen und bessere Infrastruktur

Die Vegetation ist dürftig, das Land bergig. Die Trockenflüsse führen nur sehr selten Wasser. An Tieren begegnet man Oryxantilopen, Springböcken, Zebras und auch einigen Elefanten. Es werden hauptsächlich **Rinder**, aber auch Ziegen und Fettschwanzschafe gehalten. Daneben gibt es ein wenig Mais- und Kürbisanbau. Hauptnahrungsmittel ist geronnene Kuhmilch. Rindfleisch wird nur bei besonderen Anlässen gegessen, Kleinvieh dagegen kommt häufiger auf den Teller. Die Tierhäute dienen der Herstellung von Schlafmatten, Decken, Taschen und Bekleidung. Tiere haben auch vielfach symbolische Bedeutung, so wird zum Beispiel der Brautpreis in Form von Tieren bezahlt und bei der Hochzeitsfeier müssen Rinder geschlachtet werden. Tiere werden auch den Verstorbenen als Opfer gebracht, um sich deren Wohlwollen zu sichern. Wohlstand und Ansehen der Himba werden durch den Besitz an Tieren bestimmt.

Verheiratete Männer tragen traditionell ein Tuch um den Kopf. Jungen werden kahl geschoren (bis auf einen Haarstreifen in der Mitte). Mädchen tragen die Haare zu 2 Zöpfen gebunden, die in die Stirn fallen, verheiratete Frauen erkennt man an den vielen kleinen, geflochtenen Zöpfen und einer Art Krone aus Ziegenleder. Frauen wie Männer **fetten ihre Körper ein**. Sie benutzen dazu Butter, die mit gestoßenem Pulver eisenhaltiger Gesteine und stark aromatischen Kräutern wie der Kaokoveld-Myrrhe vermengt wird. Das Gemisch ergibt dann eine rote Farbe. Männer dagegen benutzen ein schwarz gefärbtes Fett. Sinn dieser Einfettung ist es, den Flüssigkeitsverlust der Haut bei zu großer Hitze zu reduzieren. Ebenso dient das Fett aber auch als Schutz vor Kälte.

Derzeit gibt es ca. **7.000 Himba**, die ein Gebiet von knapp 50.000 km² bewohnen. Das klingt viel, aber das Kaokoveld ist eine sehr aride Landschaft mit nur ge-

Verheiratete Frauen tragen einen kronenähnlichen Kopfschmuck aus Ziegenleder

ringem Naturpotenzial. Auch hier – wie in vielen anderen ehemaligen Homelands – gibt es aufgrund von Überweidung große Vegetationsschäden. Wirtschaftlich betrachtet geht es den Menschen, die in dem sehr weiten und kargen Umland leben, nicht gut. In manchen Gegenden machen sich Trostlosigkeit und ihre Begleiterscheinungen wie Alkoholismus breit. Es scheint sich aber eine Wende abzuzeichnen. Die Himba haben Hegegemeinschaften für das Vieh gebildet und organisieren zunehmend ihr Geschäft mit dem Tourismus. Es gibt Schulen und eine verbesserte Infrastruktur. Die Gesellschaft ist im Wandel begriffen und kann vielleicht gerade dadurch ihr Überleben sichern.

Info

Übernachten: Die **Ohakane Lodge** in der Ortsmitte von Opuwo bietet einfache, aber saubere Zimmer mit eigenem Bad. Afrika-Feeling kommt besonders im dazugehörigen Tented Camp auf. Über die Lodge können auch Himba-Touren gebucht werden (ohakane@iway.na). Etwas außerhalb liegt die komfortable **Opuwo Lodge**, die ebenfalls verschiedene Exkursionen anbietet (www.opuwolodge.com).

Touren: Das Kaoko Information Center bietet viele Informationen über das Kaokoveld und vermittelt Touren in Himba- und Herero-Dörfer mit sehr engagierten einheimischen Guides (Tel. 065/273420).

25 Abstecher nach Botswana: Shakawe und Tsodilo Hills

Wer den Oberlauf des Okavango sehen und einen Eindruck von der Schönheit der Okavango-Sümpfe erhalten möchte, sollte unbedingt Shakawe besuchen. Shakawe ist als größte Siedlung des oberen Ngami-Landes die „**Hauptstadt**“ im Norden Botswanas. Hier findet man Hunderte riedgedeckter Hütten. Frauen schöpfen in alter Tradition noch Fische mit Körben aus dem Fluss. An den Ufern des Okavango grasen Rinder. Herrliche Ausflüge auf dem Strom ermöglichen die Beobachtung einer außerordentlich reichhaltigen Vogelwelt sowie der vielen Flusspferde und Krokodile.

Lohnend ist ein Ausflug zu den nur etwa 53 km südwestlich liegenden Tsodilo Hills, dem sogenannten Buschmannatelier. Achtung: Der Weg ist sehr sandig und muss mit etwa 2–3 Stunden Fahrzeit veranschlagt werden. In den Tsodilo Hills liegt eines der letzten **Rückzugsgebiete der San**. Seit vielen Jahrtausenden durchstreifen sie die Weiten der Kalahari. Ihr Überleben erscheint umso erstaunlicher, als sie in einem eigentlich lebensfeindlichen Gebiet existieren. Im Bereich der Tsodilo Hills leben diese Ureinwohner seit Jahrhunderten. Interessant sind die Tsodilo Hills wegen ihrer etwa 3.500 Felsmalereien an über 350 Stellen, sie wurden 2001 zu Botswanas erstem und bislang einzigem UNESCO-Weltkulturerbe erklärt.

Die heute hier lebenden San nomadisieren nicht mehr. Seit jeher sind die Tsodilo Hills – ähnlich wie der Ayers Rock in Australien – ein tief symbolischer Berg für die Makoko und Dzucwa San sowie die zugezogenen Mbukushu. Die San glauben, dass hier die **Wiege der Menschheit** stehe. Der Name „Tsodilo“ stammt aus der Tswana-Sprache. Er wurde vom Mbukushu-Namen „Sorile“ abgeleitet, was so viel wie „steil“ oder „jäh“ bedeutet. Die San bezeichnen die Berge als Mann, Frau und

Für die San steht hier die Wiege der Menschheit

Kind. Der höchste Berg – Male Hill – liegt im Süden (420 m) und ist 700 m vom nächsten entfernt. Der mittlere Hügel – Female Hill – ist durch eine Schlucht vom Male Hill getrennt und weist mehrere Gipfel sowie kleinere Sanddünen-Ablagerungen auf. Ca. 3 km nordwestlich des Female Hill liegt der hufeisenförmige Child Hill mit einem felsigen Gipfel von 80 m Höhe. Weiter nordwestlich kann man den North Hill ausmachen. Einer Legende nach handelt es sich um eine streitlustige weitere Frau des Male Hill ...

Die Hügel bestehen vorwiegend aus Granit und ragen isoliert aus der Ebene hervor. Man vermutet, dass hier schon in der Eisenzeit einige Dörfer lagen. Darauf deuten Reste von Töpferwaren und Eisenwerkzeugen hin. Zudem fand man Fischgräten, die ein Alter von über 22.000 Jahren aufweisen. Besonders interessant war die Entdeckung **indischer Glasperlen**, die die Forscher als Beweis dafür interpretieren, dass die frühen Bewohner Handel mit den Gebieten Ostafrikas unterhielten.

Die Felsmalereien werden auf 800–1300 n. Chr. datiert

Die berühmten Felsmalereien werden auf 800–1300 n. Chr. datiert. Erstmals wurden sie vom deutschen Geologen und Forscher **Siegfried Passarge** beschrieben, der die Tsodilo Hills 1893 besuchte und sehr detailgetreue Kopien der Felszeichnungen anfertigte. Die heute hier lebenden San kennen die Herkunft dieser Felszeichnungen nicht, doch wahrscheinlich stammen sie von den Vorfahren der heutigen !Kung.

Südlich der Tsodilo Hills liegt ein kleines **Mbukushu-Dorf**. Die hier lebenden Mbukushu wohnen in grasbedeckten Hütten. Noch immer leben sie von Feldfrüchten, in Fallen erlegten Perlhühnern und bei der Jagd erlegten Antilopen. Trotzdem hat die Zivilisation schon längst Einzug gehalten: Nur noch für Besucher werden der Lendenschurz sowie Pfeil und Bogen angelegt. Mit dem Einzug des Tourismus hat sich die Lebensweise immer mehr von ihrem Ursprung entfernt.

Info

Übernachten: In der Nähe vom Visitor Center gibt es einige ausgewiesene **Campingplätze**, allerdings ohne jegliche Einrichtungen. Alternativ kann man in Shakawe übernachten: **Drotsky's Cabins**, 5 km südlich des Ortes an einem Nebenarm des Okavango gelegen, eignet sich gut für Vogelbeobachtungen, da es einen Flusswald und dichtes Ried gibt (www.drotskycabins.com). Eine schöne Unterkunft ist auch die idyllisch auf einer Insel gelegene **Xaro Lodge** mit 8 Zelten (https://xarolodge.com), die Anfahrt erfolgt mit dem Boot. Ein Traum für Vogelbeobachter.

Touren: San-Guides führen Besucher zu den Felsmalereien, das Erkunden auf eigene Faust ist nicht erlaubt. Nach der Ankunft meldet man sich im Visitor Center an, hier gibt es auch Toiletten und Duschen.

26 Die Felsgravuren von Twyfelfontein

Twyfelfontein ist der reichste Fundort von Felsgravuren in Namibia und seit 2007 als das erste **UNESCO-Weltkulturerbe** des Landes anerkannt. Die Gravuren wurden schon zu deutscher Kolonialzeit bzw. kurz danach gefunden, genau ist aber das Entdeckungsdatum nicht bekannt.

In dem Übergangsgebiet zwischen Namib und dem inneren Hochland müssen schon in sehr früher Zeit Grasweiden bestanden haben. Die großen Tierherden, die hier gelebt haben, sammelten sich an den wenigen Wasserstellen, um ihren Durst zu löschen. Ein Leichtes für den Jäger der Frühzeit, hier Beute zu machen. Deshalb waren die Randgebiete, die sich unmittelbar an die Wüste anschlossen, ziemlich **dicht besiedelt** (so das Erongogebirge, das Khomas-Hochland, die Spitzkoppe, die Naukluft, der Brandberg und Twyfelfontein). In der Nähe dieser Wasserstellen finden sich heute die von Jägern geschaffenen Felsbilder.

Der **prähistorische Künstler** benutzte wahrscheinlich einen Quarzmeißel. Die Gravuren finden sich meist auf sehr ebenen Platten, die heruntergestürzt sind. Da das Gestein ausgehärtet ist, wäre es heute unmöglich, mit einem Meißel Figuren in diese Platten einzugravieren. Mit den Werkzeugen der Frühzeit konnte man nur relativ frisch heruntergestürzte Felsplatten bearbeiten. Das heißt, die Felsen, auf denen die tiefsten Gravuren zu finden sind, mussten kurz vor der Bearbeitung hinabgestürzt sein. Die Tiefe der Gravuren beträgt in der Regel 1–3 mm, sehr selten 5–8 mm. Die Gravuren lassen sich allgemein nach **3 Motivgruppen** einteilen: Tiere, Fährten dieser Tiere, Darstellungen abstrakter Natur.

Die Darstellungen von Tieren sind meist sehr **naturgetreu**. Bestimmte Eigenschaften werden absichtlich besonders betont und in der Darstellung übertrieben, so z. B. die Leichtfüßigkeit eines Springbocks oder der lange Hals der Giraffe.

Besonders interessant sind die **abstrakten Gravuren**. Was mögen sie darstellen? So findet man z. B. Kreise mit einem tiefen Loch oder einem Strich in der Mitte. Bei den San gilt der Kreis mit einem Punkt als Kennzeichnung für eine Wasserstelle. Manche Kreise haben Striche und Linien außerhalb. Wurden so die Zuflüsse stilisiert, während einfache Kreise mit Innenpunkt das stillstehende Wasser andeuteten? Die australischen Ureinwohner, die Aborigines, haben ähnliche Darstellungsformen entwickelt. In Twyfelfontein finden sich insbesondere Symbolzeichen und Tiermotive.

Auch Felszeichnungen finden sich bei Twyfelfontein

Ein grober Aufschluss über das **Alter** ergibt sich aus der sog. Patina, womit man die Oxidation der äußeren Gesteinsschicht bezeichnet. Diese Oxidation geht anfangs schnell vor sich, lässt aber mit zunehmender Gesteinstiefe nach und dringt dann nur noch langsam vor. Alte Gravuren erkennt man daran, dass sie farblich mit dem nicht bearbeiteten Teil der Steinplatte übereinstimmen. Doch ist die Patinierung nur ein schlechter Maßstab für exakte Altersbestimmungen, denn man weiß bislang nicht, wie schnell sie in Namibia erfolgt. Die Patinierung ist abhängig von der Möglichkeit, wie sich Wasser am Felsen sammeln kann, der Gesteinsart, der salzhaltigen Luft, die vom nahen Meer weht. Die Spannbreite der Datierungen reicht von Gravuren aus unserer Zeit bis hin zu solchen aus der Zeit um 24000 v. Chr. Die ältesten Gravuren stammen also vielleicht aus einer Zeit, in der noch keine San im Kaokoveld lebten, sondern frühe Steinzeitmenschen.

Bis zu 10.000 Jahre sollen die Gravuren alt sein

Info

Übernachten: **Mowani Mountain Camp** (S. 150), Vingerklip Lodge (www.vingerklip.com.na) oder **Twyfelfontein Country Lodge** (www.twyfelfontein.com.na).
Sonstiges: Die Gravuren können nur zusammen mit einem Guide aufgesucht werden. Es stehen 2 Touren zur Auswahl: eine mit einem etwas steileren Teil, bei der auch Zeichnungen zu sehen sind, und eine flachere nur mit Gravuren. Die beste Besuchszeit ist der Nachmittag, wenn viele der Gravuren im Sonnenlicht liegen (morgens ist es im Sommer zwar kühler, aber die Gravuren liegen im Schatten). Nach 16 Uhr gibt es keine Touren mehr. Gutes Schuhwerk und Kopfbedeckung sowie mitgenommene Getränke sollten die Wanderung von ca. 1½–2 Stunden zu einem schönen Erlebnis werden lassen. Ein Parkplatz befindet sich unten im Tal an der ursprünglichen Quelle.

27 Alt und neu in Windhoek

Windhoek, die Hauptstadt Namibias, hat in den letzten Jahrzehnten den Wandel von einer eher beschaulich anmutenden Hauptstadt in eine **afrikanische Metropole** vollzogen. Es entsteht kontinuierlich ein interessanter Mix aus europäisch-afrikanischen Einflüssen – die noch vor der Unabhängigkeit anzutreffende Deutschtümelei ist einem Kosmopolitismus und einer Offenheit gewichen, die Menschen aller Hautfarben und Kulturen einschließen. Die Höhenlage – rund 1.700 m über dem Meer – sorgt für angenehme Temperaturen mit willkommener nächtlicher Abkühlung.

Man sollte den innerstädtischen Bereich auf jeden Fall zu Fuß erkunden. Die Zentralachse der Innenstadt ist die **Independence Avenue**. Auf dieser Straße reihen sich Geschäfte und Lokale aneinander.

Auf einem Hügel westlich der Independence Avenue erhebt sich die **Christuskirche**, das Gotteshaus der evangelisch-lutherischen Gemeinde, die 1896 gegründet wurde. Die Grundsteinlegung erfolgte 1907, Architekt war der Regierungsbaumeister Gottlieb Redecker, der schon lange vor der deutschen Kolonialzeit im Jahre 1871 im Lande selbst (Otjibingwe) geboren wurde. 1910 wurde die Kirche eingeweiht. Das Baumaterial besteht im Wesentlichen aus Quarzsandstein, der in der Nähe der Stadt gebrochen wurde. Nur das Portal wurde aus wertvollem Carrara-Marmor errichtet. Kaiser Wilhelm II. stiftete die bunten Fenster des Altarraumes. 1923 wurde der Marmoraltar erstellt. Der Kirchturm ragt ganze 42 m hoch. 1978 wurde die Kirche zum Nationaldenkmal erklärt.

Die Christuskirche

Neben der Kirche steht das **Independence Memorial Museum**. Der Standort mitten im historischen Zentrum der Stadt, die Vergabe des Bauauftrags an eine nordkoreanische Firma sowie der weitgehende Ausschluss der Öffentlichkeit bei der Projektplanung hatten während der Planungs- und Bauphase zu kontroversen Diskussionen geführt. Im März 2014, zum 24. Unabhängigkeitstag, wurde das Museum offiziell eröffnet. Vor dem Gebäude steht eine riesige Statue von **Sam Nujoma**, dem ersten Präsidenten des unabhängigen Namibia, in der Hand hält er die Verfassung. Im Inneren sind einige Funde aus präkolonialer Zeit zu sehen, vor allem aber viele Bilder aus der Kolonialzeit sowie aus dem Unabhängigkeitskampf gegen die deutschen und südafrikanischen Besatzer. Auch der Weg in die Unabhängigkeit und die ersten Wahlen werden anhand verschiedener Dokumente dargestellt.

„**Tintenpalast**" ist der Spitzname für das Gebäude der Nationalversammlung, weil die Beamten hier einst so viel Tinte verschrieben. Entworfen wurde der 1913 eingeweihte Bau ebenfalls von Gottlieb Redecker. Die Inneneinrichtung soll die Wesensart des Landes widerspiegeln, seine Naturwunder, seine charakteristischen Landschaften, seine Mineralien und last but not least: seine Menschen. Das Gebäude ist von schönen Parkanlagen umgeben.

Auf dem Markt in Katutura

Um das ganze Windhoek kennenzulernen, sollte man auch seinen Randgebieten einen Besuch abstatten. **Katutura** (übersetzt etwa: „Der Platz, an dem wir nicht leben möchten") ist der 7 km nordwestlich des Stadtzentrums liegende Stadtteil, in dem ausschließlich Schwarze verschiedener Stämme leben, die als Arbeiter oder Hausangestellte beschäftigt sind. **Khomasdal** ist dagegen eine näher zur Innenstadt gelegene Siedlung der Farbigen (Nama, Baster). In der Zeit der Apartheid wurden die Farbigen höher eingestuft, erkennbar an größeren Grundstücken und Häusern. Hier ergibt sich ein insgesamt freundlicherer Eindruck. Seit der Unabhängigkeit unternimmt die Regierung große Anstrengungen, die Infrastruktur zu verbessern.

Info

Übernachten: In ruhiger Lage außerhalb der Innenstadt bietet das Gästehaus **Ti Melen** nicht nur 4 großzügige, geschmackvoll eingerichtete Zimmer in einem gepflegten Gebäude an, sondern auch einen großen Garten und einen fantastischen Blick auf die Stadt. (www.ondili.com/lodges/ti-melen/). Eine schöne Übernachtungsmöglichkeit ist auch das **Olive Grove Guest** House mit 11 schlicht, aber geschmackvoll eingerichteten En-Suite-Zimmern (www.olivegrove-namibia.com). Mondän geht es im traditionsreichen **Hotel Heinitzburg** zu (www.heinitzburg.com).

Touren: In der Penduka Craft Cooperative (www.penduka.com) am Goreangab-Damm stellen Frauen u. a. Schmuck und bestickte Textilien her.

28 Koloniales Erbe in Swakopmund

Sowohl architektonisch als auch sprachlich sind in Swakopmund die **deutschen Wurzeln** unverkennbar. Noch immer haben einige Straßen und Gebäude deutsche Namen. Die meisten Hotels und Pensionen lassen den Besucher eher an ein Nordseebad denken als an Afrika. Auch die Restaurantszene war lange Zeit eindeutig deutsch geprägt. Dazu die kühlen Morgen- und Abendtemperaturen, oft von Nebel begleitet, die Zweifel daran aufkommen lassen, ob man sich überhaupt in Afrika befindet – wären da nicht die Palmen … Als **Badeort** kommt das Städtchen den hitzegeplagten Namibiern vor allem in den Sommerferien gelegen, wenn es im Binnenland brüllend heiß ist. Dann tun die Nordseetemperaturen gut.

Der Name Swakopmund stammt vom **Fluss Swakop** ab, welcher südlich der Stadt in den Atlantik mündet – falls er gerade Wasser führt (was sehr selten ist). „Swakop" ist die lateinische Schreibweise des Nama-Wortes „Tsoaxoub", was „Exkremente" bedeutet. Die Nama bezeichnen den Fluss deshalb so, weil er sehr große Schlammmassen mit sich führt. Bislang schützte der Fluss den Ort vor Versandung, doch seit seiner Stauung im oberen Bereich fließt nur noch sehr selten Wasser in seinem Bett. Völlig anders war das Bild, als holländische Seefahrer hier 1793 landeten und dem Swakop landeinwärts folgten: Es gab eine üppige Vegetation; Elefanten, Springböcke, ja sogar Nashörner konnten hier gejagt werden.

Bei einem Rundgang durch die Stadt sollte man nicht das **Museum** versäumen. Seine Entstehung ist dem unermüdlichen Einsatz des Zahnarztes Alfons Weber zu verdanken, der es 1951 gründete. Die naturwissenschaftliche Sammlung stellt den Gegensatz zwischen der Namib und dem Meer hervorragend heraus. Sehenswert sind auch die Mineraliensammlung sowie die historische und die völkerkundliche Ausstellung. In besonderer Weise wurde auch auf die Bedeutung des Transportwesens eingegangen: So ist hier ein Original-Ochsenwagen zu sehen, der vor über 100 Jahren zwischen Angola und Grootfontein verkehrte. Auf das kulturelle Leben der Einheimischen wird in einer liebevollen Sammlung von alten Musikinstrumenten, Schnitzereien und Haushaltsgeräten eingegangen. Ein eigener Trakt widmet sich den verschiedenen Kulturen Namibias und ihrer Rolle bei der Entstehung der Nation.

Der **Leuchtturm**, das mit 21 m Höhe unübersehbare Wahrzeichen der Stadt wurde 1902 erbaut und 1910 noch einmal erhöht. Direkt am Leuchtturm befindet sich ein italienisches Restaurant, in dem man hervorragend Pizza essen kann.

Das Alte Amtsgericht

Das Hohenzollernhaus entstand zwischen 1904 und 1906

Das 1903/04 erbaute **Woermann-Haus** diente einst als Wohn- und Geschäftshaus der damals bedeutendsten Handelsfirma, der Damara & Namaqua Handelsgesellschaft, aus der sich 1909 die Firma Woermann, Brock & Co entwickelte. Die Schifffahrtslinie Woermann verband ab 1894 die alte Heimat mit der Kolonie. Von 1924–1972 diente es als Schülerheim. Dem Haus drohte der Abriss, welcher durch das Engagement der Swakopmunder verhindert werden konnte. 1975 wurde es restauriert und beherbergt seitdem die öffentliche Bibliothek. Heute sind hier auch eine Touristeninformation und in der oberen Etage eine Kunstgalerie untergebracht. Vom Turm („Damara-Turm" genannt) aus kann man einen weiten Blick ins Umland genießen. Von diesem Punkt aus beobachtete ein Team der Woermann-Linie die Ankunft der Schiffe. Mithilfe eines Spiegeltelegrafen war sogar Kommunikation (durch Morsen mit Lichtsignalen) möglich.

Das **Aquarium** am südlichen Ende der Stadt ist das einzige in ganz Namibia. Hier tummeln sich im 350 m^3 großen Hauptbecken Vertreter der kalten Strandgewässer wie Kabeljau, Catfish und Brasse. Toll ist der durch das Becken angelegte Besuchertunnel. Besonders für Familien mit Kindern ist das Aquarium sehenswert.

Info

Übernachten: Das **Cornerstone Guesthouse** in der Nähe der Einkaufsstraße wird mit viel Herzlichkeit geführt und bietet 7 moderne Zimmer sowie einen gemütlichen Frühstücksraum (www.cornerstoneguesthouse.com). Direkt am Meer gelegen ist das **Beach Hotel** mit verglaster Lounge, Bar und Dachterrasse mit Pool (www.beach-hotel-swakopmund.com).

Essen & Trinken: Nicht ganz günstig, aber in uriger Atmosphäre und mit schönem Blick aufs Meer isst man im **The Tug** nahe der Jetty (Reservierung empfohlen, www.the-tug.com).

29 Walvis Bay: Fischfang und Vogelschutz

Walvis Bay, der einzige größere Hafen an der Küste Namibias, war bis 1994 eine südafrikanische Enklave. Der Tiefseehafen ist vor der offenen See durch eine Landzunge geschützt, die im Norden mit dem Pelican Point endet. Die Stadt an der Westküste hat eine **bewegte Geschichte**: Nach den Portugiesen, die schon im 15. Jahrhundert ein besonderes Interesse an dem Fischreichtum des Küstenstreifens entwickelten, fanden sich seit dem 17. Jahrhundert auch amerikanische und britische Segler hier ein. Diese Schiffsaktivitäten und Gerüchte um mögliche Kupferlager sowie Viehherden im Landesinneren ließen die Holländer am Kap aufhorchen, die die Region 1793 an sich rissen. 1795 schließlich besetzten die Briten das Kap. 1910 wurde die Stadt Bestandteil der Südafrikanischen Union, was sie auch noch bis einige Jahre nach der Unabhängigkeit Namibias blieb. Seit 1994 gehört Walvis Bay zu Namibia.

Die ersten europäischen Siedler kamen 1844 hierher, ihnen folgten 1845 die ersten Missionare. So auch Heinrich Scheppmann von der Rheinischen Mission. Er gründete eine Station in Rooibank im Kuiseb-Tal, um die hier lebenden Topnaar zu missionieren. Die Rheinische Mission war es auch, die 1880 die **erste Kirche** in Walvis Bay (in der 5th Street) errichtete. Diese Holzkirche ist das älteste Gebäude in Walvis Bay. Sie stellt einen klassischen Fertigteilebau dar: Die Holzteile wurden in Deutschland gefertigt und nach Walvis Bay verschifft.

Wichtiger Arbeitgeber: die Meersalzgewinnungsanlage

Pelikane bei Walvis Bay

In Walvis Bay wohnen heute etwa 62.000 Menschen. Wirtschaftlich spielt der **Fischfang** immer noch eine große Rolle, besonders der Fang von Anchovis und Pilchard (Sardinen). Viele Menschen arbeiten außerdem im Hafenterminal und in der Meersalzgewinnungsanlage, in der ca. 400.000 t Salz pro Jahr gewonnen werden.

Sehenswert in Walvis Bay sind die schön angelegten Parkanlagen sowie das kleine Heimatmuseum im Civic Centre (Nangolo Mbumba Ave.). Vor allem aber die Lagunen um Walvis Bay haben Naturliebhabern einiges zu bieten. Das größte geschützte Flachwassergebiet an der Westküste des südlichen Afrikas und seine **Vogelvielfalt** lassen die Herzen von Ornithologen höher schlagen. Vor allem Flamingos (bis zu 50.000), Damaraschwalben, Schmarotzerraubmöwen, Hirtenregenpfeifer und Grünschenkel, aber auch bis zu 200.000 Zugvögel finden hier ideale Lebensbedingungen vor. Am Pelican Point, der südwestlichen Landzunge, tummeln sich zeitweise Hunderte von Pelikanen. In den Gezeitenbereichen siedelte sich eine reiche Flora an, die eine Nahrungsbasis für Schnecken und Würmer bildet, die wiederum die Vögel ernähren.

An der Promenade entlang der Lagune gibt es einen Informationspavillon. Hier wird das Zusammenwirken der **Naturkräfte** und der entsprechenden Lebensräume der Flora und Fauna anschaulich dargestellt.

Info

Übernachten: Direkt am Wasser befindet sich die empfehlenswerte Lagoon Lodge (S. 178), das Langholm Hotel liegt in einer ruhigen Wohngegend (www.langholmhotel.com).
Essen & Trinken: The Raft ist ein gemütliches Restaurant, das auf Stelzen gebaut ist und tolle Fischgerichte serviert. Tipp: Zum Sonnenuntergang einen Tisch am Fenster bestellen (The Esplanade, reservations@theraftrestaurant.com).
Touren: Levo Tours bietet Landrover- und Bootsexkursionen (Robben, Delfine, Vogelbeobachtung) sowie Strandfischen an (www.levotours.com).

30 Namibias Weinanbau-Wunder: Neuras am Rande der Naukluft

Weinanbau am Rande der Wüste, zu Füßen von ewig trocken erscheinenden Bergen wie die der Naukluft? Die Gegend um Neuras war schon den Khoikhoi bekannt, jenen Urbewohnern des südlichen und südwestlichen Afrika. Sie prägten den Namen „Neuras“, was so viel wie „verschwundenes Wasser“ bedeutet. In der Tat schlummern in der Tiefe der Gesteinsschichten **kristallklare Quellen** mit kaltem Wasser. Ihre Entdeckung führte schon 1894 zur Gründung einer Farm an dieser Stelle. Das Gelände von Neuras – knapp 150 km² – reicht von den Höhenlagen des Naukluftgebirges in die Ebenen der Namib. Die 5 wunderbaren Quellen, uralte Canyons, bizarre Felsformationen und fast 550 Millionen Jahre alte Fossilien prägen die z. T. oasenartig anmutende Landschaft.

Tipp

Neuras bietet sich auch als Ausgangspunkt für das **Sossusvlei** an. Bis zum Eingang in den Park sind es ca. 80 km. Wer diesen Ausflug plant, sollte mindestens 3 Übernachtungen auf Neuras buchen.

1996 besuchte der frühere Shell-Manager **Allan Walkden-Davis** das erste Mal die Naukluft-Region. Die Landschaft in dem knochentrockenen Gebiet zwischen Namib und Naukluftgebirge gefiel dem Naturliebhaber sehr, der raue Reiz der wüstenähnlichen Region war bis dahin in Simbabwe lebenden Südafrikaner gleich vertraut. Und er fand dort aus der deutschen Kolonialzeit stammende Bewässerungsanlagen, gespeist von den Quellen auf dem Gelände.

Schon der erste Farmer hier hatte sich um die Jahrhundertwende am Weinanbau versucht, das bewiesen alte Rebstöcke, die noch Trauben trugen. Nichts lag näher, als sich dem Weinanbau zuzuwenden. Walkden-Davis pflanzte **Rebstöcke** der Sorte Shiraz, später auch Merlot an. Die erste Weinernte wurde 2001 eingebracht, doch das Resultat war zunächst bescheiden. Durch harte Arbeit wurde der Ertrag in den Folgejahren jedoch quantitativ und qualitativ immer besser.

2012 wurde die Farm von der **N/a'an ku sê Foundation** erworben, die sich seitdem um Verbesserung und Erweiterung der Weinpro-

Der Neuras-Wein gilt unter Weinkennern als hochwertig und exotisch

Rebstöcke im Sonnenaufgang

duktion bemüht. Zudem entstanden auf Betreiben der Stiftung neue, sehr ansprechende Unterkünfte und auch Tiere wurden angesiedelt. Die gesamte Unternehmung nennt sich deshalb folgerichtig Neuras Wine and Wildlife Estate. Auf dem riesigen Gelände kann man u. a. den Honey Canyon besichtigen, eine der längsten Höhlen Namibias besuchen und über die eindrucksvolle Elefantenfuß-Pflanze staunen. Zudem leben auf dem Gelände 7 Geparde, die nach ihrer Rettung hier ihren Lebensabend verbringen.

Hier finden die Weinproben statt

Der Neuras-Wein gilt heute als hochwertig und exotisch zugleich. Es wird der Neuras Shiraz sowie Namib Red produziert, eine Mischung verschiedener Trauben. Durch neue Rebsorten soll die Produktion in den nächsten Jahren gesteigert werden.

Info

Internet: www.neuraswines.com
Preise: Tour inkl. Weinprobe 410 N$ p. P. Wer den Namib Red vor Ort genießen möchte, hat bei der Übernachtung die Wahl zwischen Zelten, rustikalen Chalets oder einer Luxus Unit (Preise ab 960 bis 2.530 N$ p.P. inkl. Halbpension, je nach Unterkunftsart und Saison).

31 Schloss in der Wüste: Duwisib Castle

Das Schloss Duwisib erhebt sich wie eine Fata Morgana aus der weiten Ödnis der Wüstenlandschaft. Eine auf den ersten Blick dem europäischen Mittelalter entstammende Burg mitten in Namibia? Duwisib ist eine der **skurrilsten Errungenschaften** der Kolonialarchitektur im südlichen Afrika.

Der ehemalige Hausherr **Hansheinrich von Wolff**, am 11. 9. 1872 in Dresden geboren, diente in der sächsischen Artillerie in Königsbrück bei Dresden. Während des Hererokriegs im damaligen Deutsch-Südwestafrika, meldete er sich zur Schutztruppe. Nach der blutigen Niederschlagung des Aufstands ging er auf Heimaturlaub und heiratete am 8.4.1907 die reiche Amerikanerin Jayta Humphries. Im selben Jahr kehrte er mit ihr nach Südwestafrika zurück und kaufte bald die **Farm Duwisib**, die zunächst 200 km^2 groß war. 1910 vergrößerte er sie um weitere 350 km^2. Weitere Landkäufe wurden ihm von der Regierung verwehrt.

Den **Bauauftrag** für das Schloss vergab er 1908 an den 1901 aus Berlin gekommenen Architekten Wilhelm Sander, der am Bau der Schwerins-, Sander- und Heinitzburg sowie am Tintenpalast in Windhoek beteiligt war. Ende 1908 reiste von Wolff mit seiner Gattin nach Deutschland, um die Einrichtungsgegenstände zu ordern. Mitte 1909 kehrten sie ins Land zurück; der Bau des Schlosses war bereits beendet. Von Wolff war ein tatkräftiger, fröhlicher Draufgänger, der als sehr gast-

Wie eine Fata Morgana: das Schloss Duwisib

Überall finden sich Relikte der Kolonialzeit

freundlich und hilfsbereit galt. Noch lange nach seinem Tode erinnerten sich die Nachbarsfarmer gern an ihn. Er wurde ein bekannter Pferdezüchter, besaß importierte Vollbluthengste – die vielleicht bei der geheimnisvollen Geschichte der Namib-Wüstenpferde eine wichtige Rolle spielten –, außerdem Rinder und Schafe.

1914 reiste von Wolff mit seiner Frau nach Großbritannien. Auf dem Schiff erhielt er die Nachricht vom Ausbruch des **Ersten Weltkrieges**. Das Schiff änderte daraufhin seinen Kurs und legte in einem südamerikanischen Hafen an. Von Wolff und seine Frau wurden interniert, doch durch Beziehungen gelang es ihnen, auf ein neutrales Schiff zu gelangen. Mit Wissen des Kapitäns und eines Stewards gelang die Flucht. In Deutschland angekommen, meldete sich von Wolff als Offizier und fiel in der Somme-Schlacht am 4.9.1916. Seine Frau lebte danach in München und am Tegernsee, während des Zweiten Weltkrieges in der Schweiz.

Die bauliche Substanz des Schlosses ist auch heute noch als grundsolide zu bezeichnen, die Burg selbst zeigt die wesentlichen Stilelemente deutscher Burgenarchitektur. Sie besteht aus rotem Sandstein und verfügt über 22 Zimmer, einen imposanten Rittersaal sowie einen idyllischen Innenhof mit Brunnen. Das Innere des Schlosses ist voller interessanter und skurriler Gegenstände aus der Kolonialzeit. Duwisib ist mittlerweile vollständig restauriert und steht dem Besucher als **Museum** offen.

Info

Übernachten: Der NWR bietet Gästezimmer direkt im Schloss an, außerdem Campingmöglichkeiten (www.nwr.com.na). Auf der nebenan gelegenen **Duwisib Guestfarm** werden in den ehemaligen Wirtschaftsgebäuden des Schlosses 8 Zimmer vermietet. Es handelte sich um eine Schmiede und Werkstatt, wo Räder, Federn und Deichseln der Pferdekutschen und Ochsenwagen und Teile von Pumpen hergestellt wurden. Diese einstige Schmiede ist heute ein uriger Speiseraum und bildet ebenso den Empfangsbereich. Zudem gibt es einen kleinen Pool und Campinglätze. Selbstversorgung ist möglich, schöne und ruhige Lage (www.farmduwisib.com). Campen oder in einfachen Chalets übernachten kann man außerdem auf **Betta's Camp Site**, 20 km südwestlich des Schlosses an der C 27 (https://bettacamp.com).

32 Jugendstil-Architektur in Lüderitz

Als der Bremer Tabakhändler **Adolf Lüderitz** 1883 in der später nach ihm benannten Bucht landete und ein gewaltiges Stück Land kaufte, erhoffte er sich unschätzbare Reichtümer an Bodenschätzen. Als 1908 der erste Diamant in der Gegend gefunden wurde, galt Lüderitz schon seit über 20 Jahren als verschollen.

Eine kurze aber intensive **Boomphase** bescherte der Stadt einen Reichtum an imposanten Bauwerken, die der wilhelminischen und Jugendstil-Architektur verpflichtet sind. Der spätere wirtschaftliche Niedergang der Stadt hatte auch etwas Gutes: Es wurden fast keine neuen, unpassenden Häuser zwischen die alten gesetzt. Kein Haus ist höher als 3 Stockwerke. Besonders schöne Zeugnisse der alten Zeit sind u. a. die Kirchen, das Bergamt, der Bahnhof, das ehemalige Krankenhaus auf der Haifischinsel, die Schule, das Woermann-Haus, das Gericht sowie das ehemalige Kaiserliche Postamt.

Das Wahrzeichen der Stadt, die **Felsenkirche**, ist im neugotischen Stil erbaut und überragt alle anderen Gebäude. Hier wurde die alte Uhr vom Postturm angebracht, die nun von weitem gut zu erkennen ist. Der Lüderitzer Architekt Albert Bause lieferte hierzu 1911 die Entwürfe. Das für 48.000 Goldmark erbaute Gotteshaus wurde bereits 1912 eingeweiht. Die bunten Glasfenster sind ein Geschenk Kaiser Wilhelms, die Kirchenglocken kamen von einer Glockengießerei in Thüringen.

Das **Goerke-Haus** wurde von dem Architekten Otto Ertl 1909 auf dem Diamantenberg erbaut. Es diente ursprünglich dem Geschäftsführer der Emiliental-Diamantengesellschaft als Wohnhaus. Der frühere Leutnant zog hier 1910 ein, um das Haus 1912 wieder zu verlassen. 1920 kaufte es die Diamantengesellschaft CDM, um es dem jeweiligen Chefingenieur als Wohnstatt anzubieten. 1944 wurde es an den Staat verkauft und diente bis 1981 als Wohnung für den Magistrat. Wiederum erwarb die CDM das inzwischen in die Jahre gekommene Gebäude und restaurierte

Das Goerke-Haus

Blick von der Waterfront

es. Heute dient es als Herberge für besondere Gäste. Die Eichenmöbel sind nicht mehr die Originale, nur noch einige Lampen stammen aus der Zeit. Sehenswert ist vor allem die Sonnenuhr an der Außenfassade.

Die **Lüderitz Waterfront** galt als Prestigeprojekt und war als kleines Pendant zur Waterfront in Kapstadt gedacht. Hier am Harbour Square sollte dem Tourismus ein neuer Impuls gegeben werden. Bislang mangelt es noch an Pächtern, dennoch wird derzeit (Feb. 2022) an der 2. Phase der Erschließung der Waterfront gearbeitet. Die Ansiedlung eines Campus der Namibia University of Science and Technology sowie eines Meereskundemuseums sollen der Waterfront und der ganzen Stadt neues Leben einhauchen. Seit der Hafen für größere Schiffe befahrbar gemacht wurde, ist das Hafenleben zudem insgesamt lebendiger geworden.

Info

Übernachten: Haus Sandrose (www.haussandrose.com)
Essen & Trinken: Im **Essenzeit** (www.essenzeit-luderitz.com) an der Waterfront gibt es Fisch- und Seafood-Gerichte, zudem Pizza und kleine Snacks. Rustikal und gemütlich geht es zu im **Portuguese Fisherman** in der Diaz St. Frischer Fisch und Seafood.

Touren: Lüderitz Safaris & Tours hat ein Informationsbüro in der Bismarck St. Angeboten werden Stadtführungen und Ausflüge, z. B. nach Kolmanskuppe, zum Fish River Canyon oder zu den Wildpferden von Aus (ludsaf@africaonline.com.na).

33 Vergangener Wohlstand: Kolmanskuppe

Auch Namibia hat seine Geisterstädte: Nur 15 km von Lüderitz entfernt liegt der alte Diamantenort Kolmanskuppe, benannt nach dem Nama **Coleman**, der hier 1905 mit einem Ochsenkarren stecken blieb.

Der **Boom** von Kolmanskuppe begann 1908, nachdem der Eisenbahnarbeiter Zacharias Lewala die ersten Diamanten entdeckt hatte. Hier lebten bis zu 300 Familien, die meisten kamen aus Deutschland. Noch heute kann man erahnen, wie sehr man bemüht war, in dieser unwirtlichen Gegend eine lebenswerte Oase entstehen zu lassen.

Dünen erobern die Stadt zurück

Ab 1911 war Kolmanskuppe an die Elektrizität von Lüderitz angeschlossen. Eine Entsalzungsanlage übernahm die Frischwasserversorgung, nachdem zuvor allmonatlich ein Schiff aus Kapstadt 1.000 t Wasser gebracht hatte. Zur tollen Infrastruktur gehörten ein Schwimmbad, eine Schule und ein Krankenhaus, in dem das erste Röntgengerät des südlichen Afrika stand. Ein Kasino, ein Restaurant und eine Bar dienten wie auch das Theater der Unterhaltung.

Hier entstand also ein Ort mit einer **differenzierten Infrastruktur** sowie mit allen erdenklichen Annehmlichkeiten für die Bewoh-

Anfang der 1930er-Jahre verließ der letzte Bewohner die Stadt

Kolmanskuppe aus der Luft

ner. Später wurden die südlich gelegenen Diamantencamps von Elisabethbucht, Pomona, Charlottental sowie Bogenfels im Wüstensand aufgebaut. 20 % der weltweiten Diamantenproduktion kamen 1914 allein aus diesem Gebiet! 1930 wurde der Diamantenabbau hier eingestellt und die Mine geschlossen. Einige Zeit später zogen auch die letzten Bewohner fort und die Wanderdünen der Namib eroberten ihr Territorium zurück.

Die **vollständige Vereinsamung** des Ortes war 1957 erreicht, als die Diamantengesellschaft CDM den letzten Sicherheitsbeamten abzog. Nun hat man den Ort als Museumsstadt wieder hergerichtet. Zentrum ist das alte Kasino, hier gibt es inzwischen auch ein einfaches Restaurant und einen Souvenirladen. CDM betont, dass die Museumsstadt eine kulturhistorische Einrichtung sein soll, aber natürlich auch eine touristische Attraktion. Ein kleines Museum lässt die alte Zeit vor allem durch Fotos wieder lebendig werden.

Info

Touren: Um Kolmanskuppe auf eigene Faust zu besuchen, benötigt man ein Permit, das vor Ort (http://kolmanskuppe.com/) oder bei Lüderitz Safaris & Tours (Bismarck St., ludsaf@africaonline.com.na) erhältlich ist. Der Vorteil ist, dass man in aller Ruhe fotografieren oder auch die Einsamkeit dieses verlassenen Ortes erleben kann. Bei einer Führung (Mo–Sa 9.30 und 11 Uhr, So 10 Uhr) erfährt man mehr über die einzelnen Gebäude und die historischen Hintergründe. Im einstigen Kasinokomplex befinden sich ein Restaurant und ein Souvenirgeschäft.

Übernachten: In Lüderitz gibt es eine Reihe von individuellen Bed-&-Breakfast-Häusern, z. B. das **Haus Sandrose** (www.haussandrose.com), und Hotels, z. B. das **Nest Hotel** (www.nesthotel.com). Außerdem kann man in den etwas weiter entfernten, aber umso schöneren Unterkünften von Gondwana übernachten (S. 214).

SAFARIS

34 Klassische Namibia-Rundreise

Gewaltige Sanddünen, raue Küstenabschnitte, erstaunlicher Tierreichtum und kulturelle Vielfalt: In Namibia gibt es vieles zu entdecken. Wer ein Land zum ersten Mal bereist, möchte meist zunächst einen **Überblick** gewinnen. Der folgende Reisevorschlag ermöglicht genau das und ist geeignet für Menschen, die noch nie in Namibia oder auch generell noch nie in Afrika waren. Die Rundreise beginnt und endet in Windhoek und ist für 21 Tage Aufenthalt kalkuliert.

Von Windhoek aus geht es zunächst nach Süden über Rehoboth und Kalkrand mitten in die riesigen roten **Sanddünen der Kalahari**. In der Stille und landschaftlichen Schönheit der Wüste erholt man sich schnell von den Anstrengungen des Fluges. Weiter südlich führt der Weg nun nach Mariental und Keetmanshoop, wo ein Ausflug zum Köcherbaumwald unbedingt auf dem Programm stehen sollte. Die Äste dieser Aloenart wurden früher von den San als Köcher benutzt, daher stammt der Name der Pflanze.

Weiter geht es nach Süden an riesigen Bergketten, geröllbedeckten Ebenen und karg bewachsenen Steppen vorbei zum **Fish River Canyon** (S. 34). Dieser ist nach dem Grand Canyon der zweitgrößte Canyon der Erde. Hier ist der südlichste Punkt der Reise erreicht und es geht weiter in nordwestlicher Richtung durch das Diamantensperrgebiet der Namib nach Lüderitz. Von dort aus bieten sich Ausflüge an, etwa zur Diaz-Halbinsel und zur Geisterstadt Kolmannskuppe.

Wüstenlandschaft am Sossusvlei

Auf einer der schönsten Strecken Namibias zwischen den roten Namibdünen und den Tirasbergen führt der Weg anschließend weiter in Richtung **Sossusvlei** (S. 26). Die Farbschattierungen hier variieren von blassgelb bis zu leuchtenden Rot- und Orangetönen. Wer möchte, kann die Dünen zu Fuß besteigen. Danach geht die Fahrt durch den Kuiseb-Canyon und den Namib-Naukluft-Park zum Atlantikstädtchen Swakopmund. Von hier aus kann man die 2.000 Jahre alte Wunderpflanze der Namib, die Welwitschia mirabilis, und die grandiose Mondlandschaft besichtigen.

Zebra im Etosha National Park

Anschließend geht es wieder ins Inland in Richtung Spitzkoppe und Khorixas. Das **Damaraland** fasziniert durch seine raue Schönheit. Besonders sehenswert ist der westlich von Khorixas gelegene Versteinerte Wald. Auch Twyfelfontein und der Verbrannte Berg lohnen den Besuch.

An den folgenden Tagen der Reise kommen vor allem Tierfans auf ihre Kosten. Über Outjo führt der Weg zum **Etosha National Park** (S. 46), dem größten Wildpark in Namibia. Hier kann man fast alle Säugetier-, Reptilien- und Insektenarten des südlichen Afrika antreffen.

In östlicher Richtung führt der Weg wieder heraus aus Etosha zum nördlich von Tsumeb gelegenen **Otjikoto-See**. Um ihn ranken sich viele Geschichten und Mythen. Der See hat einen Durchmesser von nur 100 m bei einer Tiefe von 120 m. Er ist der einzige natürliche See in Namibia. Im Juli 1915 versenkte die deutsche „Schutztruppe" ihre letzten Kanonen und Gewehre im See.

Etwas weiter südwestlich kann man den ca. 190 bis 400 Millionen Jahre alten **Hoba-Meteoriten**, der vor ungefähr 80.000 Jahren auf die Erde aufschlug, besichtigen. Er ist der größte bisher auf der Erde gefundene Meteorit. Von hier aus geht es weiter zum üppig grünen Waterberg-Plateau, das zu Wanderungen einlädt. Über Okahandja, wo ein Besuch des Kavango-Holzschnitzermarkts zu empfehlen ist, führt der Weg wieder zurück nach Windhoek, wo die Rundreise endet.

Info

Reisezeit: ganzjährig möglich
Preise: ca. 3.800–4.100 Euro p. P./DZ inkl. Übernachtungen (mittlere Kategorie) und Mietwagen, zzgl. Kosten für die An- und Abreise nach Windhoek
Gesamtstrecke: ca. 3.000 km

Sonstiges: Für Etosha wird eine Malariaprophylaxe empfohlen. Deutsche Touristen benötigen zurzeit kein Visum für Namibia, wenn der Aufenthalt bis zu 90 Tage dauert. Notwendig ist nur ein Reisepass, der noch mindestens 6 Monate über das Reiseende hinaus gültig ist.

35 Namibias Norden: vom Atlantik bis zu den Victoria Falls

Auf dieser Tour von Windhoek nach Victoria Falls durch den Norden Namibias zeigt sich das vielfältige Land im Süden Afrikas in einem völlig anderen Licht als auf der klassischen Rundtour. Von der rauen Atlantikküste geht es durch die Etosha-Pfanne in die wasserreiche Sambesi-Region. Diese sehr gut für Selbstfahrer geeignete Route ist in etwa 22 Tagen bequem zu verwirklichen, natürlich kann man sich aber auch sehr viel mehr Zeit an einzelnen Stationen lassen.

Nach der Ankunft in Windhoek und Erkundung der Stadt führt der Weg durch die Namib (Sossusvlei) nach **Swakopmund** (S. 68) an den Atlantik. Hier sollte man sich genügend Zeit nehmen, um den von der Kolonialzeit geprägten Ort sowie die Umgebung ausgiebig zu erkunden. Als Ausflugsziele bieten sich an: die bis zu 2.000 Jahre alte Wunderpflanze der Namib, die Welwitschia mirabilis, außerdem die grandiose Mondlandschaft, die Lagunenstadt Walvis Bay und vieles mehr.

Die Strecke führt nun an der Atlantikküste entlang. Optional ist ein Abstecher zur Robbenkolonie Cape Cross möglich, bevor es ins Landesinnere geht, um **Twyfelfontein** (S. 64) mit seinen berühmten Felsgravuren zu besuchen. Der Versteinerte Wald, das Tal der Orgelpfeifen und der Verbrannte Berg sind ebenfalls Zwischenstopps wert.

Weiter geht es in Richtung Norden durch das **Damaraland** zur westlich von Kamanjab gelegenen Grootberg Lodge (S. 138). Von der aus Naturstein, Holz und Reet erbauten Unterkunft, die ca. 1.600 m über dem Canyon des Klip Rivers liegt, bieten sich atemberaubende Ausblicke auf das Tal. Hier leben Bergzebras, Löwen, Geparde, Giraffen und die seltenen Spitzmaulnashörner. Mit etwas Glück trifft man auch Wüstenelefanten an. Die Lodge bietet geführte Wanderungen auf dem Gelände sowie Pirschfahrten an.

Anschließend führt der Weg weiter über Kamanjab und durch das westliche Tor Otjovasandu in den **Westteil von Etosha**, in dem u. a. das selten gewordene Hartmann-Bergzebra lebt. Die aride Landschaft und die hier vorherrschende Flora weichen vom vielbesuchten östlichen Teil des Nationalparks stark ab. Vom hochgelegenen NWR-Camp Dolomite (S. 123) genießt man eine atemberaubende Aussicht auf die Landschaft.

Auf dem Weg durch den Park in östlicher Richtung ergeben sich zahlreiche Gelegenheiten für tolle **Tierbeobachtungen** an Wasserlöchern. Nach einer Zwischenübernachtung im Camp Okaukuejo führt der Weg über das östliche Tor bei Namutoni wieder aus dem Nationalpark heraus.

Die Fahrt führt nun weiter nach Norden durch dicht besiedeltes, typisch afrikanisches Siedlungsland bis **Rundu**, der Hauptstadt der Kavango-Region. In Richtung Osten geht es nach einer Zwischenübernachtung weiter durch den Caprivizipfel. Die River Dance Lodge (S. 112) liegt direkt am Steilufer des Okavango inmitten

Sonnenuntergang am Okavango

ruhiger Natur. Bootsfahrten und Game Drives im nahen Mahango Game Reserve oder ein Ausflug zu den Popa Falls sind von hier aus möglich.

Durch den **Bwabwata National Park** führt der Weg anschließend weiter bis Kongola und von hier aus entlang dem Kwando zur Namushasha River Lodge (www.gondwana-collection.com). Pirsch- und Bootsfahrten durch die Savannen- und Sumpflandschaft mit ihrer vielfältigen Tier- und Pflanzenwelt stehen hier auf dem Programm.

Zur Weiterfahrt über Katima Mulilo bis zur Grenze nach Botswana (Grenzposten bei Ngoma Bridge) sollte man möglichst früh aufbrechen. Nach Erledigung der Grenzformalitäten geht es dem Flusslauf des Chobe folgend nach Kasane im Vierländereck von Botswana, Namibia, Sambia und Simbabwe am Chobe River. Ab hier ist es ggf. einfacher, auf den Mietwagen zu verzichten und auf organisierte Transfers zurückzugreifen. Der Mietwagen wird dann am Flughafen Kasane abgegeben. Von der am Chobe gelegenen Kubu Lodge (http://kubulodge.net) sind es nur wenige Kilometer bis zum Eingang des **Chobe National Park**, der vor allem wegen seines Elefantenreichtums berühmt ist.

Den Abschluss und einen weiteren Höhepunkt der Reise bildet der Besuch der berühmten **Victoria Falls** in Simbabwe. Die Wasserfälle sind eines der größten Naturschauspiele im südlichen Afrika.

Info

Reisezeit: ganzjährig möglich
Preise: ca. 3.800–4.500 Euro p. P./DZ inkl. Übernachtungen (mittlere Kategorie), Mietwagen und Transfers, zzgl. Kosten für die Anreise nach Windhoek und die Rückreise von Victoria Falls

Gesamtstrecke: ca. 2.470 km
Sonstiges: Eine Malariaprophylaxe ist bei dieser Route unbedingt notwendig.

36 Wüstenwanderungen in Namibia

Die abwechslungsreiche Landschaft Namibias mit den charakteristischen roten Dünen, den zerklüfteten Felslandschaften und dem endlosen Horizont eignet sich hervorragend für kürzere und längere Wanderungen. Tageswanderungen auf eigene Faust oder mit Guide sind von vielen Gästefarmen und Lodges aus möglich. Mehrtägige Wanderungen mit Zwischenübernachtungen im Zelt oder in ausgewählten Unterkünften bieten aber noch einmal ein besonders **intensives Naturerlebnis**. 2 mögliche Kurztouren werden im Folgenden vorgestellt. Beide eignen sich gut als Ergänzung zu einer Selbstfahrer-Tour durch Namibia.

Mit Tok Tokkie Trails im NamibRand Nature Reserve

Diese 3-tägige Wanderung führt in den malerischsten und abwechslungsreichsten Teil der Namib. Im NamibRand Nature Reserve finden sich ausgedehnte Geröllfelder, Berge und Sanddünen. Die Tour beginnt am **Tok Tokkie Farmhaus**, ca. 110 km südlich von Sesriem/Sossusvlei. Zunächst geht es per Auto zum nahegelegenen Startpunkt der Wanderung. Die erste Wanderetappe ist nur kurz (knapp 2 Stunden). Nach Sundowner-Drink und Abendessen wird unter freiem Sternenhimmel auf einem Feldbett geschlafen.

Am zweiten Tag geht es in der Frische des frühen Morgens los, das Erwachen der ältesten lebenden Wüste ist ein **Erlebnis für alle Sinne**. Besondere Wüstentiere (Goldmull, Radspinne, bellender Gecko oder Spinnenwespe) können entdeckt werden. Die Überlebenskunst der Wüstenflora und -fauna ist beeindruckend. An größeren Tieren sind Löffelhunde, Oryxantilopen, Springböcke und Strauße anzutreffen. Nach der Mittagspause geht die Wanderung weiter in ständig wechselnden Schatten und Farben der Dünen zum zweiten Camp, wo erneut unter freiem Himmel übernachtet wird. Die Etappe am dritten und letzten Tag ist wieder leicht. Die weichen und rollenden Dünen sind mit Kameldornbäumen durchsetzt, die den sehr willkommenen Schatten für die Ruhepause spenden. Am Vormittag wird wieder der Ausgangspunkt, das Tok Tokkie Farmhaus, erreicht.

Trans Kalahari Walk durch die roten Dünen der Wüste

Bei dieser geführten Wanderung führt der Weg durch die einmalige afrikanische Wildnis der roten Kalahari-Dünen. Die Baumsavanne und die sandige, wüstenartige Landschaft bieten Giraffen, Zebras und Antilopen einen Lebensraum. Die Tour beginnt und endet in der **Teufelskrallen Lodge** (S. 200) in der Nähe von Kalkrand (ab 2023 in der Kalahari Red Dunes Lodges).

Der erste Tag nach der individuellen Anfahrt zur Lodge ist dem Entspannen am Pool und dem Beobachten der ersten Wildtiere am Wasserloch gewidmet. Am nächsten Morgen beginnt die Wanderung. Frühmorgens geht es los, um den herrlichen **Sonnenaufgang in der Kalahari** zu genießen. Die meist noch kühlen Temperaturen sind bei einem heißen Kaffee schnell vergessen, wenn die Sonne am Horizont aufsteigt. Weiter geht es abwechselnd durch endlos scheinende rote Dünen und eine Savannenlandschaft, durch die immer wieder Giraffen und Antilopen streifen. In einem schattigen Tal wird eine kurze Rast eingelegt und es gibt ein leichtes Mittagessen. Anschließend geht die Wanderung weiter durch Täler und Dünen in dichter Folge. Am späten Nachmittag wird das Dünen-Camp erreicht. Auf der nahegelegenen Aussichtsdüne erlebt man einen atemberaubenden Sonnenuntergang mit Blick in die Kalahari-Landschaft mit ihren roten Dünen und Kameldornbäumen. Das Camp besteht aus 2 vollständig möblierten Doppelzelten unter einem schattenspendenden Grasdach. Dazu gibt es einen Aufenthaltsbereich mit Pool, Sonnenliegen und Ausblick zum Wasserloch.

Am nächsten Morgen geht es nach dem Frühstück auf direktem Weg zurück zur Lodge. Alternativ kann man aber auch noch einen Verlängerungstag mit Wanderungen sowie einer weiteren Übernachtung in der Teufelskrallen Lodge einlegen.

Auf dem Trans Kalahari Walk

Info

Internet: www.toktokkietrails.com und www.ondili.com/aktivitaeten/trans-kalahari-walk
Preise: Tok Tokkie Trail: 7.826 N$ p. P. (Programm mit 2 Übernachtungen wie oben beschrieben, inkl. Eintritt ins NamibRand Reserve); Trans Kalahari Walk: 6.100 N$ p. P. (2 Übernachtungen).
Sonstiges: Wanderschuhe, Sonnenschutz (Kopfbedeckung und Sonnencreme) sowie warme Kleidung sind mitzubringen. In der Wüste kann es nachts sehr kalt werden.

37 Der Dune Express: im Zug von Namibia nach Südafrika

Wer Namibias Weite genießen möchte, ohne selbst fahren und ständig die Koffer packen zu müssen, aber dabei auf die Highlights **Etosha** und **Sossusvlei** nicht verzichten möchte, für den ist die Zugreise mit dem Dune Express eine fabelhafte Gelegenheit.

12 Tage dauert diese komfortable Reise, auf der mit Vollpension für das kulinarische Wohl stets gesorgt ist. Startpunkt ist **Walvis Bay** an der namibischen Atlantikküste. Am Morgen steht das fahrende „Zughotel" schon am Bahnhof bereit. Die Kabinen sind funktional und gemütlich, alles Nötige ist vorhanden. Während im schicken Speisewagen das erste Mittagessen serviert wird, zieht am Zugfenster das Panorama der **Namib** vorbei, der ältesten Wüste der Welt. Via Otavi geht es nach **Otjiwarongo**.

Am nächsten Tag heißt es nach dem Frühstück, einmal die Tasche zu packen: Um die Tiervielfalt des **Etosha National Park** (s. S. 46) erleben zu können, ist eine Nacht in einer Lodge eingeplant, in der man auch zu Mittag und Abend isst. Nach einer frühmorgendlichen Pirsch geht es zurück zum Zug, der sich nun langsam auf den Weg nach **Windhoek** (s. S. 94) macht.

Windhoek ist Namibias freundliche und quirlige Hauptstadt im zentralen Hochland, deren Sehenswürdigkeiten sich gut an einem Tag im Rahmen einer Stadtrund-

Zugfahrt mit Aussicht: durch die Kalahari

fahrt erkunden lassen. Nachmittags rollt der Dune Express dann Richtung Mariental weiter.

Im Dining Car werden die Mahlzeiten serviert

Hier muss nun noch einmal die Tasche gepackt werden: Das **Sossusvlei**, mit seinen weltberühmten Dünen eines der landschaftlichen Highlights in Namibias Süden, wartet auf die Reisenden (s. S. 26). Nach dem Frühstück fährt man in ca. 4 Stunden zur Lodge nahe den Dünen, die am nächsten Morgen erkundet werden. Deadvlei, Düne 45, Sesriem Canyon – der rote Sand bietet spektakuläre Landschaftserlebnisse, bevor es zurück zum Zug geht.

Die Gegend um Keetmanshoop ist berühmt für Namibias ikonischen Baum. Im **Köcherbaumwald** (s. S. 54) kommen beim nächsten Stopp Fotografen und Naturliebhaber voll auf ihre Kosten. Auch der folgende Tag hält ein Kuriosum bereit: die Geisterstadt **Kolmanskuppe** (s. S. 33), die nach Diamantenfunden im frühen 20. Jh. einen kurzen Boom erleben durfte. **Lüderitz** an der Atlantikküste bietet Überbleibsel der **Kolonialarchitektur** und eine kleine Waterfront (s. S. 76). Zurück an Bord heißt es Ausschau halten nach den berühmten wilden Pferden, die in der Namib leben.

Die letzte Station in Namibia ist der **Fish River Canyon**, der größte Canyon der südlichen Hemisphäre (s. S. 34). Hier kann man den Blick in den Weiten der beeindruckenden Felslandschaft schweifen lassen. Beim Abendessen im Zug geht es weiter Richtung Südafrika. In den letzten 3 Tagen der Reise werden **Upington** besucht, die Karoo-Wüste durchquert und die Diamanten Stadt **Kimberly** erkundet, bevor es am 12. Tag nach dem Mittagessen in Südafrikas Verwaltungshauptstadt **Pretoria** heißt, Abschied zu nehmen.

Info

Internet: https://shongololo.com
Preise und Daten: 2022: 11. Nov. (ab 116.000 N$), 2023: 17. März, 25. Mai, 24. Aug., 11. Nov. (ab 125.000 N$), je inkl. Vollpension und Exkursionen. Die Reise ist auch mit Start in Pretoria und Ende in Walvis Bay möglich. Da es sich um eine grenzüberschreitende Zugfahrt handelt, müssen sowohl die Einreisebestimmungen von Namibia als auch von Südafrika beachtet werden.

38 Namibia mit Kindern

Eine Reise nach Afrika – und das mit Kindern? In Namibia kein Problem, solange man ein paar Dinge beachtet. Die Tagesetappen sollten nicht zu lang sein und es sollten mindestens 2 Übernachtungen an einem Ort gebucht werden. Besonders auf Gästefarmen, wo es mehr Freiräume und vor allem viele Tiere gibt, kommen Kinder auf ihre Kosten. Auch Campen in der freien Natur bringt **Spaß und Abenteuer**: Am einfachsten und sichersten ist dies in einem Fahrzeug mit Dachzelt zu realisieren. Für den folgenden Reisevorschlag sind etwa 2 Wochen einzuplanen. Die ausgewählten Unterkünfte sind besonders gut auf die kleinen Gäste eingerichtet, aber auch andere Lodges und Gästefarmen bieten für Kinder ein besonderes Programm. Am besten direkt bei den Unterkünften anfragen.

Geparde auf der Okambara Elephant Lodge

Von Windhoek aus geht es in Richtung Osten durch afrikanische Buschsavanne zum **Okambara Wildlife Resort**. Hier hat sich auf einer Fläche von 100 km^2 eine vielfältige Tierwelt angesiedelt: Giraffen, Zebras, Strauße, Nashörner, verschiedene Antilopenarten, Geparde, Leoparden und Elefanten. Unmittelbar neben der Okambara Elephant Lodge (S. 174) befinden sich Raubkatzencamps. Ein besonderes Highlight ist die Fütterung der Geparde. Kinder können hier mit einem Eselskarren ausfahren, eine spezielle Buschwanderung unternehmen und auf einem kleinen Bauernhof mit Schweinchen und Kälbern helfen.

Weiter geht es an die Küste nach **Swakopmund**. Ausflüge zum Kreuzkap mit der Robbenkolonie sowie in die benachbarte Wüste mit ihrer einmaligen Pflanzenwelt (Welwitschias) sind möglich. Kinder können am Strand spielen und toben, Muscheln und Steine sammeln.

Auf der Gästefarm **Omandumba** (www.omandumba.de) bei **Omaruru**, die sich für die nächste Etappe anbietet, können Kudus, Oryxantilopen, Spring-, Bless- und Steinböcke, Bergzebras und Paviane in freier Wildbahn beobachtet werden. Zudem befindet sich das Lebende Museum der Ju/'Hoansi-San auf dem Farmgelände, das besucht werden kann.

Von hier geht es weiter zum Westeingang des **Etosha National Park** und dem **Taleni Etosha Village** (https://etosha-village.com/). Nach aufregenden Pirschfahrten kann sich die Familie hier am Pool entspannen. Die Durchquerung des Nationalparks Richtung Osten zum **Onguma Bush Camp** (s. S. 124) mit Pool und gut besuchtem Wasserloch ermöglicht es, besonders viel von Etosha zu sehen.

Auf dem Rückweg nach Süden ist ein Abstecher zum **Otjikoto-See** zu empfehlen, der einen Durchmesser von nur 100 m, aber eine extreme Tiefe von 120 m hat. In der Nähe von Otjiwarongo gibt es in der **Kambaku Safari Lodge** (s. S. 142) für Kinder eine Menge zu unternehmen: Ausritte, Buschwanderungen, Fahrten mit dem Wildhüter und spezielle Pirschfahrten für Kinder stehen auf dem Programm, zudem gibt es einen Spielplatz und einen kleinen Swimmingpool.

Der letzte Stopp an der **N/a'an ku sê Foundation** (s. S. 172) bietet noch einmal ein besonders Erlebnis: Zur Stiftung gehören neben der komfortablen Unterkunft nämlich ein Wildreservat, das verletzte oder verwaiste Wildtiere beherbergt, eine Forschungseinrichtung sowie eine Schule und eine Klinik für die örtliche San-Bevölkerung. 2017 wurde das **Shiloh Wildlife Sanctuary** eingeweiht, in dem Elefanten und Rhinos behandelt werden, die Opfer von Unfällen oder Jägern wurden. Es ist nach der Tochter von Angelina Jolie und Brad Pitt benannt, die die N/a'an ku sê Foundation finanziell unterstützen.

Auch die kleinen Bewohner Namibias sorgen für Begeisterung

Info

Reisezeit: ganzjährig möglich
Preise: ca. 4.700 Euro für eine dreiköpfige Familie inkl. Übernachtungen und Verpflegung, zzgl. Mietwagen und Kosten für die An- und Abreise nach Windhoek.

Gesamtstrecke: 2.000 km
Sonstiges: Kinder jeden Alters benötigen einen eigenen Reisepass. Für den Norden Namibias wird ganzjährig eine Malariaprophylaxe empfohlen.

39 Für Naturliebhaber und Ruhesuchende: Camping-Rundreise Namibia

Wer die Natur und Landschaft Namibias besonders intensiv erleben möchte, für den ist eine Camping-Rundreise empfehlenswert. Für den folgenden Rundreisevorschlag sind etwa 3 Wochen einzuplanen, Beginn und Ende ist in Windhoek.

Der erste Tag kann zur Erkundung der namibischen Hauptstadt genutzt werden. Christuskirche und Tintenpalast sind einen Besuch wert, aber auch eine geführte **Tour nach Katutura** (S. 67) lohnt sich. Am nächsten Tag geht es dann in südlicher Richtung nach Mariental. Die pittoreske Landschaft ist von den roten Sanddünen der Kalahari geprägt. Die Campingplätze der Kalahari Anib Lodge (www.gondwana-collection.com) liegen unter Bäumen, mit je eigenem Sanitärhäuschen.

Weiter führt der Weg in die am Rande der Namib liegenden **Tirasberge** mit ihren rotleuchtenden Granitfelsen. Die **Ranch Koiimasis** (S. 212) verfügt nicht nur über schön gelegene Stellplätze für Camper, sondern bietet auch eine Vielzahl an möglichen Aktivitäten: Klettern, Natur- und Wildbeobachtung, Höhlen- und Felsmalereien der San …

Anschließend geht die Fahrt weiter in die **Namib**, wo sich der Sesriem Campinplatz des NWR anbietet (www.nwr.com.na, rechtzeitig buchen!). Von hier aus kön-

Camping mit Dachzelt ist eine besonders flexible und sichere Art, durch Namibia zu reisen

nen herrliche Ausflüge in die Naukluft, zum Sesriem oder zu den höchsten Dünen der Welt am Sossusvlei unternommen werden.

Der nächste Stopp in den **Naukluft-Bergen** liegt nur rund 100 km entfernt: Auf dem Weg dorthin kann man mit etwas Glück die seltenen Hartmann-Bergzebras entdecken. An den schattigen Plätzen der Naukluft Campsite (www.nwr.com.na) kann man den Tag mit einem gemütlichen Barbecue ausklingen lassen.

Die nächste Etappe führt an die **Küste** nach **Swakopmund**, wo neben der kolonialen Architektur auch Ausflüge zum **Cape Cross** (S. 48) und in die nahegelegene Wüste mit der einmaligen Pflanzenwelt (Welwitschias) möglich sind. Hier kann man sich in einer der zahlreichen und gemütlichen Bed & Breakfast-Unterkünfte entspannen (s. S. 90).

Für Wanderer ist das nächste Ziel ein Highlight: Am Fuße der 700 m hohen **Spitzkoppe** schlägt man sein Lager für die Nacht auf (www.spitzkoppe.com). Von dort geht es weiter Richtung Khorixas.

Das **Damaraland** fasziniert den Besucher durch seine raue Schönheit. Sehenswert ist der westlich von Khorixas gelegene Versteinerte Wald. Hier sind von urzeitlichen Fluten bis zu 30 m lange Baumstämme angeschwemmt worden und im Laufe der Jahrmillionen versteinert. Das nahegelegene Twyfelfontein ist einer der reichsten Fundorte an Felsgravuren. Zum Übernachten bietet sich der Campingplatz der Bambatsi Guest Farm an (S. 146) an.

Anschließend geht es zum **Etosha National Park** (S. 46), für den mindestens 3 Übernachtungen in verschiedenen NWR-Camps (S. 122) eingeplant werden sollten. Hier kann man fast alle Säugetier-, Reptilien- und Insektenarten des südlichen Afrika antreffen.

Auf der Weiterfahrt nach Süden in Richtung Waterberg kommt man am kreisrunden Otjikoto-Kratersee vorbei. Der **Waterberg** ragt mit seinem roten Sandstein-Plateau rund 200 m aus der Ebene heraus. Die Vegetation ist hier vergleichsweise üppig und grün. Die Campingplätze von Waterberg Wilderness (S. 152) bieten Grillplätze sowie private Duschen und Toiletten.

Auf dem Rückweg nach Windhoek kann man eine Nacht auf Okonjima (s. S. 154) verbringen, oder sich zum Abschluss eine Nacht in dem schönen Gästehaus Voigtland gönnen, das auf dem Weg zum Flughafen liegt (www.voigt-land.com).

Info

Reisezeit: ganzjährig möglich
Preise: ca. 1.822–2.498 Euro p. P./DZ (20 Tage, Übernachtung im Wagen mit Dachzelt), zzgl. An- und Abreise nach Windhoek.
Gesamtstrecke: ca. 3.170 km
Sonstiges: Die hier aufgeführten Camps sind meist recht komfortabel ausgestattet. Wer es lieber rustikal mag oder günstiger unterwegs sein möchte, für den gibt es auch eine Reihe einfacher Plätze, die meist ohne Voranmeldung angefahren werden können. Aktuelle Informationen zum Campen in Namibia gibt es unter www.thomasrichter.de.

40 Namibia barrierefrei

Auch für Menschen mit eingeschränkter Mobilität muss eine Namibia-Reise kein Traum bleiben. Die Infrastruktur ist in einem großen Teil des Landes sehr gut, viele Unterkünfte sind barrierefrei angelegt und bieten auch rollstuhlgerechte Zimmer an. Die folgende, auf 16 Tage angelegte Route führt in bequemen Tagesetappen zu den interessantesten Stellen des Landes. Grandiose Tierbeobachtungsmöglichkeiten und einzigartige Landschaften gehören selbstverständlich dazu. Übernachtet wird direkt in den Naturschutzgebieten Waterberg, Etosha und Sossusvlei, um lästige Anfahrten zu vermeiden.

Nach der Ankunft in **Windhoek** bietet sich als erste Übernachtungsstation das Voigtland Guesthouse (www.voigt-land.com) an. Diese Oase der Ruhe liegt praktisch auf halbem Weg zwischen Flughafen und Stadt. In dem um 1900 erbauten Haus sind moderne Zimmer untergebracht, im Garten mit großem Pool kann man den Blick in die Ebene schweifen lassen und einen Sundowner genießen.

Anschließend geht es in die geschichtsträchtige Gegend des Waterberges. Hier fand 1904 die entscheidende Schlacht zwischen der deutschen „Schutztruppe" und den Herero statt, in deren Folge es zum Völkermord an den Herero durch die Deutschen kam. Auf dem Gelände der Schlacht sind noch heute Gräber gefallener deutscher Soldaten zu sehen. Der nahegelegene **Waterberg Plateau Park** mit seinen seltenen Tierarten und faszinierenden Felsformationen kann von hier aus besucht werden. Das Waterberg Resort des NWR befindet sich direkt im Park, es ist also ideal gelegen für Pirschfahrten.

Während am Waterberg noch eher das Landschaftserlebnis zählt, stehen auf der nächsten Station der Reise, dem **Etosha National Park**, eindeutig die Tiere im Mittelpunkt. Vom dichten Busch bis zu offenen Ebenen bietet sich hier eine vielfältige Landschaft mit unzähligen Wasserlöchern, an denen Elefanten, Löwen, Geparde,

Grüne Oase: der Waterberg

Nashörner, mit großer Sicherheit aber die verschiedensten Antilopen, Giraffen, Zebras und Gnus beobachtet und fotografiert werden können. Die Mokuti Etosha Lodge (www.mokutietosha lodge.com) liegt nur wenige Minuten vom Lindequist-Tor, dem östlichen Zugang zum Nationalpark, entfernt und ist somit ein idealer Ausgangspunkt, um den Park zu erkunden.

Dünen am Sossusvlei

Die nächsten 3–4 Übernachtungen können auf die verschiedenen **NWR-Camps** (S. 122) im Park verteilt werden. Eine Möglichkeit ist, sich von Osten nach Westen vorzuarbeiten, also etwa eine Übernachtung in Halali und 2 Übernachtungen in Okaukuejo einzuplanen. So ist die Weiterfahrt zur nächsten Unterkunft keine abzuarbeitende Fahretappe, sondern zugleich eine Pirschfahrt mit der Chance auf Tiersichtungen.

Weiter geht es nach dem Besuch Etoshas in südlicher Richtung. Zwischen Kamanjab und Khorixas liegt das nächste Ziel: die Huab Lodge (S. 144). Hier werden zahlreichen Aktivitäten angeboten, zur Entspannung stehen ein Spa und ein Swimmingpool mit herrlichem Blick über den Fluss Huab zur Verfügung.

Nun führt der Weg an die Atlantikküste nach **Swakopmund**, wobei sich ein Abstecher zur Robbenkolonie Cape Cross anbietet. Die Welwitschia mirabilis, die Mondlandschaft oder die Lagunenstadt Walvis Bay können von Swakopmund aus besichtigt werden. Auch eine Bootsfahrt auf der Lagune, in der sich Robben und Delphine tummeln, lohnt sich.

Von der Küste aus geht es in die Wüste: Die Route führt in den Namib-Naukluft-Park. Direkt am Eingangstor zum **Sossusvlei** liegt die Sossusvlei Lodge (www.sos susvleilodge.com), von hier aus kann man morgens ohne große Anfahrt die beeindruckende orangefarbene Dünenlandschaft besuchen.

Über Mariental geht es anschließend zurück nach Windhoek, wo die Reise endet.

Info

Reisezeit: ganzjährig möglich
Preise: ca. 2.500 Euro p. P./DZ inkl. Übernachtungen und Mietwagen, zzgl. Kosten für die An- und Abreise nach Windhoek.
Gesamtstrecke: ca. 2.320 km

Sonstiges: Für Etosha wird eine Malariaprophylaxe empfohlen. Deutsche Touristen benötigen zurzeit kein Visum für Namibia, wenn der Aufenthalt bis zu 90 Tage dauert. Notwendig ist nur ein Reisepass, der noch mindestens 6 Monate über das Reiseende hinaus gültig ist.

41 Fly-in-Safari entlang der Skelettküste

Für alle, die in kurzer Zeit **lange Strecken** hinter sich bringen möchten oder die Straßenbedingungen Namibias scheuen, ist – sofern man über das nötige Kleingeld verfügt – eine Flugsafari ideal. Diese werden von verschiedenen Veranstaltern in unterschiedlicher Länge und Preiskategorie angeboten. Die im Folgenden beschriebene Route umfasst mindestens 6 Reisetage.

Von Windhoek aus geht es zunächst ins **Sossusvlei** im Namib-Naukluft-Park. Das Sossusvlei ist bekannt für seine roten Dünen und bietet besonders aus der Luft einen unbeschreiblichen Panoramablick. Die Landung ist in Sesriem möglich, von wo aus per Fahrzeug ein Ausflug in die Dünen unternommen werden kann. Die Dünen des Sossusvlei erreichen eine Höhe von bis zu 300 m und fordern sportliche Naturen förmlich dazu auf, sie zu Fuß zu erklimmen. Anschließend steht der Weiterflug ins NamibRand-Naturschutzgebiet an, wo eine Fahrt durch atemberaubende Landschaftsszenerien möglich ist.

Aufgrund der niedrigen Flughöhe hat man einen tollen Blick auf die spektakuläre Landschaft

Weiter geht es in die Hafenstadt **Lüderitz** (S. 76). Von hier aus kann man beispielsweise die Geisterstadt **Kolmanskuppe**, die Minenstätten der frühen deutschen Pioniere, die „verbotene Küste" sowie die Pelzrobbenkolonie besuchen. Ein Flug über Lüderitz erlaubt Einblicke in den einsamsten Teil der Skelettküste. Zu sehen sind Schiffswracks, Robben, die sich auf den Felsen sonnen, Pinguine und andere Vogelarten. Anschließend geht es zum Übernachten zurück ins NamibRand-Naturschutzgebiet.

Die nächste Station heißt **Swakopmund**. Auf der Strecke vom NamibRand-Gebiet hierher ist unter anderem das berühmte Schiffswrack Eduard Bohlen an der Conception Bay zu sehen. Hinter Swakopmund wird die Safari in Sichthöhe fortgesetzt. Es geht in nördlicher Richtung entlang der Skelettküste vorbei an **Cape Cross** mit seinen zahlreichen Robben (S. 48). Weiter im Landesinneren sind die Ugab-Formationen, eine nahezu leblose „Mondlandschaft", zu bewundern. Die schwarzen Bergkämme bilden einen dramatischen Kontrast zu dem weißsandigen Wüstenboden. Von hier aus führt der Weg zum Tal des Huab-Flusses, in dessen direkter Umgebung prähistorische Felsgravuren zu finden sind. Die farbenprächtigen Gesteinsformationen der Huab-Gegend lassen sich am besten per Fahrzeug erkunden.

An der Küste herrscht durch die hohen Temperaturunterschiede oft starker Nebel

Im Flugzeug geht es dann entlang der Küste nach Terrace Bay im Skeleton Coast Park. Die Montrose und die Henrietta gehören zu den bekanntesten Schiffswracks an diesem Teil der Küste. Bei einem Strandspaziergang findet man unzählige bunte Kieselsteine aus Achat, Lava, Granit und Quarz. Anschließend wird die Route nordwärts ins Hoarusib-Tal in der **Kunene-Region** fortgesetzt. Hier kann eine Siedlung der Himba besucht werden. Der Weiterflug entlang der Skelettküste führt hoch in den Norden zum Kunene, der die Grenze zu Angola bildet. Das Schiffswrack Kaiu Maru und weitere alte, herumliegende Schiffsteile sind in diesem Küstenabschnitt aus der Luft zu beobachten. Anschließend führt der Weg durch die Berge und Dünen des Hartmanntals, welches sich bis zum Kunene erstreckt. Eine Bootsfahrt auf dem Kunene, der sich durch unbeschreiblich schöne Dünenlandschaften schlängelt, bietet tolle Vogelbeobachtungsmöglichkeiten. Von hier aus geht es dann wieder zurück nach Windhoek.

Info

Reisezeit: ganzjährig möglich
Preise: ca. 13.000 US$ p. P.
Sonstiges: Aufgrund des Nebels entlang der Küste kann es auch in den Sommermonaten stark abkühlen. Daher ist die Mitnahme von Kleidung für jedes Wetter ratsam. Die Flugroute kann aufgrund von Wetterbedingungen spontan abgeändert werden.
Anbieter: Auf Fly-in spezialisiert ist z. B. der Anbieter Skeleton Coast Safaris (www.skeletoncoastsafaris.com).

LODGES UND GÄSTEFARMEN

42 Üppige Vegetation und Himba-Kultur: die Kunene River Lodge

Im äußersten Norden Namibias liegt die rustikale Kunene River Lodge. 50 km westlich der Ruacana Falls und 100 km östlich der Epupa Falls gelegen, befindet sie sich direkt am Kunene **inmitten tierreicher Wildnis**.

Nach dem Erlebnis einer trockenen Landschaft im Zentrum des Landes erscheint das Kunene-Tal wie eine Oase: Vom Berg aus schaut man auf eine mehr als **üppige Vegetation**, wobei besonders die Makalani-Palmen und Baobabs malerisch wirken. Doch Vorsicht beim Baden: Im Kunene leben Krokodile. Oberhalb der Fälle gibt es einige „meist krokodilfreie" Badepools. In dieser Landschaft sollte man einige Tage verweilen!

Die heimische Vogelwelt ist äußerst vielfältig, es gibt sogar einige endemische Arten

Die Idee zu einer Lodge direkt am Kunene entstand Mitte der 1990er-Jahre, als sich in dem ansonsten lediglich von nomadisierenden Himba besiedelten Gebiet immer mal wieder Touristen blicken ließen, die nach einer Unterkunft oder zumindest einer Möglichkeit zum Campen suchten. Nach und nach wurden feste Zelte, Duschen, Toiletten und schließlich eine Bar gebaut. Die heutigen Eigentümer, **Pete und Hillary Morgan aus England**, übernahmen die Lodge 2005. Sie waren von ihrer Tochter Nicky, die sich im Rahmen eines sozialen Projekts in Namibia aufhielt, auf die unvergleichliche Landschaft und den rauen Charme der Lodge aufmerksam gemacht worden.

Die Kunene River Lodge bietet Unterkunft in 8 großzügigen Doppel- und Familienzimmern mit Veranda sowie in 4 sogenannten **Rustic Chalets**, steinernen Hütten mit Schrägdach, die mitten im Grünen stehen. Außerdem gibt es einfache Campingplätze mit zweckmäßigen Waschhäusern. Restaurant, Bar und Pool runden das Angebot ab.

Die Himba am Kunene leben noch weitgehend traditionell

An **Aktivitäten** werden angeboten: White Water Rafting (Halbtagesausflüge, auch für Anfänger), Vogelbeobachtungen, Kanufahrten, Wandern und Angeln. Bei den Sundownerfahrten auf dem Kunene herrscht eine ganz besondere Atmosphäre.

Ein Erlebnis ist auch ein Besuch im nahegelegenen **Himba-Dorf**. Etwa 12.000 Himba leben insgesamt im Kaokoveld. Sie ziehen mit ihren Ziegen und Rindern von Wasserstelle zu Wasserstelle – je der Jahreszeit und den Klimaverhältnissen angepasst. Ein Besuch bei den Himba erlaubt Einblick in ihre Geschichte, Kultur und in ihren Alltag.

Die **Ruacana Falls** können von der Lodge aus besucht werden. Die ca. 50 km lange Strecke entlang dem Kunene ist mit Allradantrieb relativ gut zu befahren und ist landschaftlich wunderschön. Auch die Fahrt zu den Epupa Falls entlang der D 3700 ist mittlerweile machbar, man sollte sich allerdings vor Ort nach dem Zustand der Straße erkundigen.

Dinner mit Blick auf den Kunene

Info

Internet: www.kuneneriverlodge.com
Preise: ca. 2.085 N$ p. P./DZ, ca. 1.775 N$ p. P./DZ im Chalet, je inkl. Frühstück und Abendessen; Camping 275 N$ p. P.
Kinder: In den Bungalows können Kinder nicht mit den Eltern zusammen eine Einheit nutzen, in den normalen Zimmern der Lodge aber wohl (bis 4 Personen).

Sonstiges: An den Ruacana Falls liegt seit 1970 das größte Hydro-Elektrizitätswerk Namibias. Durch den Neubau eines zweiten Kraftwerks wurde die Landschaft weiter in Mitleidenschaft gezogen. Nur noch bei absolutem Hochwasser stürzt der Kunene die etwa 125 m in die Tiefe.

43 Ongula Village Homestead Lodge: traditionelles Leben im Ovamboland

Auf der Anfahrt von Ondangwa aus, nördlich der Etosha-Pfanne, sieht man sofort die landschaftlichen Unterschiede zum überwiegend trockenen Rest des Landes. Die Niederschläge sind hier ausreichend, um Ackerbau zu betreiben, worauf die Landwirtschaft hauptsächlich ausgerichtet ist. In der Regenzeit ist es überall grün und das Wasser steht in flachen Senken. In den Dörfern herrscht Selbstversorgung. Natürlich tauscht man Waren und Dienstleistungen, Helfen und Hilfe annehmen sind für den Wirtschaftskreislauf hier noch immer maßgebend.

Ab Ondangwa wird es immer ländlicher und man fragt sich, wohin führt uns der Weg? Eine echte No-tourist-Gegend. Und dann auch noch der letzte Kilometer abseits der „Hauptstraße". Wirklich, es geht zu einem authentischen Dorf, an dessen Rand die Ongula Village Homestead Lodge liegt. Sie bietet einen ganz besonderen Einblick in das **alltägliche Leben** im Süden Afrikas, den man sonst nie bekommen würde, käme man nicht hierher … Die 5 komfortablen Rondavels liegen

Die Rondavels sind einfach, aber stilvoll eingerichtet

in unmittelbarer Nachbarschaft zum Häuptlingsgehöft. Ausgestattet mit Dusche, Moskitonetz, Kaffee- und Teestation ist die Einrichtung einfach, aber dennoch schön und kreativ. Im gemütlichen Speiseraum mit Bar hat man die Chance, auch Gerichte der einheimischen Küche zu probieren. Eine spannende Erfahrung, die zudem auch noch köstlich ist.

Handwerkskunst im Ovambo-Dorf

Für die Besucher der Lodge gibt es viel zu sehen: Man kann den Dorfbewohnern beim Ausüben traditioneller **Handwerkskunst** zuschauen, etwa bei der Herstellung von Tontöpfen und beim Flechten von Körben. Eine Gruppe von Kindern aus dem Dorf bietet traditionelle Tänze und Gesänge dar. Den Abend kann man am Besten mit einem Besuch einer traditionellen Bar im Dorf („Shebeen") ausklingen lassen. Ebenso bietet sich ein Rundgang durch das Dorf oder den benachbarten Kraal an.

Auf dem Markt

Die Ongula Village Homestead Lodge bietet ihren Gästen ein hautnahes und eindrucksvolles Erlebnis der Ovambo-Kultur – ein Muss für jeden, der in das wahre afrikanische Leben eintauchen möchte.

Wer in noch näheren Kontakt mit den Menschen vor Ort treten möchte, kann im Ongula Village auch an einem sogenannten **Voluntourism-Programm** teilnehmen. Der Begriff setzt sich zusammen aus „Volunteering" und „Tourismus", das Ganze richtet sich vor allem an jüngere Menschen, die in ihrem Urlaub Freiwilligenarbeit in sozialen und ökologischen Projekten in aller Welt leisten möchten. Im Ongula Village kann man sich für 1–3-monatige Programme anmelden und beispielsweise im Kindergarten, bei der Hausaufgabenbetreuung oder in der Gesundheitsaufklärung helfen. Umgekehrt können die Helfer während ihres Aufenthaltes auch von den Einheimischen lernen, es gibt etwa Kurse im Töpfern oder Körbeflechten.

Info

Internet: www.ongulalodge.com
Preise: 1.470 N$ p. P./DZ mit Halbpension, Camping 150 N$ p.P.
Kinder: Kinder sind in jedem Alter willkommen.

44 Hakusembe River Lodge: tolle Lage am Okavango mit Natur- und Kulturerlebnissen

Hakusembe ist ein ganz besonderer Ort, der die Möglichkeit zur Erholung sowie zu kulturellen Erkundungen hervorragend vereint. Im Norden Namibias und direkt am Ufer des Okavango gelegen, befindet sich Hakusembe nur 12 km von Rundu entfernt.

Nur in 2 Regionen Namibias kann man dauerhaft wasserführende Flüsse erleben: ganz im Süden und ganz im Norden. Im Süden, an der Grenze zu Südafrika, fließt der Oranje. Im Norden gibt es den Kunene, den Sambesi, den Kwando und den **majestätischen Okavango**! Dieser Fluss entspringt weit im Norden Angolas und versickert buchstäblich nach 1.700 km in den Sanden der Kalahari in Botswana, wo er das Okavangodelta bildet. Bei Hakusembe gleitet der Okavango ruhig dahin. Er ist die Heimat von Krokodilen und Flusspferden und bietet auch Lebensraum für jede Menge Süßwasserfische.

Für die Menschen an seinen Ufern ist der Fluss Lebens- und Verkehrsader. Obwohl mitten im Okavango die Grenzlinie zwischen Namibia und Angola verläuft, gibt es regen Einbaum-Verkehr zwischen beiden Ländern – informell versteht sich. Diesem Treiben kann man im Rahmen einer Sundowner-Bootsfahrt zuschauen. Wie im Film entfaltet sich das **afrikanische Dorfleben**: Kinder spielen an den Ufern, Frauen waschen Wäsche, auf kleinen Flächen wird Gemüse angebaut.

Die Anlage der Hakusembe River Lodge ist großzügig am Ufer verteilt. Die 20 Chalets stehen in angemessenem Abstand voneinander und bieten einen angenehmen Aufenthalt. Vom einladenden, offen gehaltenen Hauptgebäude mit Restaurant und

Restaurant der Hakusembe River Lodge

Bootstour auf dem Okavango

Bar gelangt man über Stege zu seinem Zimmer. Vor dem Hauptgebäude liegt die große, **luftige Terrasse**, auf der nach Wunsch auch das Essen serviert wird. Dabei hat man einen traumhaften Blick auf den Fluss und bis hinüber nach Angola – ein toller Platz, um die Ruhe der Landschaft auf sich wirken zu lassen. Das Essen? Ein Traum! Vom gepflegten Buffet mit jeder Menge frischer, meist lokal angebauter Köstlichkeiten bis zu einer wunderbaren Getränkeauswahl fehlt es wirklich an nichts.

Besonders interessant ist der Besuch des nahegelegenen **Mbunza Living Museum**. Dieses kommunale Projekt ermöglicht der lokalen Kavango-Bevölkerung – hier der Gruppe der Mbunza – sich ihren Lebensunterhalt zu verdienen und zugleich ihr traditionelles Brauchtum zu pflegen. Die Menschen im Dorf sprechen Rukwangali, die am häufigsten gesprochene Sprache am Okavango. Die Frauen und Männer tragen Kleidung aus gegerbtem Leder, das mit den Ölen der Mangetti-Nuss veredelt wurde. Sie demonstrieren den Besuchern verschiedene traditionelle handwerkliche Fertigkeiten. So wird etwa das Feuermachen gezeigt, Frauen sieht man beim Töpfern sowie beim Flechten von Körben und Matten, den Männern kann man beim Schmieden und beim Trommelbau zuschauen. Gezeigt wird auch der Fischfang mit trichterförmigen Körben.

Info

Internet: www.gondwana-collection.com
Preise: 2.509 N$ p. P./DZ mit Frühstück, Camping 287 N$ p.P.
Kinder: Kinder sind in jedem Alter willkommen.
Sonstiges: Das Living Museum befindet sich 14 km westlich von Rundu. B 10 von Rundu ostwärts in Richtung Nkurenkuru, nach 10 km in die Schotterstraße abbiegen, dann sind es noch 4 km zum Living Museum. Von Januar bis März kann das Gelände überschwemmt sein – das Museumsgebiet ist dann eine Insel im Okavango und Besucher werden mit einem Boot abgeholt (www.lcfn.info/mbunza).

45 Kayova River Lodge: die etwas andere Unterkunft hoch über dem Okavango

„Shiwangundu" wird die Kayova River Lodge von den Einheimischen genannt: **Perle des Okavango**. Die Lodge liegt wunderschön oberhalb des Okavango mit einem wirklich beeindruckenden Ausblick auf den Flussverlauf – für mich ist sie der schönste hochgelegene Blickposten über den Okavango.

Die Lodge befindet sich nur etwa eine Fahrstunde westlich der Popa Falls. Die gesamte Anlage ist bestens gepflegt, alles ist blitzsauber. Die 9 Doppelzimmer in **riedgedeckten Häusern** sind praktisch und geschmackvoll eingerichtet. Jedes verfügt über eine Dusche, ein separates WC, eine Klimaanlage und Moskitonetze über den Betten. Von der eigenen Veranda genießt man den Ausblick in die Landschaft. WLAN gibt es für Netz-Süchtige in den Zimmern 7 und 8. Ein À-la-carte-Restaurant bietet preiswerte und gute bodenständige Gerichte an, die Speisekarte ist dabei gewollt übersichtlich. Den Absacker nimmt man in einer kleinen gemütlichen Bar.

Ein gepflegtes Schwimmbad sorgt in der heißen Reisezeit für Abkühlung, außerdem werden **Bootsfahrten** auf dem Fluss angeboten. Man sollte unbedingt an einem solchen Ausflug teilnehmen, die Vogelwelt am Okavango ist faszinierend. Und Hippos sieht man allemal!

Die Unterkünfte sind einfach und gepflegt

Der Okavango ist die Lebensader der Region

Die Kavango Community Development Foundation

Die Stiftung wurde unter ihrem ursprünglichen Namen Father Denner Foundation von dem Offenbacher Pfarrer Klaus Denner gegründet. Denner hatte über die Kirche intensive Verbindungen nach Namibia und plante, seinen Lebensabend dort zu verbringen. Dazu kam es aber leider nicht mehr, da Denner 2009 unerwartet starb. Für den Fortbestand der Stiftung, die neben der Kayova River Lodge in der Region mittlerweile Kindergärten, ein Waisenhaus und ein Wasserprojekt betreibt, war zum Glück gesorgt. 2010 wurde die Denner Foundation von der Rottenburger Stiftung Weltkirche übernommen. Die Umbenennung in Kavango Community Development Foundation erfolgte im Jahr 2012 aufgrund der namibischen Bestimmung, dass Stiftungen ihren Zweck im Namen tragen müssen.
Info: www.kavango-cdf.de

Die Lodge ist ein **soziales Unternehmen** und wird von der Stiftung Weltkirche betrieben. Die Einkünfte der Lodge kommen vor allem den Menschen in der Region zugute. Die meisten Angestellten wohnen unweit der Unterkunft.

Info

Internet: www.kayovariverlodge.com
Preise: ca. 625 N$ p. P./DZ mit Frühstück.
Kinder: Kinder sind in jedem Alter willkommen und zahlen unter 11 Jahren die Hälfte, unter 3 Jahren gar nichts.

46 Nambwa Tented Lodge: afrikanisches Design direkt am Kwando

Tiere, Tiere, Tiere … Safaris vom Feinsten erwarten den Reisenden bei einem Aufenthalt in der Nambwa Tented Lodge, einer der schönsten Lodges im Norden Namibias. Die Anlage befindet sich im Bwabwata National Park – im Herzen der Kavango Zambezi Trans Frontier Conservation Area (KAZA) – und ist im Einklang mit der grandios wilden Savannenlandschaft errichtet. Der Fluss Kwando mäandert gemächlich durch die leicht hügelige Szenerie. Große Elefanten- und Büffelherden, Wildhunde, Löwen, Leoparden, Flusspferde, Krokodile, Giraffen sowie fast die gesamte Vielfalt der afrikanischen Antilopen entdeckt man auf den **Pirschfahrten** zu Land und zu Wasser. Das Gebiet ist Rückzugsort für mehr als 35 Säugetierarten und etwa 330 Vogelarten, die mitunter äußerst selten oder sogar endemisch sind.

Die **Architektur** der Lodge ist außergewöhnlich. 10 luftige Zeltchalets in gelungenem Design und hellen Farben befinden sich in etwa 4 m Höhe auf Plattformen in den Kronen ausladender Bäume. Jede Einheit ist unterteilt in Schlaf- und Wohnbereich, es gibt eine Dusche, eine grandiose Badewanne sowie eine separate Toilette. Von der privaten Aussichtsplattform hat man einen fantastischen Blick über Flussauenwälder, Savanne, Schwemmland und Kalahari. Die Chalets liegen sehr weit auseinander, sie sind mit Holzstegen verbunden, unter denen selbst Elefanten bequem durchspazieren können! Der Essbereich sowie eine Bar und die Feuerstelle sind großzügig über eine Terrassenplattform verteilt.

Sonnenuntergang in der Nambwa Tented Lodge

Luftig und modern ist die Einrichtung der Zeltchalets

Buschwanderungen und Beobachtungsfahrten (mit dem Geländewagen oder per Boot) werden angeboten. Die angebotene Nachtpirschfahrt ist ein ganz besonderes Erlebnis, das man nicht verpassen sollte!

Außerdem haben Gäste die Möglichkeit, einen interessanten Einblick in das kulturelle Leben der einheimischen **Mayuni-Bevölkerung** zu bekommen. Die Lodge arbeitet eng mit der Mayuni-Naturschutzbehörde zusammen. Diese fördert den lokalen Tourismus, indem sie die örtlichen Dorfgemeinschaften in die Naturschutzbemühungen integriert. Das außergewöhnliche Ökosystem am Flusslauf des Kwando soll so vor schädigenden Eingriffen geschützt werden. Als wesentlicher Bestandteil der Wildschutzbemühungen wurden auch Maßnahmen gegen Wilderei etabliert.

90 % des Personals der Nambwa Tented Lodge gehören der Mayuni-Gemeinde an, zudem ist die lokale Bevölkerung am Gewinn der Lodge beteiligt. So profitiert die Dorfgemeinschaft aus den Naturschutzbemühungen der Lodge, die dadurch zu ihrem eigenen Anliegen werden.

Info

Internet: www.africanmonarchlodges.com
Preise: je nach Saison ab 5.050 N$ p. P./DZ mit Halbpension
Kinder: Für Kinder unter 6 Jahren müssen die Modalitäten bei der Reservierung individuell abgesprochen werden. Kinder unter 12 Jahren sind jederzeit willkommen und zahlen bei Unterbringung im Elternzimmer die Hälfte.

Sonstiges: Camping ist ebenfalls möglich, die Stellplätze befinden sich direkt am Kwando und verfügen über Toiletten und Duschen. Nebenan befindet sich zudem das **Nambwa Lagoon Camp** (ab 2.850 N$ p. P./DZ mit Halbpension), bestehend aus 5 komfortablen Meru-Zelten auf Holzplattformen direkt am Wasser. Die Mahlzeiten werden in der Lodge eingenommen.

47 Lianshulu und Bush Lodge: Juwele in Afrikas Wildnis am Kwando

Die Lodges der Caprivi Collection in der Sambesi-Region sind etwas ganz Besonderes: Hier fühlt man sich tatsächlich wie in „Jenseits von Afrika".

Die **Lianshulu Lodge**, mitten im Herzen des Mudumu National Park, liegt direkt am Ufer des Kwando River. Die Lodge war eine der ersten privaten Unterkünfte, die innerhalb eines namibischen Nationalparks errichtet wurden. Höchstens 24 Gäste finden in 11 geräumigen, riedgedeckten Chalets Platz. Jede Einheit verfügt über ein eigenes Badezimmer und eine private Veranda mit Blick auf den Fluss. Die Mahlzeiten finden bei Kerzenschein am edel gedeckten Tisch unter wilden Feigenbäumen statt. Angeboten werden **Bootsfahrten auf dem Kwando**, geführte Touren in den Nationalpark und Besuche des Lizauli Traditional Village.

Südlich der Lianshulu Lodge – etwa 10 Minuten per Boot entfernt – befindet sich die rustikalere **Bush Lodge**, ein intimes naturnahes Camp mit 8 direkt am Fluss gelegenen Chalets.

Der Nordosten des Mudumu National Park ist eine trockene Buschsavanne, der Südwesten wird durch die Linyantisümpfe geprägt, eine für Namibia sehr ungewöhnliche Landschaft: Riedinseln, Flussläufe und Marschen statt Wüste und Savan-

Lunch unterwegs

Die Lianshulu Lodge liegt direkt am Ufer des Kwando

ne. Der Park beherbergt neben Löwen und Elefanten auch Antilopen, Zebras, Hippos, Krokodile und über 430 Vogelarten.

Die Möglichkeiten zur Wild- und Vogelbeobachtung per Boot und Geländefahrzeug sind sehr vielfältig. Besonders eindrucksvoll ist das Gebiet des Horseshoe-Bogens, einer hufeisenförmigen Flussbiegung des Kwando, wohin nachmittags große Elefantenherden zum Trinken kommen.

Elefantenherde am Horsehoe-Bogen

Info

Internet: www.caprivicollection.com
Preise: Lianshulu Lodge: 5.119 N$ in der Hochsaison vom 1. Juli bis 30. November, sonst 4.055 N$ p. P./DZ; Bush Lodge: 3.153 N$ in der Hochsaison, sonst 2.597 N$. Alle Preise p. P./DZ mit Halbpension.
Kinder: Kinder sind in der Lianshulu Lodge und der Bush Lodge ab 2 Jahren willkommen.

48 River Dance Lodge: ein Designer-Traum hoch über dem wilden Okavango

Der Weg führt an afrikanischen Dörfern vorbei, schließlich biegt man in einen gut zu befahrenden Pfad ein und steht bald staunend vor dem Steilufer des Okavango: Hier liegt erhaben die traumhafte River Dance Lodge. Der Name kommt daher, dass unten im Okavango das Wasser über Felsenbänke tanzt, ein wildes und zugleich schönes **Schauspiel der Natur**.

Die Schweizer Gastegeber Pascale & Chris Haefeli heißen ihre Gäste seit 2018 in dieser wunderbaren Unterkunft direkt am Ufer des Okavango willkommen. Mit ihrer Eco-Lodge bieten sie nicht nur Touristen eine tolle Übernachtungsmöglichkeit, sondern sie unterstützen auch die naheliegenden Dörfer durch den Bau von Brunnen und Kindergärten.

Die großzügigen, raffiniert arrangierten Häuschen liegen in großem Abstand voneinander entfernt, sodass für genügend Privatsphäre gesorgt ist. Die Konstrukte aus **einheimischem Holz und viel Glas** stehen inmitten alter Bäume. Sie überraschen durch ihre hochwertige Bauweise, ihre Originalität und das tolle, luxuriöse Design.

Man schläft in extra langen Betten auf lokal hergestelltem Linnen und kann sich unter den vielen Kissen das allerbequemste aussuchen, um anschließend wie ein Engel zu schlummern – die Hintergrundmusik dazu liefern die vielen heimischen Vögel. An zahlreichen Kleinigkeiten bemerkt man die Liebe der Lodge-Besitzer zum Detail: Ausgefallene Waschbecken, kreativ designte Spiegel, Vorhänge aus einzelnen kleinen lichtdurchlässigen Formstücken, fantasievoll gestaltete Lampen …

Von der offenen Veranda des Empfangsgebäudes schaut man auf den majestätischen Okavango, am anderen Ufer liegt Angola. Bei diesem Ausblick kann man **beste namibische Küche** genießen: frisch gefangene Fische, geröstete Nüsse, wilden Spinat, Ziegen-

Die Besitzer der Lodge legen viel Wert auf die Details

Zurücklehnen und genießen, viel mehr braucht man nicht zu tun in der River Dance Lodge

milch, Qualitätsfleisch von Rind und Wild. Alles ist wunderbar frisch und wird stets in köstliche Menüs verwandelt. Die Gäste geraten geradezu ins Schwärmen!

Für Camper stehen außerordentlich komfortable Plätze zur Verfügung, mit Blick auf und Zugang zum Fluss sowie eigenen sanitären Anlagen. Die Outdoor-Fans können in der Küche der Lodge frisch gebackenes Brot oder eine schmackhaft-knusprige Pizza bestellen.

Bunte Vogelwelt: Gabelracke am Okavango

Wem es auf der Terrasse zu langweilig wird, dem sei eine **Bootsfahrt** auf dem Okavango empfohlen. Das lodgeeigene Boot startet direkt vom Hausufer aus. Besonders frühmorgens oder zum Sundowner herrscht eine ganz eigene Stimmung auf dem Fluss. Angler können sich auf die Jagd nach dem Tigerfisch begeben. Ausflüge zu den nahen Popa Falls und zum herrlichen Mahango Game Reserve (ca. 30 km) bieten Abwechslung. Auch Wanderungen oder Touren mit dem Mountainbike werden angeboten. Wer sich erholen muss, der kann im Bush-Spa bei Massage und Yoga entspannen.

Info

Internet: www.riverdance.com.na
Preise: 1.350 (Juli–Okt. 1.550) N$ p. P./DZ mit Frühstück und Abendessen, Aktivitäten ab 250 N$ p. P.
Kinder: Kinder sind in jedem Alter willkommen.

49 Nkasa Lupala Tented Lodge: Vorposten der Wildnis des Kwando-Linyanti-Flusssystems

„Vorposten" – das klingt abgelegen und das ist es auch: In der südlichsten Ecke Ostcaprivis liegt Namibias Pendant zum botswanischen Okavangodelta. Die Landschaft wird durchzogen vom Kwando-Linyanti-Flusssystem. Die **Linyanti Swamps** bilden das Herzstück des Nkasa Lupala National Park, der früher Mamili National Park hieß.

Die Lodge liegt direkt an der Grenze zum Nkasa Lupala National Park

Von Kongola im Caprivizipfel zweigt man nach der Überquerung des Kwando nach Süden ab und folgt etwa 70 km der Straße C 49 bis zum **Dorf Sangwali**. Sangwali ist ein noch sehr authentisches afrikanisches Dorf mit riedgedeckten Rundhütten, die durch hohe Holzstämme geschützt und kreisförmig angeordnet einen sogenannten Kraal bilden.

Am südlichen Ortsausgang führt der Weg über eine Brücke, die einen Seitenfluss des Kwando quert. Von hier aus sind es dann noch einige ausgeschilderte Kilometer zur Lodge. Unterwegs kommt man an einem winzigen Museum, das dem Forscher David Livingstone gewidmet ist, vorbei.

Endlich erreicht man die Nkasa Lupala Lodge, die direkt an einem der vielen Seitenkanäle des Kwando liegt. Die sehr **geräumigen Zelte** sind auf erhöhten Holzplateaus gebaut. Von der kleinen Veranda schaut man auf das Wasser und entdeckt

Häufig durchqueren Elefantenherden den Fluss

immer wieder Flusspferde oder Elefanten in nächster Nähe. Hier ist man nur **zu Gast im Reich der Tiere**, weshalb man auch das Restaurant im Haupthaus nur in Begleitung eines Führers ansteuern sollte.

Am Haupthaus sitzt man zu den Mahlzeiten oder zu einem entspannten Sundowner auf schönen Holzterrassen mit Feuerstelle und überblickt das Wasser- und Sumpfgebiet, das von hohen Papyrus-Dickichten umsäumt wird. Die Besitzer der Lodge sind Italiener, kein Wunder, dass man dies dem Essen und dem Lebensgefühl auf der Lodge anmerkt – **Bella Italia** lässt grüßen!

Die gesamte Lodge wurde nach **ökologischen Gesichtspunkten** errichtet: Der Strom wird solar erzeugt, ebenso wird das Wasser durch die Sonne erhitzt. Die Wege zwischen den Zelten und dem Restaurantbereich sind naturbelassen, man läuft einfach durch den Sand.

Erlebnisreich sind die **Bootsfahrten** durch die schmalen Wasserkanäle in die Wildnis. Man sitzt auf einem Pontoon-Boot mit Observationsdeck, von dem aus man über das Papyrus-Schilf in die Wildnis schauen kann. Auf diese Weise kommt man ganz nah an Elefantenherden heran, die den Fluss überqueren. Auch Flusspferde sind häufig zu beobachten.

Es werden auch Safaris auf dem Landweg in den Nkasa Lupala National Park angeboten. Dabei sind Elefanten, Antilopen und Büffel zu erleben – vor allem aber die Stille und der eigene Rhythmus der afrikanischen Wildnis.

Info

Internet: www.nkasalupalalodge.com
Preise: ca. 2.755 N$ p. P./DZ mit Halbpension.
Sonstiges: Die Anfahrt ist nur mit einem Allradwagen möglich, der nächste Flughafen ist Katima Mulilo (2 Std. Fahrt, Transfer kann arrangiert werden).

50 Okahirongo Elephant Lodge im Kaokoveld und River Camp am Kunene

Das Kaokoveld ist der einzige Ort auf der Welt, an dem Elefanten, Nashörner, Giraffen, Löwen und viele andere afrikanische Tiere in einer Wüstenlandschaft leben. In dieser einzigartigen Landschaft liegt die **Okahirongo Elephant Lodge**. Die 7 luxuriösen und geräumigen Chalets bieten alle möglichen Annehmlichkeiten und haben einen fantastischen Ausblick in die faszinierende Landschaft. Die sogenannte Präsidenten-Suite bietet außerdem einen offenen Loungebereich.

Um die vielen Aktivitäten auszukosten, ist ein Aufenthalt von mindestens 3 Tagen empfehlenswert. Angeboten werden neben den obligatorischen Game und Scenic Drives auch Ausflüge auf den Spuren von **Wüstenelefanten und -löwen**. Wanderungen entlang dem Huarusib River, Wüstenwanderungen und Besuche im nahegelegenen Himba-Dorf sind außerdem möglich. Flugsafaris an die Skeleton Coast oder zu den Epupa Falls können organisiert werden. Die Lodge unterstützt die Purros Conservancy und ihr Desert Lion Project: Der Lebensraum der Wüstenlöwen soll durch Öko-Tourismus erhalten bleiben.

Das Marienflusstal am Kunene ist eine der letzten unberührten Wildnisse Namibias. Hier befindet sich das luxuriöse **Okahirongo River Camp**, der Schwesterbetrieb der Elephant Lodge. Nur über holprige Allradwege zu erreichen, hat sich im äußersten Nordwesten des Landes eine Landschaft von rauer Schönheit und majestätischer Ruhe erhalten. Weite wehende Graslandschaften und vereinzelte Bäu-

Entspannen in der Luxushängematte am Pool der Okahirongo Elephant Lodge

Das Marienfluss-Tal ist eine der letzten wirklich einsamen und unberührten Regionen Namibias

me prägen die Szenerie. Vor allem Springböcke und andere Antilopenarten fühlen sich hier wohl. Von mächtigen Bergketten und dem Kunene als natürlichen Grenzen umgeben ist die Region die Heimat der Himba, eines der letzten halbnomadisch lebenden Völker Afrikas.

Das Camp besteht aus 5 komfortablen Doppel-Chalets und einer Familieneinheit. Die zeltartigen Unterkünfte bestehen aus Holz und Stoff und fügen sich durch eine Holzplateau-Konstruktion gut in die unebene und felsige Landschaft ein. Die Einrichtung ist **afrikanisch inspiriert**, aber auf eine moderne, fast minimalistische Weise. Jede Einheit verfügt sowohl über ein eigenes Bad, als auch über eine Außendusche und eine eigene Veranda mit toller Aussicht.

Das Hauptgebäude wurde über Stromschnellen erbaut und verfügt über 2 Lounge-Bereiche, eine kleine Bibliothek sowie ein Restaurant. Die Küche ist eine interessante Mischung aus afrikanischen und italienischen Einflüssen, dazu werden gute südafrikanische Weine gereicht. **Swimmingpool und Sonnendeck** laden zum Erfrischen und Entspannen ein.

Alternativ bieten sich verschiedene **Ausflüge** in die Umgebung an. Geführte Wanderungen sowie Sundowner-Ausflüge in die Berge oder in die Dünen werden angeboten. Außerdem ist am Kunene eine Vielzahl an Aktivitäten möglich: Fliegenfischen, Bootstouren, Vogelbeobachtung etc. Ein Besuch in einem nahegelegenen Himba-Dorf erlaubt einen Einblick in das traditionelle Leben dieses traditionsreichen Volkes.

Info

Internet: www.okahirongolodge.com
Preise: Elephant Lodge: 5.800 N$ p. P./DZ mit Halbpension in der Hauptsaison; River Camp: 4.725 N$ p. P./DZ mit Halbpension in der Hauptsaison.
Kinder: Kinder sind ab 6 Jahren willkommen.

51 Shipwreck Lodge: im Nirgendwo der Skelettküste

Schon die Anreise ist ein Erlebnis: Zunächst heißt es, nach Möwe Bay zu gelangen. Ausgestattet mit einem Permit für den Skeleton Coast National Park und der Buchungsbestätigung der Lodge geht es mit dem Allradwagen nicht nur durch teilweise tiefsandige Passagen, sondern abhängig von der Jahreszeit auch durch fließende Gewässer wie etwa den Hoanib River. Eingänge in den Nationalpark befinden sich im Osten (von Khorixas/Palmwag bzw. Twyfelfontein kommend) am Springbok Gate, von Süden kommend am Ugab River.

Letzte Tank- und Übernachtungsmöglichkeit vor Möwe Bay ist in Terrace Bay (www.nwr.com.na), ein Restaurant und ein Imbiss bieten Stärkung, bevor man die Zivilisation zeitweise hinter sich lässt. Nach rund 1,5 Stunden durch absolute Einsamkeit erreicht man den Ort, der neben einem „Museum" mit Exponaten eines Forschers mit einer nahe gelegenen Robbenkolonie aufwarten kann. Auf dem Weg besteht die Möglichkeit, die seltenen Wüstenlöwen zu sehen.

Als Gast der Shipwreck Lodge lässt man in Möwe Bay den eigenen Mietwagen stehen und steigt am frühen Nachmittag in einen Geländewagen der Lodge um. Nun geht es auf abenteuerlichen Spuren in rund 2 Stunden zur Lodge. Dabei sieht man

Mystische Landschaft: Veranda mit Aussicht

die Überreste von zwei Schiffswracks (Suiderkus, Karimona), eine Robbenkolonie und eine stillgelegte Diamantenmine.

Die Unterkünfte passen sich der Wüstenlandschaft perfekt an

Wenn man die Gebäude inmitten der mystischen Landschaft der Skelettküste nach der wilden Anreise aus Möwe Bay endlich erspäht, kann man erkennen, dass die Schiffswracks entlang der Küste hier architektonisch Pate gestanden haben. Wie aus dem Nichts erscheinen die wrackähnlich gestalteten Einzelhäuschen am Dünenkamm.

Bei der Ankunft „in the middle of nowhere" am späten Nachmittag werden die Gäste mit Kaffee und Kuchen empfangen. Im kleinen Restaurant und dem Aufenthaltsraum ist es besonders gemütlich, wenn draußen die Nebelschwaden vorbeiziehen.

Über in Streifen geschnittene Autoreifen wird man dann zu seinem Häuschen geführt. Die 10 Zimmer (2 Familienzimmer) in separaten Häuschen sind toll gestaltet: schlichte Materialien und bunte Stoffe, ein großes Bad, gute Gepäckablagemöglichkeiten, ein kleiner Kaminofen. Nicht selbstverständlich in dieser Lage: Anschlüsse zum Aufladen der elektronischen Geräte. Das Highlight aber ist die Aussicht in eine schier endlose, urweltlich anmutende Landschaft aus Dünen und spärlichen Gräsern – und auf die Weite des tosenden Atlantiks!

Am nächsten Morgen steht ein Ganztagesausflug in den Hoarusib Canyon an, ein geologisch interessantes Flusstal mit herrlichen Felsformationen und Kalksteinwänden. Es erhält während der Regenzeit sein Wasser aus den Bergen weiter im Nordwesten und Nordosten. Von der Lodge aus geht es über den Dünenkamm direkt hinunter zum Flusstal. Wie eine kleine Oasenlandschaft erscheint inmitten der sonstigen Dürre sattes Grün. Mit etwas Glück trifft man auf Wüstenelefanten. Da es hier keine anderen Touristen gibt, genießt man die paradiesische Ruhe und ist quasi alleine.

Zurück in der Shipwreck Lodge ist es Zeit für den Sundowner, entweder auf der Terrasse oder auf einer Düne, die man mit dem Geländewagen in wenigen Minuten erreicht. Beim gediegenen Abendessen klingt der Tag genussvoll aus.

Info

Internet: www.shipwrecklodge.com.na
Preise: Je nach Saison zwischen 12.600 und 18.900 N$ p.P. inkl. Vollpension, Transfer ab/bis Möwe Bay und Exkursionen.

52 Minimalistische Eleganz vor den Toren des Nationalparks: Emanya@Etosha

Etwa 20 Minuten Fahrtzeit vom Namutoni Gate des Etosha National Park entfernt, liegt Emanya@Etosha, eine sehr **stylische und coole Lodge**, die sich auch für einen mehrtägigen Aufenthalt zur ausgiebigen Erkundung der Etosha-Pfanne oder einfach zur Entspannung anbietet.

Die Lodge wurde 2010 erbaut und die 20 großräumigen Chalets bieten Unterkunft für maximal 40 Gäste. Die Architektur hebt sich durch ihre minimalistische Eleganz von den klassischen namibischen Lodges ab. Statt der verbreiteten erdigen Farbtöne, verbunden mit folkloristischer Ausstattung und Möblierung findet sich hier ein **klares Design** des in weiß gehaltenen Haupthauses. Es befindet sich in einem wunderschönen Garten mit kleinem Wasserfall. Die großzügig geschnittenen Zimmer verfügen über schnörkelloses, aber dennoch komfortables Mobiliar sowie über eine Teeküche und eine Klimaanlage.

Die Poolanlage mit Poolbar, an der die Füße im Wasser baumeln können, lädt nach anstrengenden Game Drives in der staubigen Hitze Etoshas zum **Abkühlen und Entspannen** ein. Eine kostenlose und sehr wohltuende Fußdruckmassage wird zum Empfang angeboten.

Die Lodge verfügt über ein hervorragendes Restaurant mit gut ausgestattetem Weinkeller, auch Vegetarier kommen hier auf ihre Kosten. Vom Essbereich aus oder aus den bequemen Sesseln direkt am **beleuchteten Wasserloch** können zahlreiche Tiere beobachtet werden, darunter verschiedene Antilopenarten, Giraffen und Strauße.

Überhaupt sind natürlich die zu beobachtenden Tiere – neben der traumhaften Ruhe und der eleganten Ausstattung – die Hauptattraktion der Lodge. Emanya ist ideal gelegen für **Safaris in den Etosha National Park**. Diese können entweder im eigenen Mietwagen oder unter professioneller Führung im Jeep der Lodge unternommen werden.

Schnörkelloses Interieur

In unmittelbarer Nähe der Emanya@Etosha Lodge befindet sich das **San-Dorf Ombili**. Die Ombili-Stiftung (www.ombili.org) wurde 1989 mit dem Ziel gegründet, einer Gruppe von Khoi-San das Überleben in einer kommerziell ausgerichteten Welt zu ermöglichen. Die traditionelle Lebensweise der San, das Jagen und Sammeln von Feldfrüchten, ist in Namibia kaum mehr möglich. Ackerbau und traditionelles Handwerk werden gelehrt und gefördert, die Kinder lernen in der Schule Lesen und Schreiben. Angegliedert ist ein Kulturzentrum mit kleinem Café und Verkauf von kunsthandwerklichen Gegenständen. Bei Interesse ist die Anfahrt nach Ombili von der Emanya@Etosha Lodge aus arrangierbar, hierzu muss individuell vor Ort in der Lodge angefragt werden. Man kann auch mit eigenem PKW anreisen. Für die Führung und den sogenannten Bushman Walk sollte man einen halben Tag einplanen.

Der Pool ladt zum Abkühlen und Entspannen ein

Info

Internet: www.emanya.com
Preise: 1.550 N$ p. P./DZ mit Halbpension.
Kinder: Kinder sind in jedem Alter willkommen. Kinder unter 12 Jahren zahlen 650 N$, unter 6 Jahren 230 N$, unter 2 Jahren gar nichts.
Sonstiges: Konferenzen sowie Hochzeiten werden auf Emanya ebenfalls ausgerichtet. Auch Incentive-Gruppen sind in der Lodge wunderbar aufgehoben.

53 NWR-Camps im Etosha National Park

Die staatlichen Camps unter der Leitung der Namibia Wildlife Resorts, die einst nur als einfach zu beschreiben waren, brauchen sich inzwischen nicht mehr hinter den privaten Lodges zu verstecken. Nicht nur baulich wurde verbessert und erneuert, sondern auch das Personal intensiv geschult. Die Zimmer sind sehr geschmackvoll und typisch afrikanisch gestaltet. Zudem werden geführte Morgen-, Nachmittags- und Nachttouren angeboten. Der große Vorteil der öffentlichen Camps ist, dass sie sich direkt im Park befinden, allerdings liegen sie inzwischen auch ungefähr auf dem gleichen Preisniveau wie die Privatunterkünfte außerhalb des Parks.

Camp Okaukuejo ist vor allem wegen seiner beleuchteten Wasserstelle sehr beliebt, allerdings deswegen auch das trubeligste der Etosha-Camps. Die Anlage verfügt über einen hohen Wasserturm, von dem aus man vor allem bei Sonnenuntergang einen herrlichen Blick auf Etosha genießen kann. In einem kleinen Museum wird man über die Historie des Parks informiert und bekommt eine Einführung in die Naturkunde Etoshas. Es gibt 5 sogenannte Premier Waterhole Chalets mit Aussichtsbalkon direkt am Wasserloch, in der zweiten Reihe stehen weitere Chalets und Doppelzimmer zur Verfügung. Alle Unterkünfte verfügen über einen Kühlschrank sowie eine Klimaanlage und ein privates Bad. Ein Campingplatz ist vorhanden.

Camp Halali ist dagegen ruhiger und kleiner. Im Campgebiet erhebt sich der kleine Berg Tsumasa. Hier wurde ein interessanter Lehrpfad angelegt, der in die Flora des Gebiets einführt. Man wird zu Mopanebäumen, Moringabäumen, Balsambäumen, Drüsenakazien und Blutfruchtbäumen geleitet. Im Camp gibt es ebenfalls eine

Die Wasserlöcher der NWR-Camps sind immer gut besucht

beleuchtete Wasserstelle, die allerdings mit der Tierfrequentierung in Okaukuejo nicht mithalten kann. Die Gäste übernachten entweder in einem der 39 Doppelzimmer oder in freistehenden Bush Chalets für 2–4 Personen. Einen voll ausgestatteten Campingplatz gibt es hier ebenfalls.

Die Wasserstellen rund um das östlich gelegene **Camp Namutoni** gehören zu den besonders tierreichen. Das historische Fort Namutoni ist schon von Weitem zu sehen. Ursprünglich befand sich hier ein bäuerliches Anwesen der Ovambo, die diesen Platz Namutoni nannten, was so viel bedeutet wie „Platz, der von Weitem zu erkennen ist". 20 Bush Chalets, 24 Doppelzimmer sowie ein Campingplatz stehen für die Gäste zur Verfügung.

Blick vom Balkon des Okaukuejo Premier Waterhole Chalet

Das 40 km nördlich von Namutoni gelegene **Onkoshi Resort** ist abgelegen und exklusiv. 15 tolle Zelt-Chalets sind hier auf Holzpfählen errichtet. Alles strahlt Luxus und afrikanische Authentizität aus. Bei der gesamten Anlage wurden ökologische Aspekte berücksichtigt. Das Camp liegt auf einer Halbinsel direkt östlich der Etosha-Pfanne, sodass tolle Ausblicke garantiert sind.

Der über das Galton Gate erreichbare Westteil des Etosha Nationalpark ist etwas ruhiger und ursprünglicher als der Ostteil. Das gediegene **Dolomite Resort** ist umgeben von zahlreichen Wasserlöchern. Die Anlage mit 25 Chalets ist großzügig, gepflegt und verfügt über einen schönen Pool. Der kleine Campingplatz **Olifantsrus** mit 10 Stellplätzen liegt wenige Kilometer östlich von Dolomite. Hier kann man sich in aller Ruhe der Tierbeobachtung am Wasserloch widmen.

Info

Internet: www.nwr.com.na
Preise: **Okaukuejo:** Bush Chalet (2 Betten) je nach Saison 1.663–2.019 N$ p. P., Doppelzimmer 1.425–1.900 N$ p. P., Premier Waterhole Chalet (4 Betten) 2.969–4.454 N$ p. P. (alle Preise B&B), Camping 356–416 N$ pro Nacht p. P. **Halali:** Bush Chalet (2 Betten) 1.188–1.900 N$ p. P., Doppelzimmer 1.069–1.425 N$ p. P., Family Chalet (4 Betten) 1.829–1.900 N$ p. P. (alle Preise B&B), Camping 356–416 N$ p. P. pro Nacht. **Namutoni:** Bush Chalet 1.663–2.079 N$ p. P., Doppelzimmer 1.425–1.782 N$ p. P. (B&B), Camping 356–416 N$ pro Nacht p. P. **Onkoshi:** Chalet 2.161–3.016 N$ p. P./DZ (B&B). **Dolomite:** Chalet 2.161–3.016 N$ p. P./DZ (B&B).

54 Afrika pur für jeden Geschmack: Onguma

Das Onguma Game Reserve liegt nur 9 km vom Namutoni Gate entfernt. Das 340 km² große private Tierschutzgebiet ist das einzige seiner Art im Osten Etoshas. Antilopen und Zebras, aber auch Löwen, Geparde und Leoparden sowie verschiedene Vogelarten können hier beobachtet werden. Onguma bietet Unterkünfte für verschiedenste Ansprüche und Geldbeutel:

Das **Onguma Bush Camp** ist die einfachste und günstigste Variante. Hier finden sich insgesamt 16 Zimmer, darunter 5 größere Familieneinheiten sowie eine Suite mit eigenem Loungebereich. Abendessen gibt es in der offenen Lapa, außerdem stehen ein Swimmingpool und eine Bar zur Verfügung. Kinder sind hier gerne gesehen. Der nahe gelegene Leadwood Campingplatz bietet 4 Stellplätze, auch Camper können die Mahlzeiten im Restaurant einnehmen.

Die 11 Bungalows der **Etosha Aoba Lodge** liegen idyllisch in einem Tamboti-Wald. Vom Haupthaus aus genießt man den Blick auf eine Wasserstelle, nach einer staubigen Pirschfahrt kann im Pool entspannt werden.

Das **Onguma Tented Camp** besteht aus 7 luxuriösen Zelten, alle mit Blick auf das ca. 60 m entfernte Wasserloch. Auch von der Lounge im Hauptkomplex hat man einen guten Blick und kann bei einem kühlen Drink die Tiere beobachten. Außerdem gibt es hier einen Weinkeller, eine Bar und einen Speiseraum.

Eine besonders naturnahe Übernachtungsmöglichkeit ist das **Onguma Treetop Camp** mit 4 Baumhausunterkünften. Fernab jeglicher Zivilisation die unvergleich-

Der Speisesaal im Fort

lichen Geräusche und Gerüche der afrikanischen Wildnis erleben, Giraffen, Zebras und Löwen aus nächster Nähe in ihrer natürlichen Umgebung beobachten – wer nach Afrika pur sucht, der ist hier richtig.

The Fort

The Fort ist die luxuriöseste Unterkunft der Gruppe. 12 Mini-Suiten sowie eine größere Suite im Hauptkomplex stehen ebenso zur Verfügung, wie einer der schönsten Sundowner-Plätze in Namibia: Von der Terrasse aus geht der Blick in die Weite der Etosha-Pfanne mit ihren charakteristischen Tieren und Kameldornbäumen. Die steinernen Unterkünfte sind in einer Mischung aus indischen und marokkanischen Einflüssen gestaltet und bieten jeden Komfort.

Die **Tamboti Campsite** ist mit 15 großzügigen, komfortablen Stellplätzen ausgestattet. Es gibt einen Pool und ein Restaurant mit Blick auf ein kleines Wasserloch. In einem Laden kann man das Notwendigste einkaufen.

Für ein ganz besonderes Erlebnis kann eine Nacht im **Dream Cruiser** gebucht werden. Dieses innovative Gefährt ist ein Landcruiser, der in eine Art Mini Lodge umgebaut wurde: Unten gibt es ein kleines Badezimmer, oben das Schlafzimmer und die Lounge, von der man einen unvergleichlichen Blick in die Weite des afrikanischen Buschs genießt. Fahren kann man damit allerdings nicht – An- und Abfahrt finden in einem anderen Safarifahrzeug statt. Nach einem romantischen Picknick-Abendessen kann man entweder überdacht mit 180-Grad-Rundumsicht oder unter freiem Himmel mit Blick in den Sternenhimmel schlafen. Nach einem kleinen morgendlichen Snack geht es zum Frühstück zurück in die Lodge.

Nicht luxuriös genug? Das auf Stelzen gebaute Camp Kala mit nur 4 Suiten öffnet Ende 2022 seine Pforten. Jede der Unterkünfte hat eine eigene Lounge mit Feuerstelle, hot tub und Blick auf ein beleuchtetes Wasserloch.

Info

Internet: www.onguma.com
Preise: Bush Camp: ab 2.230 N$, Tented Camp: 4.900 N$, Tree Top Camp: Wiedereröffnung Ende 2022, The Fort: 7.180 N$, Etosha Aoba Lodge ab 2.500 N$, Camp Kala 13.150 N$ (alles inkl.). Alle Preise gelten p. P./DZ mit Halbpension während der Hauptsaison. Camping: 350 N$ p. P.

Kinder: Auf dem Campingplatz dürfen Kinder jeden Alters übernachten. Im Bush Camp sind Kinder ebenfalls willkommen, dürfen aber erst ab 12 Jahren im offenen Geländewagen mitfahren. Tented und Tree Top Camp sowie Camp Kala sind nicht umzäunt, d. h. Löwen, Leoparden, Elefanten etc. laufen frei herum, daher dürfen hier keine Kinder unter 12 Jahren übernachten.

55 Die Mushara Collection: vom Kinderparadies bis zur Luxusvilla

Die Mushara Lodge war ursprünglich ein Familienprojekt: Herr Pampe sen. hat die Lodge geplant und die Grundrisspläne an seinen Sohn Marc weitergegeben. Dieser hat das Material gekauft und die Bauaufsicht geführt. Mit dem Bau wurde Anfang Mai 1997 begonnen, genau ein Jahr später konnten die ersten Gäste empfangen werden. Der Name Mushara leitet sich übrigens von den **Blutfruchtbäumen** ab, die in dieser Gegend reichlich vorhanden sind.

Inzwischen besteht die Mushara Collection aus 4 verschiedenen Unterkunftsmöglichkeiten: der ursprünglichen Lodge, dem Mushara Outpost, der Villa Mushara und dem Bush Camp. Die **Lodge** liegt 8 km vom Von Lindequist Gate des Etosha Parks entfernt und besteht aus 10 großzügigen Chalets, einem Familien- und 2 Einzelzimmern. Alle Unterkünfte sind um den Swimmingpool herum angeordnet. Sie sind ausgestattet mit eigenem Bad, Klimaanlage, Minibar etc. Es gibt eine kleine Bibliothek, eine Bar und eine Lounge mit Kamin. Interessant ist die Innenausstattung, bei der mit einem Mix von traditioneller afrikanischer und moderner Kunst gearbeitet wurde.

Der **Mushara Outpost** liegt etwa 10 km vom Etosha Gate entfernt und beherbergt maximal 16 Gäste in zeltähnlichen Unterkünften aus Holz und Stoff, die am malerischen Ufer eines ausgetrockneten Flusses liegen. Die Zelte haben einen knapp 2 m hohen hölzernen Unterbau, sodass sich von der Veranda ein guter Blick in die umliegende Landschaft ergibt. Ein Highlight sind die gläsernen Duschwände. Das Haupthaus ist gestaltet wie ein altes Farmgebäude und entsprechend gemütlich.

Ein Zimmer in der Mushara Lodge

Gemütlich: die Lounge mit Bar und Kamin

Die **Villa Mushara** liegt ebenfalls nur 8 km vom Etosha Gate entfernt, was dem Gast ein besonderes Kontrasterlebnis erlaubt: einerseits der raue Charme der Wildnis des Nationalparks, andererseits Luxus und Annehmlichkeiten jeglicher Art in der Villa. Um Privatsphäre und Individualität zu gewährleisten, wurden nur 2 Unterkünfte gebaut, die unterschiedlich eingerichtet sind. 140 km^2 groß, mit Bibliothek, CD-Sammlung, Mini-Bar und Bad ausgestattet bieten die Villen wirklich jeden Komfort.

Im **Bush Camp** wird besonderer Wert auf das Wohl der jüngeren Besucher gelegt. Ein Kinderpool, ein Spielplatz und Betreuer für die kleinen Gäste stehen bereit. Die Küche zaubert auf Wunsch Kinderlieblingsspeisen. Angesichts zahlreicher Lodges, in denen Kinder allenfalls geduldet werden, eine angenehme Abwechslung und eine Erleichterung für viele Eltern. Die Chalets sind aus natürlichen Materialien wie Kalkstein und Holz gebaut und verfügen jeweils über eine eigene Veranda.

Internet: www.mushara-lodge.com
Preise: Lodge: ca. 2.900 N$, Bush Camp: ca. 2.200 N$, Outpost: ca. 3.300 N$, Villa Mushara: ca. 5.500 N$. Alle Preise gelten p. P./DZ mit Halbpension.

Kinder: Im Outpost sind Kinder ab 12 Jahren willkommen, in der Lodge, im Bush Camp sowie in der Villa Mushara Kinder jeden Alters. Die Familienwohnung der Lodge hat 2 Zimmer mit je eigenem Bad.

Info

56 Hobatere Lodge: gemeinschaftlicher Naturschutz

Die Hobatere Lodge, am Ufer des Otjovasando River im Damaraland gelegen, direkt am westlichen Rand des Etosha National Park, trägt die Bezeichnung „Little Etosha" nicht ohne Grund: Die große Tier- und Vogelvielfalt auf dem knapp 9.000 ha großen Konzessionsgebiet ist ein Paradies für Fotografen, Tier- und Naturliebhaber. Unter anderem Elefanten, Löwen, zahlreiche Vogelarten, Zebras, Elenantilopen und Giraffen leben hier. Einen ersten Eindruck des wildreichen Gebiets erhält man auf der 16 km langen Anfahrt ab dem Abzweig von der Hauptstraße.

Das riedgedeckte Hauptgebäude wird von 6 Chalets (mit je 2 Betten) und 6 Bungalows (für bis zu 3 Personen) umgeben. Alle sind komfortabel mit Bad und Schreibtisch ausgestattet, auf der Veranda der Bungalows kann man am Morgen einen Tee oder Kaffee genießen. Die Lodge bezieht ihren Strom ausschließlich aus einer Solaranlage, daher wartet im Zimmer kein Wasserkocher, sondern eine Thermoskanne mit heißem Wasser (die auf Wunsch an der Rezeption wieder aufgefüllt wird). Internet gibt es nur an der Rezeption.

Das Hauptgebäude besteht aus einem großzügig angelegten Restaurant mit einer Bar, von der Veranda kann man die abendliche Tierparade am Wasserloch beobachten. Nebenan liegt der Pool, der nach erlebnisreichen Ausflügen zu einer Erfrischung einlädt. Stilecht geht der Tag dann bei einem traditionellen Barbecue in der Boma zu Ende.

Das **Tree House**, ein auf Stelzen errichtetes, rustikales Zimmer, bietet eine besondere Übernachtungsmöglichkeit mitten im Busch: Den Sonnenuntergang von der eigenen Terrasse mit Blick auf eine private Wasserstelle genießen, Schlafen zu den Klängen der Natur unter dem einzigartigen Nachthimmel Afrikas – das ist Wildnis pur. Ein kleines Bad befindet sich unten am Haus, das Abendessen inkl. Drinks wird in einer Kühlbox vorbeigebracht, damit man anschließend ungestört die afrikanische Nachtruhe genießen kann. Für den Notfall gibt es ein Radio mit Kontakt zur Rezeption.

Aktivitäten sind u. a. Tages- und Nachtpirschfahrten auf dem Gelände der Lodge sowie Touren in den Etosha National Park. Wer nicht selber fahren möchte, kann die Tour in einem der offenen Safarifahrzeuge buchen, inkl. Lunch an der Olifantsrus Campsite im Park.

Von der Veranda des Hauptgebäudes lassen sich am Abend Tiere beobachten

Die Lodge gehört zu 100 % zur lokalen ≠**Khoadi //Hoas Conservancy** und wurde 2015 wiedereröffnet, nachdem sie 2011 komplett abgebrannt war. Ziel ist es unter anderem, Konflikte zwischen Menschen und Tieren so weit wie möglich zu reduzieren. Denn noch in den 1990ern wurden die Wildtiere von den kommerziellen Farmern und der lokalen Bevölkerung der Region nur als Gefahr angesehen und entsprechend gejagt. Erst langsam setzte ein Umdenken ein, als sich die Möglichkeit bot, vom Tourismus direkt und damit indirekt auch vom Tierschutz zu profitieren. ≠ Khoadi-//Hôas wurde eine der ersten kommunalen Naturschutzorganisationen des Landes. 98% der Angestellten der Lodge stammen aus der lokalen Gemeinschaft und sind entsprechend engagiert. Ein eingerichteter Fond entschädigt Farmer, deren Vieh von Raubkatzen gerissen wurde, von den Gewinnen der Lodge werden zudem örtliche Schulen, Kliniken und Brunnen unterstützt sowie in die Ausbildung des Personals investiert. Als international anerkanntes Projekt zeigt die Hobatere Lodge, wie Umwelt- und Tierschutz langfristig funktionieren können, wenn auch die lokale Gemeinschaft davon profitiert. Ein weiteres erfolgreiches Projekt ist die Grootberg Lodge (S. 138).

Pirschfahrt auf dem Gelände der Hobatere Lodge

Info

Internet: www.hobatere-lodge.com
Preise: Je nach Unterkunftsart und Saison zwischen 1.450–2.350 N$ p.P./DZ mit Halbpension, Kinder unter 6 Jahren sind frei, unter 12 Jahren zahlen sie 50%. Tree House (Vollpension) 2.050–3.840 N$ p.P. (keine Kinder erlaubt). Game Drive in den Etosha NP inkl. Lunch, Eintritt und Getränke 1.760 N$ p.P., Game Drive im Konzessionsgebiet 620 N$ p.P.

57 Etosha Oberland Lodge: Ruhe und Erholung am Etosha National Park

Die Bereiche um die Gates zum Etosha National Park sind von zahlreichen Unterkünften aller Art gesäumt, die etwas für jeden Geschmack und Geldbeutel bieten. Wer auf der Suche nach Luxus und Privatsphäre ist, dem sei ein Aufenthalt in der Etosha Oberland Lodge am südlichen Eingang (Andersson's Gate) des Nationalparks empfohlen.

Die 18 geräumigen Gästehäuser (3 davon als Familienhäuser konzipiert) fügen sich perfekt in die umgebende Natur ein und bieten eine stillvolle Einrichtung, Klimaanlage, Möglichkeit zum Tee- und Kaffeekochen und neben dem großzügigen Bad auch eine Außendusche. Sie sind mit ausreichend Abstand zum Nachbarn errichtet, sodass man den Blick in die Weiten der Savanne ungestört genießen kann. Auf der eigenen Terrasse mit Liegen und Sesseln kann man sich entspannen und den Geräuschen der Natur lauschen. Das Gebiet ist sehr tierreich, weshalb man schon auf dem Weg zum Frühstück die ersten Antilopen sichten kann.

Das Haupthaus beherbergt neben Restaurant, Pool und Bar eine gemütliche Lounge mit Feuerstelle. Der Garten lädt zur ‚Tea time' und im Restaurant wird

Das Dinner wird unter freiem Himmel serviert

Die Häuser fügen sich perfekt in die Natur ein

abends ein hervorragendes 4-Gänge-Menü serviert. Unter großen Mopane-Bäumen finden sich viele private Plätze, die einen traumhaften Blick auf die weite Grasebene und das dort liegende Wasserloch bieten. Gäste können hier zahlreiche Wildtiere beobachten und ereignisreiche Tage bei einem Sundowner auf der Restaurantterrasse oder dem Aussichtsdeck gemütlich ausklingen lassen.

Der Parkeingang ist ca. 10 km entfernt. Wer nicht selber fahren möchte, kann sich einer geführten Tour anschließen. Diese dauern 7–8 Stunden, vor der Abfahrt am frühen Morgen wird ein leichtes Frühstück angeboten. Unterwegs gibt ein Lunch-Picknick und kühle Getränke. Der Guide kennt den Park ausgezeichnet und erzählt viel Wissenswertes über Tier- und Pflanzenwelt.

Die Zimmer sind im afrikanischen Stil eingerichtet

Info

Internet: www.ondili.com
Preise: Je nach Saison 3.800–4.500 N$ p.P./DZ mit Halbpension.

58 Luxus und Naturschutz: das Ongava Game Reserve im Süden Etoshas

Anfang der 1990er-Jahre erwarb eine Gruppe Namibier, Engländer, Amerikaner und Südafrikaner 300 km^2 Land an der Südgrenze des Etosha National Park. Ziel der Gruppe war es, ein **privates Wildschutzgebiet** zu schaffen und gleichzeitig eine Schutzzone für den Park an seiner Südgrenze zu errichten. Damit war das Ongava Game Reserve aus der Taufe gehoben.

Die Schönheit Ongavas, das eingebettet ist in die Berge des Ondundozonananda-na-Gebirgszuges, liegt in der vielfältigen Vegetation, dazu gehört vor allem die Mopane-Buschsavanne. Zum privaten Wildschutzgebiet gehören die **Ongava Lodge**, eine der luxuriösesten Lodges in Namibia, und 3 weitere Camps. Die Lodge verfügt über 14 strohgedeckte Chalets mit eigenem Bad und Balkon. **Little Ongava** liegt direkt neben bzw. auf einem Hügel oberhalb der Ongava Lodge am südlichen Rand des Etosha Parks und bietet 3 großzügige, lichtdurchflutete Suiten im afrikanischen Stil, die in Wohnzimmer, Schlafzimmer und Badezimmer eingeteilt sind. Davor befindet sich jeweils eine große Veranda. Über einen Steg geht man an der Außendusche vorbei zu einem überdachten kleinen Pavillon, wo sich ein Tagesbett befindet.

Das **Ongava Tented Camp** bietet echte Buschatmosphäre in 8 komfortablen Safarizelten mit Doppelbetten, Waschbecken, Dusche und WC, heißem und kaltem Wasser. Jedes Zelt hat eine überdachte Veranda mit Tisch und Sesseln. Der Essbereich liegt in der Nähe eines Wasserlochs, das häufig von Wild besucht wird. Nachts kommen sogar manchmal Löwen hierher. Das **Andersson's Camp** – benannt nach dem schwedischen Forschungsreisenden Karl Johan Andersson, der als einer der ersten Europäer die Etosha-Pfanne erreichte – verfügt über 20 fest ins-

Ausblick von der Terrasse der Ongava Lodge

Familienzimmer in der Ongava Lodge

tallierte Zeltunterkünfte für insgesamt 40 Gäste. Es handelt sich um ein ehemaliges Farmgelände, dessen Gebäude modernisiert und ausgebaut wurden.

Der Erhalt der Natur spielt auf Ongava eine sehr große Rolle, so werden eigene **Zucht- und Forschungsprojekte** durchgeführt. Zu den seltenen Arten, die man im Ongava Game Reserve mit etwas Glück zu sehen bekommen kann, gehört das Schwarznasen-Impala. Weiterhin sind hier Elefanten, Nashörner, Giraffen, Oryxantilopen, Springböcke, Gnus und Zebras heimisch. Auch Löwen und Leoparden sind in dieses Gebiet zurückgekehrt.

Die günstige Lage der Ongava Lodge ermöglicht Ausflüge z. B. zu den Epupa Falls im Norden, an die Skelettküste im Westen und in die Sambesi-Region im Nordosten. Zu den Aktivitäten, die täglich angeboten werden, gehören Game Drives in den Etosha National Park, Fußpirschen im Ongava Game Reserve sowie sogenannte Nature Drives. Besonders interessant ist das Rhino Tracking, eine geführte Wanderung auf den Spuren von Nashörnern.

Info

Internet: www.ongava.com
Preise: Ongava Lodge: ca. 7.418 N$ p. P./DZ mit Halbpension in der Hauptsaison (Juli–Nov.), sonst ca. 5.563 N$; Tented Camp: ca. 13.167 N$ p. P./DZ all inclusive in der Hauptsaison, sonst ca. 9.900 N$; Little Ongava: ca. 23.400 N$ p. P./DZ all inclusive in der Hauptsaison, sonst ca. 17.500 N$; Andersson's Camp: ca. 11.400 N$ p. P./DZ mit Halbpension in der Hauptsaison, sonst ca. 8.560 N$.
Kinder: Kinder ab 6 Jahren dürfen in allen Ongava-Unterkünften übernachten. Besonders gut für Familien geeignet ist das Andersson's Camp.
Sonstiges: Das Ongava Research Center (www.orc.eco) erforscht das Verhalten der Tiere, um besser auf ihre Bedürfnisse eingehen zu können.

59 Die Gondwana Etosha Collection

Direkt vor den Toren Etoshas liegen die Etosha Safari Lodge und das Etosha Safari Camp, bis zum Andersson's Gate südlich von Okaukuejo sind es von hier aus gerade einmal 9 km.

Die **Etosha Safari Lodge** wurde 2008 errichtet. Sie liegt auf einer Anhöhe, von der aus man einen herrlichen Blick über die afrikanische Buschlandschaft genießt. Idealer Ort für den obligatorischen Sundowner und eindrucksvolle Fotos ist ein Holzdeck, das an die Veranda des Restaurants anschließt und über den Hang hinausragt. Die Küche bereitet leckere Wild- und andere Fleischgerichte zu, sich hat bei vorheriger Anmeldung aber auch Vegetariern viel zu bieten. An der Bar kann man mit anderen Gästen Erlebnisse des Tages austauschen oder einfach nur einen Absacker genießen. Die Wände zieren Landkarten und Fotomotive aus der Geschichte Namibias.

Die 65 geräumigen Doppelzimmer der Lodge sind in **einzeln stehenden Chalets** untergebracht, die sich den Hang entlangziehen. Jedes Chalet verfügt über eine kleine geschützte Veranda, eine Klimaanlage und ein großes Moskitonetz über dem Bett. Die Toilette ist von Dusche und Waschbecken getrennt untergebracht. Lässt man die Gardinen offen, blickt man beim Aufwachen auf Mopane-Bäume, die die sanft geschwungenen Hügel bis zum Horizont bedecken. Abkühlen und erfrischen kann man sich in den 3 Schwimmbecken, die über die Lodge-Anlage verteilt sind.

Das **Etosha Safari Camp** liegt etwa 2 km von der Lodge entfernt, direkt an der Straße nach Etosha. 50 Bungalows mit kleiner Veranda schmiegen sich zwischen Mopane-Bäume und vermitteln das Gefühl, mitten in der Natur Afrikas zu wohnen. Allerdings sorgen Moskitogaze und Klimaanlage dafür, dass die nicht so angenehmen Begleiterscheinungen der Natur schön draußen bleiben. Zum Abkühlen steht auch ein Schwimmbecken bereit. Hauptattraktionen des Camps sind jedoch das Okambashu-Restaurant und die Oshebeena-Bar – beide im Stil eines typisch afrikanischen Townships gestaltet und dekoriert. Im Hof des Camps sorgt ein Straßenmusiker für die passende akustische Kulisse.

Zebras am Wasserloch

Für Zelturlauber gibt es einen **Campingplatz**. Unter Mopane-Bäumen sind viele schattige und mit Rasen bewachsene Plätze angelegt. Neben Duschen, Toiletten und Spülecken stehen mehrere über den Platz verteilte Steckdosen und mobile Grills zur Verfügung. Zeltgäste dürfen auch gerne das Schwimmbecken des Etosha Safari Camps benutzen. Wer es etwas komfortabler mag: es wird „Camping2go" angeboten, 8 fest installierte Zelte mit 4 Betten, Bad, Küchenzeile und Veranda für Selbstversorger.

Auf der Veranda eines Chalets der Etosha Safari Lodge

Nur wenige Kilometer vom Andersson's Gate entfernt, sind Etosha Safari Lodge, Camp und Zeltplatz der ideale **Ausgangspunkt für Safaris** in den Etosha National Park. Die Rundfahrt mit dem speziellen Game-Drive-Fahrzeug der Lodge bietet viele Vorteile: Man sitzt höher, kann sich völlig auf die Umgebung konzentrieren und hat auch noch einen erfahrenen Fahrer dabei, der die Natur erklärt, das Gebiet gut kennt und per Funk von anderen Fahrern erfährt, wo sich Löwen oder andere interessante Tiere aufhalten.

Auf der nördlichen Seite des Etosha Parks, direkt am King Nehale Gate, wurde 2020 die **Etosha King Nehale Lodge** eröffnet. Sie bietet 40 luxuriöse Zimmer mit Panoramafenstern, die einen Blick in die weite Ebene bieten. Auf der Veranda kann man sich im eigenen Mini-Pool erfrischen. Besonderheit: ein „exklusives" Wasserloch im Etosha NP, das nur für Besucher der Lodge zugängig ist.

Info

Internet: www.gondwana-collection.com
Preise: Etosha Safari Lodge: 2.300 N$, Etosha Safari Camp: 1.650 N$, jeweils p. P./DZ mit Frühstück. Camping2go 750 N$, Camping 287 N$ p.P. King Nehale Lodge ab 2.519 p.P./DZ mit Halbpension.
Kinder: Kinder sind willkommen, dürfen aber erst ab 7 Jahren auf Wildbeobachtungsfahrten im offenen Wagen mitgenommen werden. Kinder unter 6 Jahren zahlen nichts, Kinder unter 14 Jahren die Hälfte.
Sonstiges: Etosha Safari Lodge und Camp sind von Windhoek aus auch per Shuttle-Bus zu erreichen (auf Anfrage).

60 Rustikal, herzlich und mit Familienanschluss: die Vreugde-Gästefarm

„Das Wort Vreugde bedeutet Freude haben oder **glücklich sein**, und genau das möchten wir unseren Gästen vermitteln", sagen Elsie und Danie Brand, die Senior-Gastgeber auf der Vreugde-Gästefarm. Man glaubt es ihnen sofort, denn hier wird wirklich alles für das Wohl der Gäste getan. Die warme und freundliche Atmosphäre sorgt dafür, dass man sich eher als Freund der Familie denn als zahlender Gast fühlt.

Die Tiere sind der ganze Stolz der Gastgeber

Verwunschen: der Garten der Farm

Inzwischen führen Sohn Danie und seine Frau Rachel, die zuvor in Etosha gelebt und gearbeitet haben, den Betrieb auf Vreugde und kümmern sich um die Gäste und den Farmbetrieb.

Die 7 Zimmer mit eigenem Bad sind **gemütlich und rustikal** eingerichtet. Es gibt außerdem 3 Zimmer für Tourbegleiter. Ein Schwimmbad sorgt für die nötige Abkühlung nach den Tagesaktivitäten. Die Küche bietet klassische Kost aus dem Süden Afrikas: großzügige Portionen mit viel frischem Gemüse und herzhaft gewürztem Fleisch.

Die Farm ist ideal gelegen für verschiedene **Tagesausflüge**. Rachel und Danie sind gerne bei der Planung behilflich. Auf Wunsch begleiten sie sogar die Gäste und erzählen dabei allerlei interessante Geschichten und liefern Hintergrundinformationen zum Land, der Kultur und den Menschen ihrer Heimat.

Tagesausflüge sind u. a. zu den Felszeichnungen und -gravuren von Twyfelfontein oder zur bizarren Felsformation der **Fin-**

gerklippe möglich. In beiden Fällen kann man rechtzeitig zum Sundowner wieder auf der Farm sein.

Vor allem aber bietet sich von Vreugde aus die Fahrt in den **Etosha National Park** an. Nur 30 Minuten fährt man bis zum Andersson's Gate. Wer nicht selbst fahren möchte, kann auf Vreugde eine Ganztagestour im offenen Safari-Jeep buchen.

Hobby-Ornithologen werden auf der Farm besonders auf ihre Kosten kommen. Danie und Rachel sind selbst große Vogelliebhaber und bieten spezielle Touren an, bei denen die gefiederten Bewohner der Region im Mittelpunkt stehen. Die erste Variante ist, einen Vormittag lang auf dem Gelände von Vreugde und der benachbarten Farm Buschberg auf die Pirsch nach Prachtfinken, Webervögeln, verschiedenen Lerchenarten etc. zu gehen. Alternativ kann auch die o. g. ganztägige Etosha-Tour auf Wunsch speziell auf Vogelsichtungen ausgerichtet werden.

Vreugde in der Abendsonne

Info

Internet: www.vreugdeguestfarm.com
Preise: 1.500 N$ p. P./DZ mit Halbpension, Tagestour in den Etosha NP ab ca. 1.300 N$ p. P. (bei mehr Teilnehmern wird es günstiger), Farm/Sundownerfahrten 300 N$ p. P.
Kinder: Kinder sind in jedem Alter herzlich willkommen. Kinder unter 6 Jahren sind frei, Kinder zwischen 6 und 13 Jahren zahlen die Hälfte.
Sonstiges: Die Farm hat schon mehrfach den Golden Award der Hospitality Association of Namibia gewonnen. Der Transfer vom und zum Flughafen in Windhoek kann auf Anfrage organisiert werden.

61 Uriger Charme in grandioser Landschaft: Grootberg Lodge und Hoada Campsite

In der Nähe vom Grootberg Pass, etwa 25 km östlich von Palmwag befindet sich die Grootberg Lodge. Sie ist insofern eine Besonderheit, als sie im Rahmen des Namibia Tourism Development Programme zu 100 % **Eigentum der dort ansässigen Gemeinde** ist. Das Projekt wurde unter anderem von der Europäischen Union gefördert, mit dem Ziel, die lokale Bevölkerung stärker vom Tourismus in Namibia profitieren zu lassen. Das Personal wurde umfassend geschult und ist entsprechend engagiert.

Die 16 Chalets der Lodge sind **aus Naturstein und Ried** erbaut und fügen sich harmonisch in die natürliche Umgebung ein. 2 Familieneinheiten bieten genügend Platz für jeweils 4 Personen. Von überall hat man eine grandiose Aussicht ins Tal. Die Küche ist ausgezeichnet und sogar verschiedene entspannende Massagen werden angeboten.

Die Aktivitäten werden vor allem durch die abwechslungsreiche Tierwelt im Umkreis der Lodge bestimmt. Eine geführte Morgenwanderung ermöglicht einen ersten Einblick in die lokale Flora und Fauna und mit etwas Glück können sogar einige der scheueren Wildtiere wie Nashörner oder Zebras beobachtet werden. Zudem

Chalets der Grootberg Lodge

Die Aussicht ins Tal ist atemberaubend

werden spezielle **Elefanten- und Nashorntouren** angeboten, die einen ganzen Tag dauern und bei denen ein Teil der Strecke zu Fuß, der Rest im Wagen zurückgelegt wird.

Wer sich mehr für die traditionelle Kultur der Region interessiert, kann an einem geführten Ausflug zu einem Himba-Dorf teilnehmen. Dort wird die Bauweise der temporären, kegelförmigen Häuser des halbnomadisch lebenden Volkes erklärt. Man bekommt zudem einen Einblick in die aufwändigen Prozeduren des Haar- und Körperschmucks.

Die ca. 25 km entfernt gelegene **Hoada Campsite** befindet sich ebenfalls unter dem Management der Grootberg Lodge. Sie liegt etwa 75 km auf der C40 von Kamanjab entfernt in Richtung Palmwag. Jeder Stellplatz verfügt über einen Waschraum mit Warmwasser-Duschen und Toiletten. Die Hoada Campsite wurde von Eco Awards Namibia für ihre Nachhaltigkeit und Umweltfreundlichkeit ausgezeichnet.

Gäste der Campsite können an allen von der Grootberg Lodge angebotenen Aktivitäten teilnehmen, außerdem gibt es im Umkreis des Camps verschiedene gekennzeichnete Wanderwege.

Info

Internet: www.grootberg.com
Preise: Grootberg Lodge: 2.800 N$ p. P./DZ inkl. Frühstück und Abendessen (Hochsaison, sonst ab 2.350 N$), Hoada Campsite: 300 N$ p. P., Rhino Tracking: 2.185 N$ p. P. Beim Rhino Tracking ist eine frühe Buchung ist empfehlenswert. Damit die Tiere nicht zu sehr gestört werden, gibt es nur eine Tour pro Tag mit maximal 10 Teilnehmern, Übernachtungsgäste der Lodge werden bevorzugt.
Kinder: Kinder sind willkommen und zahlen von 6 bis 12 Jahren 700 N$ im Zimmer der Eltern, jüngere Kinder zahlen gar nichts.

62 Gästefarm Kamrav: Gastfreundschaft und Farmleben wie zu Omas Zeiten

Wer träumte nicht schon einmal davon, auf einer Farm in Afrika zu verweilen, fernab von allem Getöse, versetzt in eine Zeit, die von der Gegenwart so unendlich weit entfernt scheint. In eine Zeit, in der man noch viel selber machen musste, um autark zu leben. Auf der Gästefarm Kamrav, ca. 70 km südwestlich von Grootfontein, wird das Brot noch selbst gebacken, hier wird fast täglich **leckerer duftender Kuchen** frisch aus dem Ofen geholt, hier schmort der Kudubraten auf dem alten holzbefeuerten Herd und verbreitet einen appetitlichen Geruch. In dieser Farmküche kennt man keine Geschmacksverstärker oder Fertiggerichte. Schon zum Frühstück wird man mehr als verwöhnt, mit Eiern, Speck, Wurst, bester Marmelade … So kann ein guter Tag beginnen!

Auf Kamrav wird viel Wert auf das leibliche Wohl gelegt

Auf Kamrav gibt es noch die ungestylte **namibische Gastfreundschaft**, die man auf keiner Hotelfachschule erlernen kann, denn sie kommt aus dem Herzen. Die Gastgeber sind Maryna und Toit sowie der Hund Bully. Die Farmerfamilie hat hier, inmitten der namibischen Savannenlandschaft, ihren Lebensmittelpunkt. Die Gastgeber wissen viel über Land und Leute und natürlich auch über das Farmleben zu berichten. Die Familie lebt hier in der dritten Generation – seit 1928, daher ist auch viel über die Unterschiede zwischen dem Leben in Namibia früher und heute zu erfahren.

Wenn man nicht von dieser Farm weiß, wird man sich niemals dort hin verirren, denn sie liegt abseits der touristischen Trampelpfade in der Nähe des Waterbergs. In keinem Hochglanzmagazin erscheint dieses **Kleinod**, in keinem Reiseprospekt taucht es auf. Kamrav ist heute noch so, wie Gästefarmen einst waren, also vor dem großen Tourismus-Boom in Namibia.

Das alte Farmgebäude mit einer überdachten Bar und einem Esszimmer lädt zum Verweilen ein. Man ist umgeben von vielen namibischen Memorabilien: Kalebassen, Körbe, Masken und Straußeneier ziehen Blicke auf sich. Im neu erbauten riedgedeckten Gästehaus warten ansprechende Zimmer auf die Besucher. In einem vor-

Kamrav ist eine traditionelle namibische Gästefarm – ohne großen Luxus, dafür mit viel Herz und Gastfreundschaft geführt

geschalteten großen Raum kann man in einer Küchenecke sogar selber kochen oder auf bequemen Sesseln und der Couch Platz nehmen. Gleich nebenan gibt es einen **herrlichen Swimmingpool**. Von hier aus schweift der Blick in die Weite, oft weht auf der Anhöhe ein leichter Wind, was im heißen namibischen Sommer sehr angenehm ist.

Für Camper stehen auf dem Gelände von Kamrav wunderschöne Plätze mit blitzsauberen sanitären Einrichtungen, Elektrizität, Wasseranschluss und Grillmöglichkeiten bereit. Auch Camper finden bei den Gastgebern, sofern gewünscht, Familienanschluss.

Auf den angebotenen Farmrundfahrten erfährt man Afrika pur und kann die **Stille der weiten Savannenlandschaft** hören. Dabei sieht man Oryxantilopen, Kudus, Springböcke, Weißschwanzgnus und Blessböcke. Auf dem Farmgelände gibt es außerdem Rinder und Pferde. Ausflüge zum Hoba-Meteoriten und zum Waterberg sind ebenfalls möglich.

Kinder können sich auf Kamrav nach Herzenslust austoben, auf dem großen umzäunten Gelände um das Farmhaus können sie mit dem gutmütigen Familienhund spielen oder im Teich den Kois zuschauen. Und wenn die Eltern einmal ohne die Kleinen einen Ausflug zum Hoba-Meteoriten unternehmen: „Oma Maryna“ wird sie nicht nur versorgen, sondern sich liebevoll um sie kümmern. Und wenn die Eltern dann wiederkommen und weiterreisen möchten, wird den Sprösslingen der Abschied von diesem großartigen Spielplatz mit Tieren, Weite und Wildnis oftmals schwerfallen.

Info

Kontakt: Tel. 067/231564, kamrav@iway.na
Preise: 1.000 N$ p. P./DZ inkl. aller Mahlzeiten, Camping 250 N$ p. P. Bitte unbedingt vorausbuchen!
Kinder: Kinder sind in jedem Alter sehr willkommen.

63 Kambaku Safari Lodge: Wildlife und Natur erleben, reiten und relaxen

Nur etwa 25 km Luftlinie vom Waterberg entfernt liegt die kleine, familiengeführte Kambaku Safari Lodge. Mit viel Liebe zum Detail bietet die Anlage 10 Zimmer, einen Garten mit Swimmingpool und viele Freizeitmöglichkeiten. Hier finden besonders Familien genügend Platz, in einigen Zimmern gibt es separate Schlafbereiche für Eltern und Kinder. Die exklusiven Luxuszimmer verfügen über eine private Terrasse mit Aussicht, einen Kamin und eine Kaffeebar.

Die **familiäre Atmosphäre** auf Kambaku und die unmittelbare Nähe zur Natur versprechen eine wohltuende Auszeit von Alltag und Reisestress. Für den Service und das große Angebot erhielt die Lodge schon zahlreiche Auszeichnungen. Hervorragend ist auch Kambakus Küche: tolle Frühstücksbüffets, wechselnd internationale und traditionelle Gerichte, Kuchen zum Kaffee und Drei-Gänge-Dinner unter dem Sternenzelt.

Der eigentliche Höhepunkt aber ist Kambakus **Wildlife- und Safariangebot**. 80 km^2 Buschsavanne, am Horizont die Gipfel des Waterbergs – vor dieser Kulisse geben sich über 300 Wildtierarten ein Stelldichein, darunter Antilopen, Zebras und Giraffen, Leoparden, Hyänen, Adler und mehr. Auf geführten Touren geht es in 4x4-Geländewagen und auf Wanderungen tief in die Wildnis. Auf der „Ranger's Patrol" bekommt man einen Einblick in die Arbeit der Wildhüter. In „Buschtrainings", die theoretische und praktische Einheiten enthalten, wird Wissen über Namibias Tier- und Pflanzenwelt vermittelt und es werden Themen wie Wildmanagement und Kultur erörtert. Zudem gibt es auf Kambaku viele Möglichkeiten, die Savanne auf eigene Faust zu erkunden: 55 km markierte Wanderwege, Mountainbikes, Hochsitze an Wasserstellen sowie GPS-Geräte. Von Kambaku aus kann man auch zahlreiche Ausflüge unternehmen, etwa in die Nationalparks Etosha und Waterberg, zum Cheetah Conservation Fund oder zu Begegnungen mit San.

Ein Paradies ist Kambaku auch für Pferdefreunde. Auf rund **20 Pferden** verschiedener Größe können Reiter das Reserve erkunden. Im Sattel gelangt man besonders dicht an die Wildtiere heran. Auch Anfänger und kleine Kinder dürfen

Auf einer Reitsafari kommt man der afrikanischen Tierwelt besonders nah

am Führzügel und auf Anfängerritten das Terrain vom Pferderücken aus erleben. Wer möchte, schult seine Sattelfestigkeit bei qualifizierten Trainern auf dem Reitplatz.

Spannend ist eine Übernachtung in Kambakus kleinem Buschcamp: Bei einem Braai am Lagerfeuer erzählen die Guides Geschichten, bevor man im einfachen Zweimannzelt den Lauten der Savanne lauscht. Wer sich ganz auf die Wildnis einlassen möchte, dem sei ein Aufenthalt im **Kambaku Safari Camp** ans Herz gelegt. Weit draußen im Reserve befinden sich die Bungalowzelte mit Badezimmer und kleiner Veranda. Nur 4 Gäste und ein Personal Guide finden hier Platz.

Viel wird unternommen, um dieses Paradies im Herzen Namibias gesund zu erhalten. **Umweltschutz**, Fair Tourism und Nachhaltigkeit spielen hierbei eine große Rolle. Kambaku ist Partner des internationalen Programms Ecosystem Management Understanding (EMU). Auch sozial übernehmen die Inhaber Verantwortung, natürlich für ihre Mitarbeiter und deren Familien, aber auch für den namibischen Nachwuchs: Ein Studium am privat geführten Kambaku Hospitality College eröffnet vielen jungen Namibiern eine Perspektive.

Feuerplatz mit Blick in die Savanne

Info

Internet: www.kambaku.com
Preise: ab 185 Euro p. P./DZ mit Vollpension und „Wildlife Programm" am Vor- und Nachmittag; geführter Safariritt (1,5 Std.) 47 Euro, Buschcamp-Abenteuer mit Barbecue und Frühstück 100 Euro p.P.
Kinder: Kinder jeden Alters sind willkommen, es wird Reitunterricht für Kinder und auf Wunsch auch ein ganztägiger Nanny-Service angeboten. Zudem gibt es einen schattigen Spielpatz, Fahrräder können kostenlos ausgeliehen werden und der Pool lädt zum Planschen ein.
Sonstiges: Kambaku bietet neben den oben beschriebenen Wildlife- und Reitsafaris auch Jagdaufenthalte an.

64 Ruhe und Erholung in der Huab Lodge

Die Huab Lodge liegt in der herrlichen **Einsamkeit des Damaralandes**. Giraffen und Strauße wurden hier kürzlich wieder ausgewildert, ansonsten trifft man auf die typische Flora und Fauna der Region. Immer wieder besuchen Wüstenelefanten das Gelände – ein ganz besonderes Highlight!

Entspannen in der heißen Quelle

Tour zu den Wüstenelefanten

Das Gelände besteht aus 3 Farmen, die zu einem 80 km^2 großen Naturschutzgebiet zusammengelegt wurden. Hier wird aktiv **Natur- und Artenschutz** betrieben. Man sieht Erosionsbekämpfung und die Anlage wildgerechter Tränken. Bei der Errichtung der Lodge wurden alle internen Zäune entfernt. Die anliegenden Bewohner der kommunalen Ländereien haben die Möglichkeit, auf der Lodge und im Naturschutzgebiet zu arbeiten. Hier können sie sowohl ihre Souvenirs und Handarbeiten verkaufen als auch ihr selbstangebautes Gemüse und Obst.

Die Lodge wurde vor Kurzem von dem namibisch-südafrikanischen Paar Lydia und Deon übernommen, die die Anlage komplett renoviert und teilweise neu aufgebaut haben. Seit Februar 2022 ist die Lodge nun wieder geöffnet. Sie besteht aus festen **Steinbungalows** mit Rieddächern. Im Hauptgebäude befinden sich die gut sortierte Bar, der Esstisch, gemütliche Sitzgelegenheiten mit Bibliothek und ein kleiner Souvenirladen. In schöner Hanglage erstrecken sich die Bungalows. 8 großzügige Zimmer mit jeweils 2 Doppelbetten und eigener Terrasse sorgen für eine komfortable Unterbringung. Eines der Zimmer ist barrierefrei eingerichtet. Von der Dusche aus hat man einen tollen Blick auf die Landschaft.

Von der Lodge aus schaut man auf das Tal und den Huab-Trockenfluss. Die angelegte Vogeltränke mit Beobachtungsversteck sorgt für tolle Möglichkeiten

Traumhafte Landschaft

zur Vogelbeobachtung und Fotografie. 9 der 10 wüstenendemischen Vogelarten Namibias sind auf dem Gelände heimisch.

Ein Aufenthalt auf Huab wird sicherlich nicht langweilig! Eine **Morgenwanderung** bei Sonnenaufgang mit fachkundigem Führer lässt die sogenannte Buschmannzeitung lebendig werden. Das ausgiebige Frühstück stärkt vor einem Ausritt oder einer geführten Geländefahrt. Nach dem leichten Mittagessen und einer Siesta geht es nochmal raus, um das schöne Lichtspiel auf den Bergen zu erleben.

Nach dem Sundowner kehrt man zur Lodge zurück, das Gelächter der bellenden Geckos immer im Ohr! Anschließend gibt es einen Aperitif an der Bar, um die anderen Gäste kennenzulernen, und dann ein köstliches Essen am langen **Familientisch**. Gelegentlich wird auch gegrillt. Wer noch Kraft und Lust hat, wandert über die hübsche Holzbrücke zur heißen Quelle, liegt unterm hochgezogenen Strohdach im warmen, pH-neutralen Wasser und schaut in den Sternenhimmel.

Info

Internet: www.huab.com
Preise: ca. 2.800 N$ p. P./DZ mit Halbpension.
Kinder: Kinder sind in jedem Alter willkommen.
Touren: Von der Huab Lodge aus bieten sich Tagesausflüge nach Palmwag, Twyfelfontein und zur Fingerklippe an.

65 Gästefarm mit Fernsicht: Bambatsi

Bambatsi, **eine der ersten Gästefarmen** Namibias, besteht schon seit 1972 und wird seit 2006 von Inge und Gerald Hälbich betrieben. Das Farmgebäude mit den Gästebungalows liegt 1.234 m hoch auf einer Granitkuppe, umgeben von Mopanewaldsavanne. Von beiden Terrassen aus hat man einen weiten Ausblick über das gesamte Vorland und kann die wunderschönen Sonnenuntergänge genießen.

Auf dem 10 km^2 großen Gelände sind **Wanderwege** angelegt, auf denen man auch ohne Begleitung gefahrlos die Gegend erkunden kann. Oft gibt es dabei Gelegenheit, Wild und Vögel an den Wasserstellen zu beobachten. Häufige Gäste sind u. a. Zebras, Giraffen, Kudus, Elen- und Oryxantilopen sowie Warzenschweine. Dank der günstigen Lage Bambatsis sind genügend spannende Ziele gut in einem Tagesausflug zu erreichen.

Jeder Bungalow verfügt über ein eigenes Bad mit Dusche und WC sowie eine eigene Terrasse. Die geschmackvolle Einrichtung beinhaltet Kleiderschrank, Sitzgelegenheit, Kofferablage, Wäscheständer, Moskitonetze über den Betten sowie Fliegengitter an den Fenstern. **Kinder** sind auf der Farm willkommen, es gibt Familienzimmer sowie einen Spielplatz. Ein Schwimmbad bietet sich nach anstrengenden Tagesausflügen zur Entspannung an.

Die Gastgeberin sorgt persönlich für das **leibliche Wohl** der Gäste, die nicht nur jeden Nachmittag mit selbstgebackenem Kuchen verwöhnt werden, sondern sich auch auf ein zünftiges namibisch-deutsches Abendessen freuen können.

Eine Reihe von **interessanten Ausflügen** lässt sich problemlos von Bambatsi aus an einem Tag unternehmen: Bis zur berühmten Fingerklippe, einer ca. 35 m hohen, durch Erosion entstandenen Felsnadel, sind es nur 35 km. Etwas länger braucht man etwa zum Versteinerten Wald (85 km). Jeweils etwa 180 km entfernt sind Twyfelfontein, der Verbrannte Berg, die Orgelpfeifen, der Brandberg (White Lady) und der Etosha National Park entfernt.

Ausblick von der Terrasse

Die Zimmer sind gemütlich und zweckmäßig eingerichtet

Info

Internet: www.bambatsi.com
Preise: 1.200 N$ p. P./DZ mit Frühstück, Camping 220 N$ p. P.
Kinder: Kinder sind in jedem Alter willkommen und zahlen unter 12 Jahren die Hälfte.
Sonstiges: Transfer vom und zum Flughafen kann von den Gastgebern arrangiert werden.

66 Ein Hauch von Luxus für jedermann: die Frans Indongo Lodge

Der namibische Geschäftsmann **Dr. Frans Indongo** ist der Namensgeber und Eigentümer der Lodge. Der 1936 geborene Sohn eines armen Kleinbauern arbeitete sich mit unermüdlichem Fleiß, Lernbegierde und eiserner Sparsamkeit kontinuierlich zum wahrscheinlich wohlhabendsten Mann Namibias hoch. Indongo lebt heute auf der Farm, hält aber immer noch die Fäden seines Wirtschaftsimperiums fest in der Hand.

Astrid und Alf Walter sind die Gastgeber auf der Indongo Lodge. Beide sammelten Erfahrungen im Restaurant- und Hotelbetrieb in Deutschland und der Schweiz bevor sie sich in Namibia niederließen. Gemeinsam mit einem kleinen Team langjähriger Mitarbeiter sorgen sie für das Wohl der Gäste.

Sundowner auf der Terrasse

Die Küche ist frisch und abwechslungsreich

Nachdem die erste Frans Indongo Lodge im September 2001 nur einen Monat nach ihrer Eröffnung völlig niedergebrannt war, erfolgte im November 2003 der zweite, ungleich erfolgreichere Versuch. Die Lodge ist einem **traditionellen Ovambo-Gehöft** nachempfunden. Umgeben von hölzernen Palisaden vermittelt die Lodge ein Gefühl der Geborgenheit mitten im afrikanischen Busch.

Die 8 Gästebungalows wurden aus natürlichen Materialien wie Holz, Ried und Naturstein errichtet. Außerdem gibt es 2 Einzel-, 2 Doppel- und 2 Familienzimmer. Alle Bungalows und Zimmer verfügen über ein eigenes Bad und eine Klimaanlage. WLAN ist kostenlos in der ganzen Lodge verfügbar.

Etwa 5 km von der Lodge entfernt steht ein schön angelegter **Buschcampingplatz** mit 4 Stellplätzen zur Verfügung.

Besonders hervorzuheben ist die ausgesprochen gute Küche der Frans Indongo Lodge. Frisches Obst und Gemüse, **hervorragende Wildgerichte**, zubereitet mit Kräutern aus eigenem Anbau, liebevoll angerichtet: ein echtes kulinarisches Highlight!

Restaurant und Lapa der Frans Indongo Lodge

Die Frans Indongo Lodge liegt inmitten einer **230 km² großen Farm**, auf der u. a. Steppenzebra und Springbock, Impala und Weißschwanz-Gnu sowie Breitmaul- und das bedrohte Spitzmaulnashorn leben. Die Farm kann auf einer Rundfahrt oder zu Fuß auf einem der 3 Wanderwege erkundet werden. Außerdem sind Ausflüge zum Cheetah Conservation Fund (www.cheetah.org) oder zum 2 Autostunden entfernten Waterberg mit seiner beeindruckenden Flora und Fauna möglich. Otjiwarongo ist ebenfalls gut erreichbar, auf einer geführten Township-Tour kann man hier den lebhaften Stadtteil Orwetoweni erkunden.

Info

Internet: www.indongolodge.com
Preise: ca. 1.500 N$ p. P./DZ mit Frühstück, Game Drives ca. 390 N$ p. P.
Kinder: Kinder sind in jedem Alter willkommen. Ein Familienzimmer kostet für 3 Personen ca. 3.770 N$, für 4 Personen ca. 4.115 N$, solange die Kinder unter 18 Jahren sind.
Ausflug: Die o. g. Township-Tour bietet Einblicke in eine Manufaktur für Körbe, einen Shop mit typischen Herero-Kleidern oder auch in örtliche Projekte zur Bekämpfung von Armut, wie etwa das Mushroom-Projekt für Behinderte. Die Tour dauert etwa 3 Stunden, der einheimische Guide veranschaulicht den Teilnehmern seine Kultur im direkten Kontakt mit den Menschen vor Ort.

67 Luxus der Stille auf dem „Platz Gottes“: das Mowani Mountain Camp

Im Herzen des Damaralandes, zwischen dem Huab und dem Ugab River, liegt das Mowani Mountain Camp. „Mowani“ bedeutet auf Suaheli „der Platz Gottes“ und man sieht auf den ersten Blick, wie das Camp zu seinem poetischen Namen kam. Inmitten einer **wunderschönen roten Granitlandschaft** erbaut, bietet die Unterkunft einen unvergleichlichen Blick in die gewaltige unberührte Wildnis.

Die luxuriösen und geräumigen Zeltchalets mit Strohdächern fügen sich perfekt in die felsige Landschaft ein. Jedes verfügt über eine eigene große Terrasse sowie über ein komfortables Bad. 6 der im ostafrikanischen Stil eingerichteten Doppelzimmer haben einen besonders schönen Blick über das malerische Aba-Huab-Tal (Superior View Rooms).

Herrliche Aussicht

Wer sich etwas Besonderes gönnen möchte – und über das nötige Kleingeld verfügt – kann auch die **Mountain Suite** mit eigenem Butler, privatem Bar- und Essbereich sowie Outdoor-Dusche mieten.

Wie Pilze ragen die Kuppeldächer von Lounge, Restaurant und Rezeption hervor

Toller Sundowner-Platz

Der **Swimmingpool** ist so zwischen Felsblöcken eingepasst, dass er aussieht wie ein natürliches Frischwasserbecken. Hier kann man entspannt, vielleicht mit einem kühlen Getränk in der Hand, die Sonne genießen. Bar, Lounge und Speiseräume sind offen und luftig gestaltet, was auch an heißen Tagen für die nötige Erfrischung sorgt.

An **Aktivitäten** werden geführte Geländefahrten zu den schönsten Aussichtspunkten sowie Ausflüge auf den Spuren der Wüstenelefanten angeboten, außerdem geführte Wanderungen durch die umliegende Landschaft.

Der Aufenthalt im Mowani Camp ist auch eine gute Gelegenheit, einen Ausflug nach **Twyfelfontein** zu unternehmen und die dortigen Felszeichnungen und -gravuren zu besichtigen. Vor allem Jagdszenen sind hier abgebildet. Mehr als 2.500 dieser Relikte prähistorischer Kunst sind hier zu sehen. 2007 wurde Twyfelfontein von der UNESCO als erster Ort in Namibia zum Weltkulturerbe erklärt.

Info

Internet: www.mowani.com
Preise: 5.300 N$ p. P./DZ mit Halbpension im Standardzimmer, 10.560 N$ p. P./DZ in der Mountain Suite (Hochsaison 2022); Ausflug nach Twyfelfontein, zum Verbrannten Berg und zu den Orgelpfeifen 680 N$ p. P.

Kinder: Kinder sind in jedem Alter willkommen, es gibt allerdings keine Extra-Aktivitäten oder Einrichtungen. Kinder unter 3 Jahren zahlen nichts, Kinder von 3 bis 12 Jahren zahlen einen ermäßigten Übernachtungspreis.

68 Waterberg Wilderness: Natur, Kultur und Geschichte erleben

Die Farm **Otjosongombe** („Platz der Rinder") liegt im Herzen des Waterberges. Das langgezogene Tal mit der stärksten Einzelquelle am Waterberg bietet Lebensraum für eine einzigartige Flora und ein vielfältiges Tierleben. Die Farm wurde 1911 von Friedrich von Flotow (Enkel des gleichnamigen Komponisten der Oper „Martha") gekauft. Haupterwerbszweige waren zunächst Obst- und Gemüseanbau, später die Rinderzucht. Seit 1999 wurde die Farm schrittweise zum privaten Naturreservat Waterberg Wilderness umgewandelt.

Chalets der Waterberg Plateau Lodge

Gäste haben die Wahl zwischen 3 Lodges. Die **Waterberg Plateau Lodge** (8 Doppelzimmer-Chalets) liegt auf einer Felsterrasse unterhalb der Waterberg-Kante und bietet einen atemberaubenden Blick über die Buschsavanne der Kalahari. Jedes Chalet hat seine eigene Terrasse mit kleinem Tauchbecken. Ein Tipp für Naturliebhaber! Die **Waterberg Wilderness Lodge** (12 Zimmer, darunter 4 Familienzimmer) befindet sich am Talende nahe der Quelle und ist von einem idyllischen Garten mit hohen Bäumen und gewaltigen Bambusstauden umgeben. Die **Waterberg Valley Lodge** (6 Zeltchalets mit gemauertem Bad) auf einem Hügel am Taleingang besticht durch ihren Rundblick über das Tal. Jede Lodge verfügt über ein Restaurant (freies WLAN) und ein Schwimmbecken.

Morgens gibt es in jeder der Unterkünfte ein reichhaltiges Büfett und auf Wunsch zubereitete Eier, abends ein festes Menü aus Vorspeisen, Salaten, **Wildgerichten** (mit frischem Gemüse) und Desserts.

Die Hauptattraktion bilden jedoch die Aktivitäten. Angeboten werden sachkundig geführte **Wanderungen** auf das Plateau, wo Waterberg Wilderness offen an den staatlichen Park grenzt. Der Guide erklärt nicht nur die einzigartige Natur, sondern erzählt je nach Interesse auch etwas zu Lebensweise und Gebräuchen der Herero. Die Rundfahrten durch den wildreichen Teil des Reservates in der Ebene der Kalahari bieten fast garantiert eine hautnahe Begegnung mit **Breitmaulnashörnern**. Die an Menschen gewöhnten (aber keinesfalls zahmen) Tiere werden im Rahmen der Schutzmaßnahmen jeden Tag aufgespürt und die Fahrer bekommen dann Bescheid.

Das Tal mit seiner vielfältigen Vogelwelt (200 Arten) kann man auf gut markierten Wegen auf eigene Faust erkunden. Auch die **Geschichte** der Region lässt sich erleben: Ein Pfad führt zu einem Gefechtsfeld der Schlacht am Waterberg (1904) und zu einem Flüchtlingslager (1906); Schautafeln veranschaulichen Ereignisse und Entwicklungen von damals bis heute.

Hautnahe Begegnung mit Breitmaulnashörnern im privaten Naturreservat Waterberg Wilderness

Zimmer der Waterberg Wilderness Lodge

Info

Internet: www.waterberg-wilderness.com
Preise: Plateau Lodge: 3.190 N$, Wilderness Lodge: 2.690 N$, Valley Lodge: 1.730 N$, Preise jeweils p. P./DZ mit Halbpension, Camping 380 N$ p. P. Kinder bis 6 Jahre frei, bis 12 Jahre halber Preis.
Kinder: Kinder sind immer willkommen. Es bieten sich viele Aktions- und Spielmöglichkeiten an.
Touren: Man kann z. B. Ausflüge zum Hoba-Meteoriten bei Grootfontein oder zum Cheetah Conservation Fund (https://cheetah.org) auf der Farm Elandsvreugde unternehmen. Eine geführte Halbtagestour zu einer Kleinfarm und einem Ort der Herero kann gebucht werden.

69 Die Gästefarm Okonjima und AfriCat

„Okonjima" ist ein Herero-Wort und bedeutet „Ort der Affen". Das ehemalige Farmgelände ist schon seit Jahrzehnten im Besitz der Familie Hanssen, auch heute noch ist der Betrieb familiengeführt.

In den 1970er-Jahren war Okonjima eine Rinderfarm und die Familie hatte – wie auch die angrenzenden Farmer – große **Probleme mit wildernden Raubkatzen**. Zunächst wurde auf dem üblichen Weg, also durch gezielte Jagd und durch Tierfallen, versucht, die Viehverluste durch Raubkatzen zu minimieren – mit mäßigem Erfolg. Die intensive Beschäftigung mit der Lebensweise der Tiere sowie das Interesse der Touristen an den faszinierenden Großkatzen führten letztlich zu einem Umdenken und Okonjima entwickelte sich langsam von einer traditionellen landwirtschaftlichen Farm zu einem Naturschutzgebiet und beliebten touristischen Ziel.

Die AfriCat-Stiftung kümmert sich um gefährdete Raubkatzen

1993 wurde auf Okonjima die **AfriCat-Stiftung** (www.africat.org) gegründet, die sich den Schutz und Erhalt der afrikanischen Großkatzen, insbesondere von Geparden und Leoparden, auf die Fahnen geschrieben hat. Oft werden in Namibia wildernde Großkatzen von Farmern in Käfigfallen gefangen und anschließend erschossen. AfriCat bietet die Möglichkeit, die gefangenen Tiere abzugeben oder abholen zu lassen, anstatt sie zu töten. Die Katzen werden dann auf Okonjima gefüttert, versorgt und ggf. medizinisch behandelt. Anschließend werden die Tiere wenn möglich wieder ausgewildert.

Der **Wildbestand** auf dem Gelände von Okonjima ist beeindruckend, neben Leoparden, Geparden, Braunen Hyänen und Tüpfelhyänen, verschiedenen Antilopenarten, Giraffen und Pavianen finden sich auch kleinere Vertreter wie Honigdachse, Spring- und Buschhasen, Erdhörnchen und verschiedene Mangustenarten. Außerdem wurden über 250 verschiedene Vogelarten auf Okonjima identifiziert, darunter auch einige endemische Arten.

Zu den Hauptattraktionen auf Okonjima gehört die **Leoparden-Beobachtung**. Die anmutigen Raubkatzen bewegen sich auf dem Gelände frei und suchen sich dort auch selbst Ihre Beute. Die Tiere sind sehr scheu und es kann nicht garantiert werden, dass man auch wirklich welche zu Gesicht bekommt, allerdings erleichtern Funkhalsbänder die Suche. Besucher können sich entweder auf einer geführten Beobachtungstour im Safarifahrzeug oder zu Fuß auf dem Tracking-Pfad auf die Pirsch begeben. Okonjima ist eine der besten Farmen zur Wild- und Vogelbeobachtung im Lande und eine exzellente Möglichkeit, viel über Afrikas Tierwelt und Kultur zu lernen.

Außerdem kann man auf Okonjima einen Eindruck vom **traditionellen Leben der San** bekommen. So erfährt man entlang den Buschmann-Trails unter anderem, wie die San in verbuddelten Straußeneiern Wasser aufbewahren, wie sie ihre Giftpfeile präparieren und wie gut sie Tierspuren lesen können.

Im Hauptcamp, dem Plains Camp, stehen insgesamt 24 Doppelzimmer zur Verfügung. Im Bush Camp übernachtet man in luxuriösen, einzeln stehenden Chalets am Rande eines Waldgebiets. Außerdem gibt es die Grand African Villa für bis zu 8 Erwachsene und 4 Kinder, die Bush Suite für 4 Personen sowie einen Campingplatz.

Bett mit Aussicht im Bush Camp

Info

Internet: www.okonjima.com
Preise: Plains Camp ab 3.625 N$ p. P./DZ inkl. Halbpension, Bush Camp 7.620 N$ p. P./DZ inkl. Halbpension, Camping 600 N$, Aktivitäten je 660 N$ p. P., Leopard Tracking 1.100 N$ p.P.

Kinder: Im Plains Camp, in der Bush Suite und auf dem Campingplatz sind Kinder jeden Alters willkommen, im Bush Camp und in der Villa dürfen sie erst ab 12 Jahren übernachten. Manche Aktivitäten sind erst ab einem bestimmten Alter erlaubt.

70 AiAiba: The Rock Painting Lodge

Die Lodge liegt am Nordrand des Erongo-Gebirges. Bereits auf der Fahrt über eine Schotterpiste von der Hauptstraße zur Lodge bekommt man einen ersten Eindruck von der faszinierenden Landschaft. Es geht durch das **Erongo Mountain Nature Sanctuary**, einen Zusammenschluss von 30 Farmen, das insgesamt 200.000 ha umfasst (www.erongomountains.org). Dieses private Naturschutzgebiet wurde fast vollständig von Zäunen befreit, zudem wird hier keine kommerzielle Viehzucht mehr betrieben. Dadurch sollen den Wildtieren freie Bewegungsmöglichkeiten eingeräumt werden und die Natur so unberührt wie möglich bleiben. Auch das seltene Spitzmaulnashorn (Black Rhino) wurde hier erfolgreich wieder angesiedelt. Riesige Felsblöcke legen Zeugnis ab von den einstigen vulkanischen Tätigkeiten der Region.

Wie eine Oase liegen die riedgedeckten Gebäude der Lodge zwischen den riesigen Felsen. Es gibt 10 Bungalows mit 20 Zimmern (einige davon Familienzimmer mit Doppelbett und einem Hochbett) und großem Bad. Jedes Zimmer verfügt über eine Klimaanlage, eine Tee- und Kaffeestation sowie eine eigene überdachte Terrasse. Durch die großen Fenster eröffnet sich den Gästen direkt nach dem Aufwachen ein einzigartiges Panorama.

Wanderung im Erongogebirge

Überall auf dem Lodgegelände finden sich prähistorische Felszeichnungen

In dem luftigen Restaurant kann man bei den hervorragenden Mahlzeiten den Blick auf die Weite Ebene der Savanne und das Erongo-Massiv genießen. Ein Pool steht ebenfalls zur Verfügung.

Die angebotenen Aktivitäten eignen sich perfekt für die Erkundung der beeindruckenden Natur. Bei einer 3-stündigen Fahrt zu verschiedenen Aussichtspunkten und den schönsten **Fundstellen prähistorischer Malereien** (von denen es über 200 auf dem Lodgegelände gibt) informieren die Guides kenntnisreich über die Kunstwerke und ihre Bedeutungen. Alternativ kann man die Umgebung der Lodge auch auf geführten Wanderungen erkunden und dabei viel über Flora und Fauna erfahren. Wer es sportlicher mag, geht stattdessen auf eine ca. 24 km lange **Mountainbike-Tour** mit Abstechern verschiedener Schwierigkeitsgrade. Bei einer Sundowner-Tour überrascht der Wildreichtum der kargen Landschaft. So können z. B. Oryxantilopen, Bergzebras, Dikdiks, Nashornvögel und Adler beobachtet werden.

Empfehlenswert ist zudem ein Besuch im **Living Museum** der San. Hier kann man je nach Interesse an einem Bushwalk teilnehmen und mehr über Jadgtechniken, essbare Pflanzen und Spurenlesen erfahren oder am Dorfleben teilnehmen mit Singen, Tanzen, Feuermachen und Schmuckherstellung.

Info

Internet: www.aiaiba-namibia.com
Preise: Je nach Saison zwischen 1.300–1.800 N$ p.P./DZ inkl. Sundowner Walk. Weitere Unterkünfte in der Umgebung sind die **Hohenstein Lodge** (s. S. 170), und **Omandumba** (s. S.158). Ausflüge sind auch auf das Gelände der **Ameib Farm** möglich (s. S. 23).

71 Tolle Bergkulisse und San-Kultur auf Omandumba

Omandumba ist eine 52 km² große Farm. Sie liegt ca. 1.200 m über dem Meeresspiegel und gehört zur **Erongo Mountain Nature Conservancy**. Diese ist ein Zusammenschluss von etwa 30 Farmen, die insgesamt eine Fläche von ca. 1.900 km² einnehmen. Der Name „Omandumba" bedeutet „der Platz, wo der Bitterbusch wächst".

Seit Jahrzehnten ist die ehemalige Wild- und Rinderfarm im Besitz der Familie Rust. Heute wird sie von Harald und Deike Rust ausschließlich als Gästebetrieb bewirtschaftet. Nur einige Ziegen werden auf Omandumba noch gehalten, sie liefern die Milch für den hausgemachten Käse. Strom wird mittels einer eigenen Solaranlage produziert, Handy-Empfang ist nur an einigen Stellen möglich, aber es gibt einen Anschluss an das öffentliche Telefonnetz. Die ganze Ausstattung ist einfach, aber gemütlich. Es gibt 8 Doppelzimmer für Gäste. Malerisch gelegen ist der Campingplatz mit Open-Air-Dusche. Für Ruhesuchende liegt etwas entfernt das **Bush Camp** mit 12 Zelten auf gemauerten Plateaus mit Bad. Im offenen Loungebereich werden die Mahlzeiten eingenommen. Besonders für Kinder ist der Aufenthalt inmitten des Farmtrubels mit Ziegen, Hunden, Katzen und Hühnern ein Abenteuer.

Die Landschaft lädt zum Wandern und Klettern ein

Highlights sind die tolle Bergumgebung und die San-Felszeichnungen auf dem Gelände. 3 verschiedene Touren zu unterschiedlichen Fundorten werden von den Gastgebern angeboten. Außerdem gibt es die Möglichkeit, ausgedehnte Wanderungen zu unternehmen oder sich auf eine **Kletterpartie in die Berge** zu begeben. Wild- und Vogelbeobachtung ist zu Fuß, im Geländewagen oder vom Hochsitz aus möglich. Die eindrucksvollen Felsenkulissen bieten sich als Fotomotive an. Die beste Zeit zum Fotografieren ist der spätere Nachmittag, wenn die Farben der Felsen am intensivsten sind.

Die San selbst betreiben das Living Museum

Der Höhepunkt eines Aufenthalts auf Omandumba ist aber Folgendes: 2 km entfernt liegt das **Ju/Hoansi Living Museum**, welches das ganze Jahr über besucht werden kann. Es ist eine pädagogische Einrichtung, eine Mischung aus Schule und Museum, Besucher können hier viel über die alte Jäger- und Sammler-Kultur der San erfahren. Wer möchte, kann sich auch in die alten Sitten und Gebräuche einweihen lassen: Man lernt Fallenstellen, Buschkost sammeln, man kann auf die Jagd mitgehen oder lernen, wie man Pfeil und Bogen herstellt.

Auf dem Gelände der Farm gibt es viele Felsmalereien

Es gibt Tanzvorführungen und man darf die traditionellen, mit Gras bedeckten Behausungen besichtigen. Wer möchte, kann sich von einem kundigen San-Guide durch die außergewöhnliche Landschaft führen und die Flora und Fauna erklären lassen.

Das Living Museum erfreut sich großer Beliebtheit. Es wird von den San selbst betrieben und 80 % der Einnahmen gehen direkt an sie (www.lcfn.info/juhoansi).

Info

Internet: www.omandumba.de
Preise: ca. 1.535 N$ p. P. im Einzel- oder Doppelzimmer mit Vollpension, Camping ab 200 N$ p. P. Preise für den Besuch des Living Museum gibt es auf Anfrage. Eine Tour zu den Felszeichnungen kostet ca. 440 N$ pro Person, die Sundowner-Tour ca. 300 N$ p. P. inklusive Getränke.

Kinder: Kinder sind in jedem Alter willkommen. Sie zahlen unter 12 Jahren den halben Übernachtungspreis, unter 6 Jahren 430 N$.
Sonstiges: Auf dem benachbarten Farmgelände **Omandumba Ost** stehen auch Unterkünfte für Selbstversorger und Campingplätze zur Verfügung (www.erongorocks.com).

72 Urlaub auf einer echten Rinderfarm: die Gästefarm Haasenhof

Die Farm Haasenhof liegt in einer **von Bäumen durchsetzten Buschsavanne** unterhalb der Jägerhöhen. Der höchste Berg in der Umgebung liegt 1.800 m über dem Meeresspiegel. Das gesamte Farmgelände ist durchzogen von mehreren Rivieren. Seit 1912 ist die Farm in Familienbesitz. Das erste Farmgebäude steht noch als Ruine am Farmeingang.

Später wurden die Gebäude an der heutigen Stelle errichtet, da hier mehr Wasser vorhanden war. Zuerst konzentrierte man sich auf Schafzucht, doch wurde mittlerweile auf **Rinderzucht** umgesattelt. Da die Farm nur über ungenügende Wasservorkommen verfügt, wurden mehrere Dämme angelegt, welche die Bohrlöcher mit Wasser anreichern. Inzwischen gibt es auch einen stattlichen Wildbestand und man kann eine Reihe von Antilopenarten beobachten. Besonders aber das traditionelle Farmleben lädt zu einem längeren Besuch auf Haasenhof ein.

Es gibt auch für Rollstuhlfahrer geeignete Zimmer

Blick in die Weite von den Jägerhöhen aus

Auf **Farmrundfahrten** erfährt man viel über die umfangreiche Arbeit auf einer Rinderfarm. Gerne nimmt Herr Haase die Gäste mit zu seinen Farmfahrten, bei denen er die Wasserstände kontrolliert.

Den Gästen stehen 5 Doppelzimmer mit eigenem Bad zur Verfügung. 2 Zimmer sind rollstuhlgerecht. Für Familien gibt es eine Familieneinheit, bestehend aus 2 Doppelzimmern und einem Einzelzimmer mit Bad.

Ein **Schwimmbad** ist vorhanden und die Gäste können sich im schattigen Garten sonnen und entspannen. Es gibt für die Gäste mehrere Sitzgelegenheiten und abends lädt eine windgeschützte Veranda zum gemeinsamen Abendessen ein.

Kinder sind herzlich willkommen und können auf dem Hof einmal echtes Farmleben genießen. Nahezu alles, was auf den Tisch kommt, stammt aus eigener Produktion. Gekocht wird meist traditionell auf einem Holzkohleofen. Ein **Gemüsegarten und Obstbäume** sorgen für die tägliche Vitaminzufuhr.

Zu den wichtigsten **Aktivitäten** auf der Farm gehören Wandern oder auch Bergwandern, die bereits erwähnten Farmrundfahrten und Wildbeobachtungen. Von mehreren Ansitzen können Antilopenarten wie Kudu, Oryx, Springbock, Impala, Steinböckchen und Damara-Dikdik sowie Warzenschweine, Strauße, Paviane und eine reiche Vogelwelt beobachtet werden. Wer möchte, kann auch zu den Aloefelsen in der Nähe des Farmhauses wandern.

Nach Osten hin kann man leicht an einem Tag den **Waterberg** oder Gross Barmen besuchen. In Richtung Westen bieten sich auf einer Rundfahrt Karibib (hier gibt es einen Mineralienladen und Marmorwerke zu sehen), Ameib (mit Felsformationen- und Zeichnungen) und die Dinosaurierspuren bei Kalkfeld an.

Für Familien mit Kindern und Naturliebhaber ist ein Urlaub auf der Farm Haasenhof sehr zu empfehlen. Wegen der vielen möglichen Aktivitäten bietet sich ein mehrtägiger Aufenthalt an.

Die Veranda mit Blick in den Garten

Info

Internet: www.haasenhof.com
Preise: 1.220 N$ p. P./DZ mit Vollpension.
Sonstiges: Von April bis September kann es – bei angenehm warmen Temperaturen tagsüber – abends recht kühl werden und nachts sogar Frost geben. Warme Kleidung sollte also im Gepäck sein. Von Oktober bis März ist es dagegen meist sehr heiß. Der Transfer vom und zum Flughafen Windhoek kann arrangiert werden.

73 Am „Ort des Wassers“: das Erindi Game Reserve

Berge, Savanne, offenes Grasland und jede Menge Tiere – das ist das private Erindi Game Reserve. Das Gelände liegt nördlich von Windhoek im Städtedreieck von Okahandja, Otjiwarongo und Omaruru und ist ca. 710 km^2 groß. „Ort des Wassers“ heißt das Wort „Erindi“ in der Sprache der Herero und für viele, teilweise seltene und **stark gefährdete Tiere** ist Erindi tatsächlich eine Art Oase. Mehr als 15.000 Tiere leben hier.

Der **Afrikanische Wildhund** war einst – im 19. Jahrhundert – weit verbreitet in der Gegend rund um Erindi. Inzwischen gilt er als hochgradig gefährdet. Der weltweite Gesamtbestand wird auf maximal 5.000 Tiere geschätzt. Erindi ist mitverantwortlich dafür, dass inzwischen wieder einige Exemplare in Freiheit und natürlicher Umgebung in Namibia leben. Seit 2007 läuft zudem ein **Leoparden-Forschungsprojekt**, bei dem die Tiere mit Funkhalsbändern ausgestattet werden. Ziel ist es, die Lebensweise der Leoparden genauer zu erforschen, um noch besser auf ihre Bedürfnisse eingehen zu können.

Erindi unterstützt die **lokale Bevölkerung**, indem die Angestellten aus der Umgebung rekrutiert und ausgebildet werden, aber auch indem v. a. lokale Produkte gekauft und verarbeitet werden.

Die **Old Traders Lodge** bietet Unterkunft in 46 gemütlich eingerichteten Suiten verschiedener Größe und Ausstattung, teilweise mit Blick auf das Wasserloch.

Giraffenfamilie

Früher aufgrund des gefleckten Fells auch als „Hyänenhund“ bezeichnet: der Afrikanische Wildhund

Jede Suite hat ein eigenes Bad mit Wanne und Dusche. Es gibt auch 2 behindertengerechte Zimmer sowie eine Familienunterkunft.

Neben der Lodge gibt es auf dem Gelände von Erindi noch das **Camp Elephant** für Camper und Selbstversorger. 14 Chalets mit voll ausgestatteter Küche sowie 30 Stellplätze für Camper stehen zur Verfügung.

Mehr als **300 verschiedene Vogelarten** gibt es im Erindi Reserve. Seltene und endemische Arten wie der Schnäpperwürger, der Monteiro-Toko und der Rüppell-Papagei können hier beobachtet werden.

Die **Game Drives** über das riesige Gelände am Morgen und zum Sonnenuntergang sind die Essenz eines Aufenthalts im Erindi Reserve. Die Tierwelt, die sich dem Besucher bietet, ist überwältigend. Auf der etwa 100 km langen Self-Drive-Route können Gäste das Gelände auf eigene Faust erkunden.

Info

Internet: www.erindi.com
Preise: ab 3.200 N$ p. P./DZ mit Halbpension.
Kinder: Kinder sind in jedem Alter willkommen. Kinder von 6 bis 12 Jahren zahlen die Hälfte, Kinder unter 6 Jahren sind frei. Es gibt einen Spielplatz draußen und ein Spielzimmer drinnen. Eine Besonderheit sind die Game Drives extra für Kinder unter 6 Jahren.

Sonstiges: Erindi ist ein malariafreies Ganzjahres-Reiseziel. Das Klima ist angenehm trocken. Die Temperaturen schwanken zwischen 25 und 30 °C im Sommer (Sept.–April) und zwischen 3 und 23 °C im Winter (Mai–August). Die Regenzeit liegt zwischen November und April.

74 Zentral gelegen und gemütlich: die Guestfarm Onduruquea

Die Namib Guestfarm Onduruquea liegt zwischen Omaruru und Karibib am Rande des **Erongogebirges**, das insbesondere zum Sonnenuntergang ein sehr schönes Panorama bietet. Sie ist etwa 240 km in nordwestlicher Richtung von Windhoek entfernt und ein guter Ausgangspunkt für Safaris durch ganz Namibia.

Die Farm ist umgeben von einem 150 km^2 großen, sehr wildreichen Gebiet. Auf Onduruquea leben Giraffen, Gnus, Kudus, Zebras und vieles mehr. Die Farm wird seit 2018 von der niederländischen Familie Harmsen betrieben, die die Anlage komplett renoviert hat.

Die Gästefarm verfügt über 10 Doppelzimmer, je 2 in einem großzügigen Strohdach-Bungalow. Diese sind sehr geräumig sowie **hell und freundlich eingerichtet**. Die Zimmer sind alle mit Klimaanlage und eigenem Bad ausgestattet. Ein besonderes Highlight ist das Luxuszelt für bis zu 4 Personen. Es verfügt über ein großes Bad sowie Küche und Feuerstelle für Selbstversorger. Das Luxuszelt sowie einige Bungalows haben direkten Blick auf das Wasserloch, z.T. eine eigene Terrasse. Für Camper steht ein schön gelegener Campingplatz mit Wasser- und Stromanschluss zur Verfügung.

Im Blumengarten gibt es mehrere ruhige Sitzgelegenheiten zum Lesen und Entspannen. Das Schwimmbad ist stets für eine Erfrischung gut. Für das **leibliche Wohl** der Gäste sorgt der niederländische Chefkoch, der zusammen mit seinem Team gekonnt traditionelle afrikanische Gerichte mit Elementen der französischen

Bei Sonnenuntergang ein ganz besonderer Ort: die Onduruquea Guestfarm

Die Schlafzimmer sind hell und gemütlich eingerichtet

Küche kombiniert. Auch Vegetarier kommen hier auf ihre Kosten. Am Pool kann man einen leckeren Smoothie oder Cocktails genießen.

Während einer Wildbeobachtungsfahrt oder am beleuchteten Wasserloch lässt sich die Artenvielfalt der Wildtiere entdecken. Es gibt z. B. Giraffen, Rappen- und Elenantilopen, Gnus und Kudus. Bei den Game Drives (auch nachts) kann man so einiges über Flora und Fauna lernen. Auch für Vogelfreunde ist Onduruquea mit seinen 313 verschiedenen Vogelarten ein wahres Paradies. Geführte Touren in das Erongo-Gebirge oder zur Spitzkoppe werden auf Wunsch organisiert. Wer danach Entspannung braucht: es werden sowohl professionelle Massagen im Wellness Center als auch Yoga-Stunden angeboten.

Ein tolles Ausflugsziel ist das nahegelegene **Living Museum der San**. Die Menschen hier zeigen Besuchern, wie ihre Vorfahren gelebt haben und bringen ihnen die Traditionen und die Kultur ihres Stammes ein wenig näher. Sie zeigen, wie sie Feuer machen, Fallen bauen oder ihren Schmuck aus Straußeneiern herstellen. Anschließend bietet sich ein Besuch in Omaruru an, wo man in einem der schönen Cafés Mittagessen kann. Kaum zu übersehen steht am Ortseingang eine 8 m hohe Holzgiraffe, die zur Schnitzerei Tikoloshe gehört. Dort kann man den Holzschnitzern, die das Wurzelholz des Mopane-Baums bearbeiten, bei ihrer Arbeit zusehen.

Info

Internet: www.onduruquea-lodge.com
Preise: je nach Zimmertyp ab 1.800 bis 2.150 N$ p. P./DZ mit Frühstück. Das Abendessen (3-Gänge-Menü) kann für 480 N$ p.P. dazu gebucht werden.
Touren: Ein Tagesausflug zur Spitzkoppe, dem „Matterhorn Namibias", ist möglich. Hier finden sich San-Zeichnungen, ungewöhnliche Gesteinsformationen und eine interessante Flora. Weitere mögliche Ausflugsziele sind das Erongogebirge oder die Gesteinsformation Bull's Party auf der Farm Ameib.

75 Komfort inmitten stiller, einsamer Landschaft: die Etusis Lodge

Die Etusis Lodge liegt etwa in der Mitte zwischen Windhoek und Swakopmund, ca. 1.100 m über dem Meeresspiegel. Das Wildschutzgebiet – gut 210 km^2 groß – ist teils Hochsavanne, teils gebirgig. Eines der höchsten Bergmassive Namibias, die Otjipatera-Berge mit fast 2.000 m Höhe, gehören zum Schutzgebiet. Die **berühmte Wasserstelle Etusis** mit dem Wasserfall liegt etwa 2 km von der Lodge entfernt, ebenfalls auf der Farm. Dank der begünstigten Lage ist das Gebiet der Lodge nahezu malariafrei.

Nach mehreren Jahren der „Wanderschaft" durch verschiedene afrikanische Länder entschlossen sich die Besitzer der Etusis Lodge 1993, sich in Namibia niederzulassen. Als das heutige Lodge-Gebiet zum Verkauf stand, griffen die beiden zu und beschlossen, ein Wildschutzgebiet zu errichten, das auch einer begrenzten Anzahl von naturinteressierten Touristen zugänglich gemacht werden sollte. Noch im selben Jahr wurde mit dem Bau der Lodge begonnen, deren Gebäude weitestgehend **aus Materialien der Umgebung** errichtet wurden, sodass sich die Bungalows und das Haupthaus fast unsichtbar der Umgebung anpassen. Seit Mitte 1994 ist die Lodge in Betrieb, seit 2017 wird sie von dem namibisch-südafrikanischen Paar Monica und Johan Kesslau betrieben.

Die Etusis Lodge ist für all diejenigen ideal, die in landschaftlich reizvoller Umgebung Tiere beobachten wollen. Bedenken sollte man aber, dass das Gelände nicht wildsicher eingezäunt ist. Man versucht vielmehr, die **Tiere in völliger Freiheit** in ihrer ursprünglichen Umgebung zu schützen und dadurch zu halten und zu ver-

Volle Dämme nach gutem Regen

Urig: Bungalow der Etusis Lodge

mehren. Auch Pflanzenliebhaber und an Mineralien Interessierte kommen hier voll auf ihre Kosten. Die Eigentümer der Lodge sind der Meinung, dass sich Afrika insbesondere demjenigen voll erschließt, der sich natürlich in der Landschaft bewegt.

Aus diesem Grund werden neben Beobachtungsfahrten im Geländewagen auch Wanderungen und Ausritte angeboten. Das Gelände ist auch für **Bergsteiger** gut geeignet. Neben der Übernachtung in Bungalows bzw. Luxuszelten besteht auch die Möglichkeit, direkt im Farmhaus zu übernachten.

7 riedgedeckte Bungalows stehen zur Verfügung. Die Zimmer sind ausgestattet mit Dusche und WC, Ventilator und Teeküche. Jeder Bungalow ist nach einer im Etusis-Wildreservat vorkommenden Tierart benannt und entsprechend dekoriert. Außerdem gibt es 5 Zeltunterkünfte für jeweils 2 Personen. Elektrizität in den Zelten ist vorhanden. Kinder sind gern gesehene Gäste.

Milchprodukte werden ebenso selbst erzeugt wie Gemüse und Obst; auch Brot und Kuchen werden im Haus gebacken. Das Fleisch kommt entweder von Jagdfarmen der Umgebung oder stammt vom eigenen Vieh.

Info

Internet: www.etusis.de
Preise: 1.810 N$ p. P./DZ im Bungalow, 1.260 N$ p. P./DZ im Luxuszelt, Camping 160 N$ p. P (alle Preise Hochsaison 2022).
Kinder: Kinder sind in jedem Alter willkommen, sie sind bis zu 3 Jahren frei. Kinder unter 12 Jahren zahlen 50% bei Unterbringung im Bungalow/Zelt der Eltern.
Sonstiges: Transfer zum Flughafen oder nach Windhoek kann nach rechtzeitiger Absprache organisiert werden.

76 Leoparden und mehr auf der Gästefarm Düsternbrook

Die 120 km² große Farm Düsternbrook liegt am Fuße des Khomashochlandgebirges und ragt teilweise in das Gebirge hinein. Im flachen oder leicht hügeligen Teil, durchsetzt mit einigen Bergen, herrscht die Buschsavanne vor, im bergigen Teil dagegen die Hochlandsavanne. Das Farmhaus liegt ca. 1.350 m hoch. Düsternbrook war ursprünglich eine reine Rinderfarm.

Schon 1962 wurde jedoch als zweiter Betriebszweig die erste Jagd- und Gästefarm in Namibia ins Leben gerufen. 1986 übernahm der heutige Besitzer Johann Vaatz die Farm und setzte bald mit einem **Leopardenprojekt** neue Akzente. Erstmals wurden hier Leoparden nicht mehr geschossen, sondern in einem großen Freigehege gehalten. Daraus entstand nach und nach eine interessante Attraktion für Farmbesucher: die seltene Großkatze, zwar freilebend, aber nicht selbsterhaltend, bei der Fütterung von einem Geländewagen aus zu beobachten.

Die Großkatzen sind die Hauptattraktion der Farm

Inzwischen gibt es auf Düsternbrook auch Geparde. Diese leben in einem 250.000 m² großen Gehege und werden den Gästen zusammen mit den Leoparden auf der Cats Unlimited Tour gezeigt. Weiterhin wird auf Düsternbrook seit 1994 der Versuch gemacht, Wild, das in vorkolonialer Zeit hier vorkam, wieder anzusiedeln. So sind inzwischen wieder **Strauße**, Giraffen, Zebras, Streifen- und Kuhantilopen angesiedelt worden. Um sich unabhängig vom – sehr wechselhaften – Regen zu machen und um dem angepassten Wild mehr Gelände zur Verfügung zu stellen, ist der Rinderbetrieb inzwischen praktisch eingestellt worden.

4 mit Symbolen ausgeschilderte **Spazierwege** laden zum Wandern ein, wobei man auf verschiedene Wildarten, aber auch auf eine interessante Vogelwelt trifft. Bei Ausritten kann man das Wild besonders gut beobachten, da es nicht durch Motorengeräusche verschreckt wird. Außerdem werden Game Drives im offenen Geländewagen angeboten – auf Düsternbrook gibt es Giraffen, Elen- und Oryxantilpen, Zebras, Kudus, Strauße, Warzenschweine und Paviane zu sehen.

Von Düsternbrook aus sind **Ausflüge** ins etwa 50 km entfernte Windhoek möglich oder auch ins ca. 60 km entfernte Okahandja, wo es Holzschnitzereien und

Hererogräber zu sehen gibt. Außerdem lohnt sich eine Fahrt zu den heißen Quellen von Groß Barmen (85 km entfernt). Interessant sind weiterhin der Von-Bach-Damm, die Löwenfütterung auf der Okapuka Ranch sowie der Daan-Viljoen-Wildpark in der Nähe von Windhoek.

Die Zimmer im alten Farmhaus sind rustikal und gemütlich

Es gibt die verschiedensten Unterkunftsvarianten, etwa die Zimmer im alten Farmhaus. Es wurde ca. 1910 aus Naturstein gebaut und Ende der 1940er-Jahre unter Beibehaltung des kolonialen Stils auf seine heutige Größe erweitert. Daneben gibt es etwas größere Zimmer in freistehenden Chalets sowie die Katrin Luxus Suite und als neueste Errungenschaft die Luxus-Unterkunft Point of View, die ca. 11 km vom Farmhaus entfernt liegt. Diese besteht aus 3 geräumigen Suiten mit großer Terrasse sowie einem eigenen Hauptgebäude, wo die Mahlzeiten eingenommen werden und wo man den Tag an der Bar oder mit Blick auf eine Wasserstelle ausklingen lassen kann. Ein Pool sorgt für Erfrischung. Weitere Übernachtungsmöglichkeiten sind eingerichtete Safari-Zelte, 2 am Wasser gelegene Hippo Chalets, von denen man regelmäßig Nilpferde beobachten kann, sowie ein Campingplatz. Die **individuelle Betreuung** der Gäste und gemeinsame Mahlzeiten sind ein Teil der herzlichen und persönlichen Atmosphäre von Düsternbrook. Die Küche bietet gute namibisch-deutsche Gerichte.

Der gemütliche Aufenthaltsraum beherbergt auch eine kleine Bibliothek. Das Esszimmer ist mit einer großen Tafel und einem Kamin ausgestattet. Außerdem gibt es eine große, halbüberdachte Veranda mit einem herrlichen Ausblick auf die Landschaft.

Info

Internet: www.duesternbrook.net
Preise: je nach gewählter Unterkunftsart ca. 700–1.550 N$ p. P./DZ mit Frühstück in der Nebensaison, in der Hauptsaison ca. 900–1.700 N$ (die Unterkünfte können auch als Paket mit Halbpension und Aktivitäten gebucht werden), Camping 560 N$ p. P. (Selbstversorger), Camping mit Teilnahme an den Mahlzeiten und Aktivitäten ca. 1.160 N$.

77 Die Hohenstein Lodge: eindrucksvolles Landschaftserlebnis im Erongogebirge

Die Erongoregion (S. 22) eignet sich in besonderer Weise zum Wandern und für Klettertouren, aber auch um inmitten einer **Bilderbuchlandschaft** einfach einmal Durchzuatmen und Abstand von der Hektik des Alltags zu bekommen. Die Hohenstein Lodge im Westen des Gebirges ist ein idealer Ausgangspunkt für sämtliche Aktivitäten in der Region.

Auf dem Farmgelände befinden sich außer dem höchsten Berg des Erongogebirges, nach dem die Lodge benannt wurde, verschiedenste Mineralienvorkommen: Turmaline, Aquamarine und Bergkristalle werden dort gefunden. Beim Aufstieg zum Berg gibt es wunderschöne Felsformationen zu entdecken, außerdem die Felszeichnungen am Fuße des Hohensteins. Ausflüge zur Spitzkoppe oder zur Farm Ameib mit den berühmten Attraktionen Bull's Party oder Phillippshöhle werden von den Gästen gern als Tagestouren unternommen.

Auf dem nahegelegenen ehemaligen Farmgelände von Etemba befinden sich interessante Mineralienvorkommen, **wunderschöne Felsformationen**, hervorragende Felszeichnungen sowie einer der höchsten Berge des Erongo-Massivs, der Gottlieb. Das Gelände lag jahrzehntelang brach, daher konnte sich eine spektakuläre Naturlandschaft entwickeln. Vor einigen Jahren streiften sogar Wüstenelefanten in den umliegenden Schluchten umher. Heute sind dort Nashörner unterwegs, die sich nach Öffnung der Farmgrenzen zum Erongo Rhino Sanctuary Trust hier eingefunden haben.

Die **Hohenstein Lodge** bietet komfortable Bungalows mit Terrasse an, alles ist sehr geschmackvoll eingerichtet. Von jedem der 14 Zimmer hat man einen tollen Ausblick auf den Hohenstein (2.316 m). Ein abseits gelegener Bungalow bietet eine

Blick auf den Hohenstein

Lunch mit Aussicht in der Hohenstein Lodge

gute Möglichkeit für alle, die absolute Ruhe suchen. Ein Schwimmbad sowie ein Restaurant sind vorhanden. Mögliche Aktivitäten sind Wandern, Birdwatching-Touren (mehr als 400 Arten sind zu beobachten), Mountainbike-Touren und Panoramafahrten mit Guide. Eine Besonderheit ist ein Ausflug zum Boulder Forest mit Besuch der Mineraliensucher (s. Kasten).

3 verschiedene ausgeschilderte bzw. **geführte Wanderungen**, die ca. 1,5 bis 3 Stunden dauern, werden angeboten. Interessant ist beispielsweise die geführte Wanderung zum Boulder Forest und zu den Mineraliensuchern: Früh morgens geht es in ca. einer halben Stunde mit dem Landrover zum Boulder Forest. Von dort führt der Weg hinauf durch die Schlucht bis zu den riesigen Felsen, auf denen geklettert werden kann. Hier hat sich eine üppige Vegetation mit großen Bäumen gebildet, deren Wurzeln ein haltbares Geflecht um die Steine bilden. Ein Besuch bei den Mineraliensuchern kann einen kleinen Einblick geben in das Leben und Arbeiten an den Steilhängen des Berges. Auf dem Rückweg machen die Ausblicke in die Ebene und der Fernblick hinunter auf das Lodgegelände den Abstieg zu einem großartigen Fotoerlebnis. Insgesamt dauert die Wanderung rund 3 Stunden.

Small Miner

Der im Auftrag der Hohenstein Lodge entstandene, preisgekrönte Dokumentationsfilm „Small Miner" zeigt das Leben der Mineraliensucher am Hohenstein, die an den steilen Berghängen Tag für Tag mit einfachen Werkzeugen nach Halbedelsteinen schürfen. Nebenbei gibt es fantastische Landschaftsaufnahmen zu sehen!

Info

Internet: www.ondili.com/lodges/hohenstein-lodge
Preise: 1.700 N$ p. P. inkl. Halbpension
Kinder: Kinder sind in jedem Alter willkommen und zahlen zwischen 4 und 12 Jahren einen ermäßigten Preis, kleinere Kinder zahlen gar nichts.

78 N/a'an ku sê Lodge und Kanaan N/a'an ku sê Desert Retreat

Nur eine halbe Stunde vom Flughafen in Windhoek entfernt befindet sich mit der **N/a'an ku sê Lodge** eine tolle Kombination aus Design- und Wildlife-Erlebnis. Über ein weitläufiges Gelände inmitten einer hügeligen Savannenlandschaft verteilen sich einzeln stehende Villen mit jeweils 2–4 Schlafzimmern. Die größeren Einheiten eignen sich sehr gut für Familien mit Kindern oder Kleingruppen. 6 wunderschöne, aus Stein, Holz und Ried erbaute und originell eingerichtete Chalets befinden sich in der Nähe des Haupthauses. Jede Unterkunft verfügt über eine private Veranda mit toller Aussicht. Das Restaurant verwöhnt die Gäste mit schmackhaften Gerichten, am sehr ansprechenden Swimmingpool mit vielen Liegemöglichkeiten kann man relaxen und seinen Blick in die Savanne schweifen lassen.

Das Besondere an der Lodge ist die dazugehörige **N/a'an ku sê Foundation**. Zu ihr gehören eine Tierschutzstation, eine Forschungseinrichtung, eine Schule und eine Klinik für die örtliche San-Bevölkerung. Zu den angebotenen Aktivitäten zählen u. a. Wanderungen, Ausritte, Elephant Tracking, Carnivore Tracking, Cheetah Experience, Meerkat Experience und ein Besuch der Tierschutzstation. Auf der Ancient Skills Academy kann der Besucher mehr über die Lebensweise und über die traditionallen Kulturtechniken der San erfahren. In der umliegenden Landschaft sind weitläufige, in die natürliche Umgebung eingepasste Gehege angelegt, wo sich Luchse, Geparde, Leoparden, Löwen und Paviane frei bewegen können. Ein Highlight ist ein **Spaziergang** in Begleitung von Luchsen oder Geparden – natürlich in Begleitung eines Rangers.

Der hautnahe Kontakt mit den Tieren ist die Hauptattraktion der N/a'an ku sê Lodge

Die N/a'an ku sê Lodge eignet sie sich besonders am Beginn oder am Ende einer Namibiareise. Mindestens 2 Nächte

Das Restaurant der Lodge

Rote Dünenlandschaft auf dem Gelände des Kanaan N/a'an ku sê Desert Retreat

sollte man hier verbringen, damit man die Schönheit der Lodge und der Landschaft sowie die Nähe zu den Tieren richtig genießen kann!

Das ebenfalls sehr empfehlenswerte **N/a'an ku sê Desert Retreat** grenzt im Osten an die Tirasberge und im Westen an den Namib-Naukluft-Park. Etwa 100 km geht es auf der Schotterstraße D 707 in Richtung Norden. Die ersten Dünen der Namib liegen in einer Landschaft aus Sand und Gras, die Tirasberge erstrecken sich östlich der Route. Die Straße wird schließlich zu einer roten Sandpiste. Die Lodge liegt inmitten von 220 km^2 unberührter Natur. Die Gäste sind in 8 luxuriösen Zeltunterkünften mit atemberaubender Aussicht untergebracht. Die gesamte Anlage ist geschmackvoll und naturnah gestaltet. Unter den Aktivitäten sind besonders die speziellen Fototouren sowie die nächtlichen Exkursionen interessant. In der Umgebung befinden sich diverse Tierschutz- und soziale Projekte, über die man sich vor Ort informieren kann.

Info

Internet: www.naankusecollection.com und http://naankuse.com (Stiftung)
Preise: N/a'an ku sê Lodge: je nach Saison 2.280–2.840 N$ p. P./DZ mit Halbpension.
Desert Retreat: 3.060–3.830 N$ p. P./DZ mit Halbpension im Tented Camp, Campsite 215 N$ p.P.
Kinder: Kinder sind in beiden Unterkünften willkommen und zahlen unter 12 Jahren einen ermäßigten Preis.
Sonstiges: Auf beiden N/a'an ku sê Retreats gibt es auch sehr schöne Campingplätze.

79 Tiere, Tiere, Tiere: die Okambara Elephant Lodge

Die Okambara Elephant Lodge liegt nur ca. eine Stunde vom Flughafen Windhoek in Richtung Gobabis entfernt – mitten **im namibischen Busch**, zwischen den Okambarabergen. Sie eignet sich gut als Zwischenstopp auf dem Weg nach Botswana.

Das 150 km^2 große, wildsicher eingezäunte Resort von Okambara liegt nicht nur zentral, sondern auch klimatisch sehr günstig: 1.500 m über dem Meeresspiegel. Die Farm ist gut zu erreichen und liegt in malariafreiem Gebiet.

Die Lodge wird seit mehr als 25 Jahren als reiner Familienbetrieb geführt, die Familie Schmitt spricht auch deutsch. Auf Okambara leben über 2.500 Tiere verschiedenster Art: **Nashörner und Elefanten**, Giraffen, Zebras, Leoparden, Geparde, Gnus, Hyänen und Schakale. Außerdem gibt es zahlreiche Antilopenarten wie Kudu, Wasserbock, Impala, Eland, Hartebeest, Oryx- und Rappenantilope usw.

Inhaber Christian kümmert sich seit jeher auch um kranke und elternlose Tiere. Immer wieder werden von Farmern auch Gepardenfindelkinder nach Okambara in Pflege gegeben: Auch sie werden in einem großen Gehege nahe dem Haus gehalten. Die Fahrt auf dem Buggy durch das Gepardengehege mit anschließender Fütterung der Tiere, die die Gäste hautnah miterleben, ist eine der beliebten Attraktionen auf Okambara.

Der Eingangsbereich des Haupthauses

Leopardenfütterung

Elefantenfamilie beim Suhlen im Schlamm

Zudem gibt es noch jede Menge zahme **Haustiere** wie Hunde, Katzen, Esel, Hühner, Gänse, Schweine, Ziegen – sogar einen Gelbbrustara, der immer Unterhaltung sucht und bietet.

Zweimal täglich werden den Gästen **Game Drives** angeboten: Im offenen Geländewagen geht es zur Fotosafari auf Spurensuche quer durch den Busch und an die Wasserlöcher, abends mit anschließendem Sundowner.

Vier verschiedene Unterkunftsmöglichkeiten stehen zur Auswahl. Im Haupthaus gibt es fünf geräumige **Apartments**, davon eines für Familien, der Rest ist für je zwei Personen ausgelegt. Zwei große riedgedeckte Rondavels mit separater Dusche und WC befinden sich etwa 100 m von der Lodge entfernt. Die 4 2018 errichteten Chalets bieten Platz für je 2 Personen und eine Terrasse mit Ausblick. Das Berghaus mit Balkon und kleinem Garten ist mit seinen 2 Schlafzimmern ideal für Familien geeignet. Erfrischen kann man sich im großen Schwimmbad mit grüner Liegewiese unter schattenspendenden Bäumen. Außerdem gibt es eine Bibliothek und eine Lounge mit offenem Kamin.

Die Küche ist hervorragend. Es gibt viel frisches, **selbstangebautes Gemüse**, überhaupt sind viele Lebensmittel und Zutaten aus eigener Herstellung. Dafür sorgen eine u. a. Rinder- und Schweinezucht sowie eine kleine Hühnerfarm. An vielen Abenden wird gegrillt oder landestypisches Braaifleisch serviert.

Info

Internet: www.okambara.de
Preise: 1.600 N$ p. P. im DZ, EZ oder Rondavel mit Halbpension, Drive 700 N$ p. P., Raubkatzenfütterung 260 N$ p. P.
Touren: Tagesausflüge nach Windhoek, zur Karakulweberei auf einer Nachbarfarm und zur Arnheim-Grotte sind möglich. Für Touren und Safaris werden auf Wunsch individuelle Vorschläge ausgearbeitet.
Kinder: Kinder sind auf Okambara immer willkommen. Sie dürfen bei der Fütterung der Tiere helfen und können sich im großen Pool austoben. Kinder unter 12 Jahren zahlen einen ermäßigten Übernachtungspreis.
Sonstiges: Auf Okambara sind Jäger willkommen (ausgenommen Großwildjagd), da die Jagd zur Nahrungsbeschaffung dient und sie als Präventions- und Schutzmaßnahme notwendig ist.

80 Eningu Clayhouse Lodge: Hier stand das Stachelschwein Pate!

Nur etwa 65 km, also rund eine Stunde Fahrtzeit vom internationalen Flughafen Windhoek entfernt, liegt die Eningu Clayhouse Lodge schon am Rand der Kalahari. Sie eignet sich hervorragend, um nach dem Langstreckenflug den ersten Tag entspannt anzugehen oder an den letzten Tagen die Eindrücke der Namibiareise Revue passieren zu lassen. Die kurze Strecke können auch Selbstfahrer problemlos zurücklegen, nachdem sie ihren Mietwagen am Flughafen in Empfang genommen haben. Schon beim Passieren des Tores, das auf das Gelände führt, breitet sich Ruhe aus. Die Stille der Wüste ist sofort spürbar. Das Lodgeteam tut alles dafür, dass sich Gäste hier wohlfühlen. Auf Botanikpfaden erklären Schautafeln zahlreiche Büsche, Bäume und sonstige Vegetation. Zu Fuß erkunden Gäste, was die Halbwüste zu bieten hat, und können schon zu Beginn ihrer Reise den **süß-würzigen und warmen Duft Afrikas** einatmen.

Hier ist alles liebevoll gestaltet, die Atmosphäre herzlich und alle Mitarbeiter scheinen Teil einer großen Familie zu sein. Die Lodge bietet insgesamt 9 große Zimmer: 2 Doppelzimmer, 5 Dreibettzimmer und 1 Familienzimmer mit 4 Betten. Alle Hütten sowie die Hauptgebäude stehen auf warmem, hellrotem Sandboden. Die Dächer sind dunkelbraun, die Inneneinrichtung der Hütten vermischt sämtliche Brauntöne miteinander: Steinfußboden, gemauerte Betten und rustikale Holzmöbel – hier passt sich alles den Farben Afrikas an. Und den Tieren, denn die Namensgeber der Lodge streifen ungehindert um die Hütten und suchen hinter der Küche nach Nahrung: die Stachelschweine. Zur Begrüßung auf dem Gelände bau-

Mit Liebe zum Detail: der Pool der Eningu Clayhouse Lodge

melt über dem Tor an einem knorrigen Baum ein großes hölzernes Schild, auf dem ein Stachelschwein abgebildet ist. Doch das wirklich Beeindruckende sind die **unzähligen geschmackvollen Details**, die überall zu finden sind: Geschnitzte Krokodile bewachen die kleine Terrasse vor dem Eingang der Hütten, im Zimmer dienen bizarre Äste als Garderobe, getöpferte Kugeln und Gefäße stehen inmitten von Kakteen und Blumen blühen überall auf dem Sandboden. In einem gemütlichen Kaminzimmer stehen ein Ledersofa, Sessel und Bücher im Regal an der Wand. Als Dekoration dienen hier Trockenblumen und Schnitzereien. In allen Farben prangen Sofakissen, bestickt mit verschiedenen afrikanischen Motiven. Im Garten sind einige Skulpturen der international anerkannten Steinbildhauerin Dörte Berner ausgestellt, die nur 10 Fahrminuten entfernt lebt und arbeitet.

Eningus „Wappentier"

Die Gäste essen entweder in dem kleinen, kaminbeheizten **Restaurant**, auf der Terrasse oder in der großzügigen Lapa, sie sitzen dabei an dunklen Holztischen und auf schmiedeeisernen Stühlen.

In dem kleinen Souvenirshop ist eine Vielfalt namibischer Handwerkskunst zu erwerben: Körbe, Schnitzereien, gefärbte und bestickte Textilien und vieles mehr. Rund um den Swimmingpool stehen Liegen unter Sonnenschirmen. Den Sundowner genießt man am besten auf der Dachterrasse oder auf dem etwas abseits stehenden Beobachtungsposten – einer hochsitzartigen Rundhütte mit Dach und Ferngläsern –, wo sich am abends und nachts beleuchteten Wasserloch in der Dämmerung so allerlei abspielt. Erdmännchen, Vögel, Fledermäuse und natürlich die namensgebenden Stachelschweine (diese allerdings erst bei vollständiger Dunkelheit) sind hier auf jeden Fall anzutreffen.

Die Hauptattraktion der Lodge ist in erster Linie die Ruhe und Harmonie sowie die vielseitige und hervorragende Küche, ergänzt durch erlesene Weine aus dem tief in den Sand eingebetteten klimatisierten Weinkeller. Für aktivere Gäste bietet sich ein Besuch auf Farm Peperkorrel im Atelier von der Bildhauerin Dörte Berner an. Gerne gibt Dörte Führungen und gewährt Einblick in ihre Arbeit.

Text: Daniela Kebel

Info

Internet: www.eningulodge.com
Preise: 1.650 N$ p. P./DZ (unabhängig vom Zimmertyp) mit Halbpension.
Kinder: Kinder sind in jedem Alter willkommen, sie zahlen unter 13 Jahren die Hälfte, unter 2 Jahren gar nichts.

Sonstiges: Tageszimmer können zum halben Preis gemietet werden, wenn der Abflug nachmittags oder abends ist. Transfer zum und vom Flughafen wird bei Bedarf ebenfalls organisiert.

81 Namibias Küste entdecken: die Lagoon Loge in Walvis Bay

Direkt an der Lagune gelegen findet man in Walvis Bay eine kleine, aber feine, etwas mediterran angehauchte Unterkunft, die sich unter **französischer Leitung** befindet.

Die 8 Zimmer sind sehr freundlich und individuell ausgestattet und verfügen über einen eigenen Balkon bzw. eine eigene Terrasse mit tollem Ausblick auf die Lagune. Ein Swimmingpool befindet sich im Hof. Da es in Laufweite genügend gute Restaurants gibt, bieten die Gastgeber nur Frühstück an – das dafür aber besonders gut und reichhaltig. Für ein leichtes Mittagessen bietet sich das Rojo Pub & Restaurant des Jachtclubs Walvis Bay an, für den Abend das Restaurant Anchors@The Jetty, hier gibt es leckeres Seafood mit toller Aussicht.

Gehört auch dazu: einfach mal gar nichts tun …

Die möglichen Aktivitäten an der namibischen Küste sind vielfältig. **Sandwich Harbour** beispielsweise ist ein Teil des Namib-Naukluft-Parks, von dem viele gehört haben, den aber nur wenige selbst besucht haben. Gigantische Dünen, die bis in den Ozean hineinragen, bilden eine einzigartige und unvergessliche Landschaft. Im Rahmen einer geführten Tagestour von Swakopmund aus, bei der ein professioneller Guide die Wüsten- und Küstenfauna sowie die Geologie der Landschaft erklärt, kann diese geheimnisvolle Welt erlebt werden.

Freundlich und etwas mediterran: die Lagoon Loge

Aber auch direkt am und im Wasser gibt es einiges zu entdecken. Besonders die Robben- und Delfin-Cruising-Touren erfreuen sich großer Beliebtheit. Bei der Bootsfahrt entlang der Vogelinsel und der Austern-Plattformen bis zum Pelican Point kommen aber auch Vogelliebhaber auf ihre Kosten: **Flamingos, Kormorane, Pelikane** und viele weitere Arten können hier häufig beobachtet werden.

Wer sich sportlich betätigen möchte, findet ausreichend Möglichkeiten zum Segeln, Wasserski und Kajak fahren, Angeln, **Sandboarding und Fallschirmspringen**. Auch das kulturelle Angebot ist groß und schließt z. B. eine halbtägige Townshiptour ein, bei der man Teile Swakopmunds kennenlernt, in die sich Touristen sonst eher nicht verlaufen. Ein Kindergarten kann dabei ebenso besucht werden, wie lokale Künstler und Kunsthandwerker. Auch die eine oder andere kulinarische Entdeckung kann gemacht werden.

Flamingos an der Küste von Walvis Bay

Info

Internet: www.lagoonloge.com.na
Preise: Ab 1.080 N$ p. P./DZ mit Frühstück.
Kinder: Kinder sind in jedem Alter willkommen, ein Familienzimmer kostet 3.000 N$ für 2 Erwachsene und 2 Kinder unter 12 Jahren.
Touren: Alle oben beschriebenen Aktivitäten können von den Gastgebern in der Lagoon Loge organisiert werden. Selbst buchen kann man über verschiedene Touranbieter in Walvis Bay (z.B. www.ecomarinekayak.com, www.levodunetours.com, https://mola-namibia.com). Weitere mögliche Touren sind Exkursionen in die Namib (u. a. mit Besichtigung der Mondlandschaft, des Swakop Canyon, der Goanikontes-Oase und der berühmten Welwitschia mirabilis) oder Scenic Flights, z. B. ins Sossusvlei oder über den Brandberg und das Damaraland nach Opuwo (Begegnung mit Himba).

82 Traditionsfarm am Rande der Namib: die Gästefarm Niedersachsen

Auf dem Gelände der Farm Niedersachsen wurden einst im großen Stil **Karakulschafe** gezüchtet. Bis zu 2.000 Tiere lebten zu den besten Zeiten auf der Farm. Inzwischen hat die Karakulzucht aber nur noch geringe wirtschaftliche Bedeutung für die Farmer.

Die Farm liegt wunderschön inmitten der **zerklüfteten Schiefergebirge** der Randnamib. Die Vegetation ist von Wüstengräsern bestimmt, und nur sehr vereinzelt tauchen Bäume auf, meist Moringabäume. Auf dem 185 km^2 großen Farmgelände finden sich die verschiedensten Landschaftsformationen. Besonders reizvoll sind die Schluchten der Riviere und die bizarren Formen des Schiefergesteins. Von den verschiedenen Anhöhen hat man unglaubliche Aussichten.

Noch heute findet man auf dem Gebiet von Niedersachsen Reste alter Wohnstätten früherer Völker. Zu Beginn der Kolonialzeit zog sich der Ochsenwagenweg von der Küste ins Inland hier durch, dessen alte Spuren noch zu erkennen sind. Wer das Buch „**Wenn es Krieg gibt, gehen wir in die Wüste**" der beiden Geologen Henno Martin und Hermann Korn, die sich während des Zweiten Weltkrieg hier versteckt hielten, gelesen hat, sollte einen Besuch der Farm nicht versäumen. Die zweite Wohnstätte dieser Einsiedler ist noch heute auf dem Farmgelände zu besichtigen.

Überhaupt gibt es so viel zu sehen, dass mehrere Farmrundfahrten notwendig sind, um alles genießen zu können. Für Hobbygeologen sind die Steinformationen von

Wunderschöne Lage inmitten der bizarren Randnamib-Landschaft

besonderem Interesse. Archäologisch Interessierte sollten sich die alten Wohnstätten der afrikanischen Völker ansehen. Zur Wildbeobachtung setzt man sich am besten auf eine der vielen Anhöhen. In dieser bergigen Region gibt es neben verschiedensten Antilopenarten besonders **Bergzebras** zu bewundern, die sich auf dem riesigen Areal in großen Herden herumtreiben. Abends lädt ein naher Berg zu einem klassischen Sundowner ein. Nicht weit vom Farmgebäude gibt es einen Sternebeobachtungsplatz. Die Lage an der Randnamib bietet beste Voraussetzungen für die Astro-Fotografie

Die Einrichtung des Farmhauses ist **rustikal und gemütlich**. Jedes der 5 Doppelzimmer verfügt über einen eigenen Sanitärbereich und eine gemütliche Sitzecke. Manche haben außerdem eine kleine Terrasse. Die Gäste dürfen sich im Wohnbereich des Hauses aufhalten. Außerdem gibt es 2 überdachte Außenveranden. Von einer hat man einen Ausblick über das gesamte Umland. Für Camper gibt es einen Stellplatz in unmittelbarer Nähe des Farmhauses und einen weiteren einige Kilometer entfernt in den Bergen. Letzterer ist nur mit einem Allradfahrzeug zu erreichen.

Wer es abenteuerlicher mag und mit dem Allrad-Wagen gerne eine etwas anspruchsvollere Strecke probieren möchte, kann sich dem zweitägigen Kuiseb-Trip mit einer Camping-Übernachtung im ausgetrockneten Flussbett anschließen.

Die Vegetation besteht hauptsächlich aus Wüstengräsern und Moringabäumen

Den Sternen so nah

Was auf der Farm Niedersachsen nur ein Aspekt unter vielen ist, wird auf der **Hakos Astrofarm** (www.hakos-astrofarm.com) zur Hauptattraktion: Schon seit vielen Jahren kommen Hobby-Astronomen auf die Farm, um von hier aus die Sterne zu beobachten. 2 voll ausgestattete Sternwarten sowie mehrere Geräte zur Sternenbeobachtung stehen auf dem Gelände zur Verfügung und können gemietet werden. Die Astrofarm liegt direkt an der 2.000 m hohen Hakos-Gebirgskette. Die Hochlage am Wüstenrand bietet tolle Voraussetzungen für Fotografie und Himmelsbeobachtung.

Preise: 1.460 N$ p. P./DZ mit Halbpension, Camping 240 N$ p. P., Sternführung für bis zu 4 Personen 620 N$ pro Stunde.

Info

Internet: https://niedersachsen-guestfarm.com

Preise: ca. 1.300 N$ p. P./DZ mit Frühstück, Camping ca. 200 N$ p. P.

Kinder: Kinder sind in jedem Alter willkommen, Kinder unter 2 Jahren sind frei, Kinder bis zu 12 Jahren zahlen die Hälfte.

Touren: Eine Rundtour durch das Umland, u. a. über den Gamsbergpass, ist möglich, ebenso Ausflüge in die Namib und zum Kuiseb-Canyon.

83 Segelfliegen, Kunsthandwerk und Sternebeobachtung auf der Gästefarm Kiripotib

160 km südöstlich von Windhoek liegt die Gästefarm Kiripotib, sie ist vom Flughafen Hosea Kutako bequem in 2 Stunden Fahrt zu erreichen. Hier gibt es nicht nur Schafe und Rinder, sondern auch eine angegliederte Teppichweberei, das Goldschmiedeatelier African Kirikara Art & Craft, sowie einen Segelflugplatz. In den Monaten April bis September kommen in den Neumondphasen Gäste aus aller Herren Länder nach Kiripotib, um mit Hilfe der gepflegten Astroanlagen in die Sterne zu schauen.

Auf der Gästefarm, die von Claudia und Hans Georg von Hase bewirtschaftet wird, stehen 2 großzügige und luxuriöse Chalets mit Klimaanlage sowie 14 Gästezimmer zur Verfügung. Alle Zimmer sind liebevoll eingerichtet und in warmen Farben gestaltet. Die gesamte Anlage ist sehr gepflegt. Für budgetorientierte Gäste gibt es auch eingerichtete Safarizelte mit angegliederten Badezimmern. Das Essen besteht aus typisch namibischen Gerichten, die entweder in der strohgedeckten Lapa oder am Lagerfeuer serviert werden. Die Zutaten stammen größtenteils aus eigenem Anbau bzw. dem eigenen Wildreservat. Auch Milch, Sahne und Eier stammen direkt von der Farm.

Zimmer im Gästehaus

Auf dem Farmgelände leben Wildtiere, u. a. Kudus, Blessböcke, Zebras, Springböcke, Kuh- und Oryxantilopen. Auf einer Farmrundfahrt oder einer geführten Wanderung kann die Tier- und Pflanzenwelt erkundet werden.

Interessant und äußerst fotogen ist der sogenannte Wald aus Aloen. Wer nicht selbst laufen möchte, kann im offenen Safariauto die Geparden- und Rotkatzenfütterung beobachten.

Besucher von Kiripotib haben die Möglichkeit, sich in der angegliederten Teppichweberei ganz nach eigenen Wünschen bezüglich der Größe, Farbe und dem Design einen Teppich weben zu las-

In der Teppichweberei

Chalet mit Aussicht

sen. Sämtliche Arbeitsschritte werden hier nach wie vor per Hand durchgeführt, sodass man am Ende ein einzigartiges Stück Kunsthandwerk mit nach Hause nehmen kann. Die Teppiche werden auf Wunsch weltweit verschickt. Weiterhin gibt es eine Goldschmiede auf der Farm. Die Werkstätten bringen qualifizierte Arbeitsplätze aufs Land.

Von November bis Januar ist Kiripotib ganz in den Händen der Segelflieger. Entweder im eigenen Flugzeug – der Transport von Deutschland aus wird auf Wunsch organisiert – oder im gecharterten Flieger kann man von Kiripotib aus die Umgebung aus der Luft erkunden.

Wer noch höher hinaus will, für den stehen auf der Gästefarm Kiripotib eine Sternwarte, 9 Beobachtungsplattformen sowie diverse Teleskope und Großferngläser zur Verfügung. Niedrige Luftfeuchtigkeit, kaum Wind, keine Lichtverschmutzung, dazu etwa 300 klare Nächte im Jahr: Kiripotib bietet ideale Verhältnisse für einen spektakulären Blick ins All.

Info

Internet: www.kiripotib.com
Preise: ca. 2.000 N$ p. P. im Doppelchalet und ca. 1.600 N$ p. P. im Doppelzimmer.
Kinder: Kinder sind in jedem Alter willkommen und zahlen ca. 900 N$ im Zimmer der Eltern (3–13 Jahre).
Sonstiges: Preise und sonstige Informationen für Segelflieger gibt es unter www.kiripotib-soaring.com. African Kirikara Art & Craft hat auch Werkstätten und Shops in Windhoek und in Swakopmund. Informationen über die Sternwarte gibt es unter www.astronamibia.com.

84 Iglus in der Wüste: die Rostock Ritz Desert Lodge

Die Einfahrt markieren 2 große „R“, das linke der beiden zeigt spiegelverkehrt nach außen. Die Rostock Ritz Desert Lodge liegt etwa 120 km nördlich von Sesriem, dem Eingangstor zum Sossusvlei, auf der Strecke Richtung Walvis Bay und Swakopmund. Ausläufer roter Dünen liegen hier noch verstreut in der Landschaft, denn die Lodge steht im Randgebiet der **Namib**. Zu erreichen ist sie über die Schotterstraße C 14, bereits einige Kilometer vor dem Tor zur Lodge stehen gut sichtbare Hinweisschilder. Von hier aus sind es nur 240 km nach Windhoek, sodass sich die Rostock Ritz Desert Lodge ideal auch als erste oder letzte Station einer Rundreise durch Namibia eignet.

Für einen Aufenthalt sollten mindestens 2 Tage eingeplant werden, damit sowohl die **roten Dünen des Sossusvlei** auf dem Ausflugsprogramm stehen, als auch eine der 10 verschiedenen Wanderungen. Sie dauern 1–7 Stunden, und führen unter anderem zum Gaub und Ubib Canyon. Auch die Sundowner-Fahrt auf dem eigenen Gelände ist lohnend, ein absolutes Highlight: der Ausflug zu den Höhlenmalereien der San mit dem lodgeeigenen 4x4-Safari-Fahrzeug. Der Pool bietet einen fabelhaften Ausblick auf die weite Graslandschaft.

Die 19 Zimmer der Lodge (16 Standardzimmer und 3 VIP-Suiten) befinden sich in afrikanischen Rundbauten, gut isoliert mit natürlichen Schiefersteinen. Alle Zimmer verfügen über eigene Bäder mit Dusche und WC und sind außerdem mit Ventilator, Mosquitonetz und Fliegengittern ausgestattet. Ein kleiner Balkon gibt den Blick über die unendlichen Weiten Namibias frei.

Die igluartigen Unterkünfte der Rostock Ritz Desert Lodge

In der Umgebung kann man verschiedene Wanderungen unternehmen

So weit das Auge reicht, dehnt sich ringsum die Ebene aus. Den Sonnenuntergang beobachten Gäste von einem kleinen Hügel aus – oder auf einem der bequemen, hängenden Stühle mit Blick auf die **fast gelbe Graslandschaft**, an deren Rand ein paar Berge aufragen, hinter denen die Sonne innerhalb weniger Minuten verschwindet. Im letzten Licht sieht das Flusspferd am Rand des Pools beinahe echt aus, nur ein bisschen klein.

Die Lodge wurde 1998 eröffnet, Gründer „Kücki" Wolfgang Kühhirt führte bis dahin ein Restaurant in Swakopmund. Heute sind Hein Schultz und sein Team Gastgeber auf Rostock Ritz.

Rostock Ritz hat auch einen **Campingplatz**, der mit 4 Duschen, Toiletten und Waschbecken ausgestattet ist. Das Highlight beim Zähneputzen: Die offene Front mit Blick über das weite Land. Eine große Feuerstelle, Küche mit Geschirrspülmöglichkeit und Terrasse sind ebenfalls vorhanden.

Text: Daniela Kebel

Info

Internet: www.rostock-ritz-desert-lodge.com
Preise: ca. 1.700 N$ p. P./DZ inkl. Frühstück in der Hauptsaison (Juli–Okt), sonst ca. 1.200 N$. Bei längerem Aufenthalt gibt es Sonderpreise. 2 der Doppelzimmer sind rollstuhlgerecht.
Kinder: Kinder sind in jedem Alter willkommen und zahlen ermäßigte Preise.
Tipp: Nachts sollte man von der Terrasse aus unbedingt einen Blick in den Sternenhimmel werfen, keine andere Lichtquelle stört hier die Optik.

85 Barkhan Dune Retreat: Naturparadies zwischen Dünen und Pässen

Wie so viele besondere Lodges in Namibia erscheint auch das Barkhan Dune Retreat beinahe als natürlicher Bestandteil einer einmaligen Landschaft! Die Lodge liegt unterhalb des malerischen Spreetshoogte-Passes (s. S. 29) an der Pad 1275 und eignet sich so auch ideal zur Weiterfahrt in die Region des Sossusvlei (s. S. 26).

Herrlich von Bergen umgeben ist die in eine Düne gebaute Sundowner Bar. Die luftigen und freundlichen Chalets bieten tolle Ausblicke. Manche sind für Selbstversorger geeignet, aber allen Gästen steht es frei, sich im angenehmen Restaurant verwöhnen lassen. Die herzlichen Gastgeber machen das Erlebnis perfekt. Obst und Gemüse werden im lodgeeigenen Garten angebaut, die Eier stammen aus dem Hühnerstall nebenan.

Fünf Minuten vom Haupthaus entfernt verspricht die exklusive Kuangukuangu Luxury Cabin für zwei Personen noch mehr Abgeschiedenheit und Busch-Feeling pur.

Auch das breite Angebot an Aktivitäten lässt nichts zu wünschen übrig: Schön angelegte Wanderwege, tolle Möglichkeiten zur Vogelbeobachtung, E-Bike-Verleih, Solarbuggies – es gibt viele Möglichkeiten, die einzigartige Umgebung zu erkunden. Wem das noch nicht genug ist, der kann sogar das Element wechseln auf einem Flug zum und über das Sossusvlei oder bei einer Ballonfahrt ab Solitaire. Oder man lehnt sich einfach zurück und lässt die Seele baumeln – während die Barchane ihre Wanderschaft durch die Ewigkeit fortsetzen (s. u.).

Zimmer mit Aussicht

Traumhafte Lage: das Barkhan Dune Retreat

Woher der Name stammt

Ein Barchan oder Barkhan ist eine halbmondförmige Düne. Den ursprünglich kasachischen Namen etablierte der russische Wissenschaftler Alexander von Middendorff 1881 für halbmondförmige Sanddünen in Turkestan und anderen Wüstenregionen, doch findet sich dieser Dünentyp fast auf der ganzen Welt – auch in Namibia.

Die konvexen Barchane sind dem Wind zugewandt und entstehen durch Luftströme überwiegend aus einer Richtung. Sie treten normalerweise in Gruppen auf und können ganze Ketten bilden, die sich in Richtung des vorherrschenden Windes erstrecken. Dabei ist das Landschaftsbild steter Änderung unterworfen: Durch Erosion auf der Luvseite und Ablagerung auf der Leeseite begeben sich die Dünen auf Wanderschaft, wobei die kleinsten Exemplare auch die flottesten sind. Bis zu hundert Meter kann ein Barchan pro Jahr zurücklegen. Es gibt aber auch „stabilisierte" Dünen, die in den Weiten des Sandmeers fest verankert scheinen und in denen Gras, Buschwerk und Bäume gedeihen. Eine Faustregel lautet: Je größer die Sandkörner, desto älter die Düne, denn das Feinmaterial ist längst fortgeweht.

Dieses geologische Phänomen kann hier im Barkhan Dune Retreat beobachtet werden. In Millionen von Jahren wehten die Winde Sand über den Berg nach Westen und ließen ihn in das Gebiet fallen, wo heute die Lodge ihre Gäste begrüßt.

Info

Internet: www.barkhan.africa
Preise: ca. 1.700 N$ p.P./DZ mit Halbpension. Kinder sind ab 7 Jahren willkommen und zahlen bis zum 10. Lebensjahr die Hälfte. Kuangukuangu Luxury Cabin 1.700 N$ p.P./DZ (Selbstversorger). Sundowner Drive inkl. Getränke 350 N$, E-Bikes 120 N$, Solar Buggies 175 N$ (je 2 Stunden).

86 Afrika-Feeling inmitten roter Dünen: das Intu Afrika Kalahari Game Reserve

Im Südwesten der Kalahari, entlang dem Oberlauf des namibischen Auob River, liegt das Intu Afrika Kalahari Game Reserve, ein privates Wildschutzgebiet von ca. 100 km^2 Größe. **Rote Dünen** und spärlich bewachsene Grasebenen mit uralten Kameldornbäumen prägen die Landschaft.

Die **Tierwelt der Kalahari** ist aufgrund des im Allgemeinen trockenen und heißen Klimas – wenn man das Okavangodelta einmal außer Acht lässt – eher spärlich. Die Tiere, die dennoch unter diesen widrigen Bedingungen überleben, sind extrem gut angepasst. Für die Kalahari besonders typisch ist der schwarzmähnige Afrikanische Löwe. Er ist in der Lage, extrem lange Trockenperioden und sowohl sehr hohe als auch sehr niedrige Temperaturen (bis zu -15 °C im Winter) zu ertragen. Kalahari-Löwen legen zudem sehr lange Strecken auf der Suche nach Nahrung zurück.

Gäste der 3 wunderschön gelegenen Unterkünfte auf dem Gelände des Reserves können die Tiere in ihrer natürlichen Umgebung beobachten. Die **Zebra Kalahari Lodge** ist die Hauptlodge. Hier befinden sich Swimmingpool, Lounge, Bar und Speisesaal. Die Standardzimmer sind in einer Reihe links und rechts vom Hauptgebäude angeordnet, während die 5 freistehenden Dune Suites etwas abseits untergebracht sind und mehr Privatsphäre bieten. Beim Abendessen kann man die Tiere am Wasserloch beobachten.

Pool und Veranda im Suricate Tented Camp

Von den San kann man lernen, wie man in der Kalahari überlebt

Die 12 afrikanisch gestalteten Doppelchalets der **Camelthorn Kalahari Lodge** befinden sich etwas abseits und haben mehr Busch-Atmosphäre mit einem tollen Ausblick über die Savanne. Die Lodge bietet Pool, Lounge und Restaurant mit Blick in das Dünental. In der Boma kann abends traditionelles namibisches Essen vom Grill (Braai) probiert werden.

Die **Suricate Kalahari Tented Lodge** ist einfacher und rustikaler als die Hauptlodge, hat aber einen ganz besonderen Charme. Die 12 komfortablen Zelte mit Bad sind auf Holzplattformen gebaut und man kann direkt von der eigenen Terrasse aus die Tiere beobachten. Das strohgedeckte Hauptgebäude bietet Restaurant, Pool, Terrasse mit Ausblick und einen Feuerplatz für den Sundowner.

Die Kalahari ist das **Rückzugsgebiet der San**, die heute hauptsächlich hier siedeln. Wer möchte, kann sich von einem erfahrenen Spurenleser dieses alten Kulturvolks durch die rote Dünenlandschaft führen lassen und dabei vieles über die Geschichte der San, ihre Überlebensstrategien und ihren Alltag in der Kalahari erfahren. Außerdem werden Wildbeobachtungsfahrten und Quad-Touren angeboten.

Info

Internet: www.intu-afrika.com
Preise: Zebra Kalahari Lodge: je nach Saison 2.300–2.900 N$, Suricate Kalahari Tented Lodge: 1.900–2.330 N$, Camelthorn Kalahari Lodge: 1.500–1.900 N$. Alle Preise gelten p. P./DZ mit Halbpension.

Kinder: Kinder sind in allen Camps willkommen, es gibt aber keine besonderen Einrichtungen oder Aktivitäten. Kinder von 6 bis 12 Jahren zahlen die Hälfte, Kinder unter 6 Jahren sind frei.

87 Der Gondwana Namib Park mit Desert Lodge und Dune Star Camp

60 km nördlich von Sesriem gelegen, eignen sich die Namib Desert Lodge und das Namib Dune Star Camp ideal als Ausgangspunkt für einen Ausflug zum berühmten **Sossusvlei** und zum Sesriem Canyon.

Auch der 100 km² große Gondwana Namib Park selbst hat einiges zu bieten. Man findet dort **Dünen aus der Urzeit** der Namib, die sich in feuchteren Perioden zu rostbraunem Sandstein verfestigt haben: die so genannten versteinerten Dünen. Sie enthalten viele Fossilien, darunter Bruchstücke großer Vogeleier, mit deren Hilfe Forscher die Ahnenreihe des Straußes 16 Mio. Jahre zurückverfolgen und damit feststellen konnten, dass hier die Wiege des Straußes liegt.

Von Westen her reicht das Sandmeer der Namib in den Park, nach Osten hin breiten sich Ebenen aus. Auch die **geheimnisvollen Feenkreise** kann man hier bestaunen – kreisrunde, kahle Stellen, die von Angola bis Südafrika am Ostrand der Namib in den Grasflächen zu finden sind. Jahrzehntelang wurde über Herkunft und Sinn dieser Feenkreise gerätselt, im Gondwana Namib Park kam man mit einer Studie schließlich hinter das Geheimnis – nachzulesen im Info Centre des Parks oder zu erfahren auf einem der morgens und abends angebotenen Dune Drives.

Die Natur lässt sich auch zu Fuß erkunden: Ein **Wanderpfad** führt durch ein Rivier (Trockenfluss) und am Hang der versteinerten Dünen entlang; ein Info-Heft erklärt markierte Pflanzen und interessante Phänomene am Rande des Pfades.

Die **Namib Desert Lodge** liegt am Fuße der ältesten Dünen der Namib. Die 65 Doppelzimmer sind gemütlich eingerichtet und mit Klimaanlage ausgestattet,

Die Namib Desert Lodge am Fuße der Dünen

sodass man auch an heißen Sommertagen mittags und nachts erholsam schlafen kann. Das riedgedeckte Hauptgebäude beherbergt Rezeption, Info Centre und Souvenir-Shop. Restaurant und Bar sind in einem weiteren Gebäude untergebracht, dem Holzbalken und Rieddach eine urgemütliche Atmosphäre verleihen.

Die baumbeschattete Terrasse bietet einen schönen Blick auf den Hang der versteinerten Dünen und auf eine abends **beleuchtete Wasserstelle**, die regelmäßig von Oryxantilopen, Springböcken und einer Vielzahl einheimischer Vögel besucht wird. Abkühlen kann man sich in einem der beiden großen Schwimmbecken. Der liebevoll mit einheimischen Pflanzen angelegte Garten wird übrigens mit Wasser aus einer Aufbereitungsanlage bewässert.

Das **Namib Dune Star Camp** ist eine abenteuerliche Unterkunft in der Namib, nur einen Spaziergang von der Namib Desert Lodge entfernt. Das Camp besteht aus 9 Holzchalets, die mitten in der Wüste liegen. Jedes Chalet verfügt über ein Bad und einen großen Schlafraum mit einem Bett auf Rädern, das auf die große Veranda geschoben werden kann, um so eine Nacht unter den Sternen zu verbringen – das ultimative Dünenerlebnis! Das Namib Dune Star Camp ist ein umweltfreundliches Camp. Hier stehen die Ruhe der Wüste und die landschaftlichen Erlebnisse im Vordergrund.

Wem das noch zu viel Trubel ist: Die nur für 2 Personen ausgelegte Luxus-Unterkunft **Desert Whisper** an einem Berghang bietet Einsamkeit pur. Mit der Rezeption kann man per Funk Kontakt aufnehmen. Check-in an der Desert Lodge.

Wer mit dem Zelt unterwegs ist, ist auf der **Namib Desert Campsite** gut untergebracht, die etwa 4 km von der Namib Desert Lodge entfernt unter Akazienbäumen am Trockenfluss liegt. Nachts hat man den klaren Sternenhimmel über sich; morgens wacht man mit Blick auf die versteinerten Dünen auf. Jeder Platz verfügt über Stromanschluss und Wasserhahn, Grillanlage und Windschutz. Duschen, Waschbecken, Toiletten und Spülbecken sind in Gemeinschafts-Gebäuden untergebracht.

Beim Camping2go geht es auch rustikal zu, doch man übernachtet in einem fest installierten Zelt auf bequemen Betten, es stehen eine Küche und Sitzgelegenheiten zur Verfügung.

Info

Internet: www.gondwana-collection.com
Preise: Namib Desert Lodge: 2.020 N$, Namib Dune Star Camp: 2.600 N$, jeweils p. P./DZ mit Frühstück, **Desert Whisper** ab 18.550 (DZ), Camping 260 N$ p. P., Camping2go ab 750 N$ p.P.

Kinder: Kinder sind willkommen und zahlen im Alter von 6 bis 13 Jahren die Hälfte, bis zu 5 Jahren gar nichts.
Touren: Auf einer Rundfahrt durch den Gondwana Namib Park (Sundowner Drive) kann man die versteinerten Dünen, die roten Dünen oberhalb des Plateaus und die vielen anderen Wunder der Namib Wüste erkunden. Dauer 2–3 Std., 700 N$ p. P.

88 Naukluft Experience: die Gästefarmen Ababis und BüllsPort

Unter dem Namen „Naukluft Experience“ haben sich die Gästefarmen BüllsPort und Ababis zusammengeschlossen, um die Region rund um das Naukluftgebirge gemeinsam touristisch zu vermarkten. Die **Natur erhalten** und durch die **Förderung des Tourismus** die künftige Entwicklung des Lebensraumes und der lokalen Bevölkerung unterstützen – so lautet die Vision der Naukluft-Experience-Begründer.

Die Gästefarm **BüllsPort** verdankt ihren Namen einem alleinstehenden Berg, dem Bullenkopf, dessen Form an den Kopf eines Bullen erinnert. Am Bullenkopf vorbei führt die C14, der einzige Weg, um die Naukluft (ohne zu klettern) zu passieren. Schon zur Zeit der Ochsenwagen war BüllsPort ein Verkehrsknotenpunkt von der Walfischbucht aus in den Süden. 1949 kam die Farm in den Besitz der Familie Sauber. Hier wurde einst mit Karakulschafen und wird heute mit Rindern gefarmt. Frau Sauber führt zudem eine Pferdezucht.

Insgesamt gibt es 12 geräumige, helle Zimmer, davon sind 2 Familien-Suiten. Das gemütliche Wohnzimmer mit Büchern, Bar und großer Veranda lädt zum gemütlichen Beisammensein ein. Wer es lieber etwas einsamer hat, dem stehen jeweils ca. 3 km entfernt vom Hauptgebäude 2 Campingplätze in verschiedenen Bergtälern zur Verfügung. Zahlreiche markierte und gepflegte Wanderwege erlauben es, die Natur der Naukluftberge zu Fuß zu erkunden. Dabei ist sowohl für den anspruchsvollen Wanderer als auch für diejenigen etwas dabei, die es lieber entspannt angehen lassen. Ausritte, Kutschfahrten und Farmrundfahrten sind weitere schöne Aktivitäten. Zur Erfrischung steht im Anschluss ein Pool bereit.

Dinner auf der Veranda von Ababis

Die Farm **Ababis** liegt am Rande der Namibwüste, am Fuße der Naukluft-Berge. Bei einem Niederschlag von 120 mm in guten Jahren wächst hier nur noch periodisch Gras, und es gibt nur wenige Bäume in dieser Region. Nur die Trockenflussläufe sind von lichten Galeriewäldern besetzt. Daher bezeichnet man diese Region als offene Strauchsavanne. Das Farmgelände ist von 2 Seiten eingerahmt von Bergen. Im Süden liegen die Naukluftberge, und nach Osten hin steigt das Gebiet steil an zum zentralen Hochland.

Das historische Farmhaus und die Stallgebäude wurden 1904 erbaut und dienten der Schutztruppe als Pferdewechselstation. Der Farmhof wurde groß angelegt, damit die schweren Ochsenkarren, die die damalige Hauptstrecke vom Süden in den Norden entlang kamen, gut wenden konnten. Der erste Besitzer war der Farmer Albert Voigts, der auf der Farm Karakulschafe züchtete. Seit 1985 wird die Farm von der Familie Schulze Neuhoff bewirtschaftet. Die Gästefarm verfügt über insgesamt 4 Doppel/Dreibettzimmer, davon 2 etwas größere, sogenannte Komfortzimmer, sowie ein separates Haus am Tsondab-Rivier für maximal 5 Personen und ein freistehendes Honeymoon Chalet. Im Tsondab Rivier gibt es zudem 4 einfache Campingplätze mit Grillmöglichkeit. Auf der kolonial anmutenden Veranda werden Tee und Kuchen sowie das Abendessen serviert. Auf der Farm kann man auf verschiedenen Wanderwegen oder bei einer abendlichen Farmrundfahrt die Natur erkunden.

Gästezimmer auf der Farm BüllsPort

Info

Internet: https://buellsport-naukluft.com/, www.ababis-gaestefarm.de, www.naukluft-experience.com
Preise: BüllsPort: 2.310 N$, Camping 305 N$ p.P.; Ababis: Standard 1.700 N$, Komfort 2.000 N$. Preise jeweils p. P./DZ mit Halbpension, Camping 200 N$. Ab 2022 soll eine mehrtägige Wanderung mit Übernachtung im Zelt angeboten werden.
Sonstiges: Auf Ababis wird ein speziell auf die Straßensituation in Namibia (Schotterpisten etc.) ausgerichtetes Fahrsicherheitstraining angeboten, das mind. einen Monat im Voraus gebucht werden muss (Infos auf der Homepage).

89 Ruhe und Gastlichkeit im Herzen der Namib: die Weltevrede-Gästefarm

Mitten in der Namib, rund 300 km südwestlich von Windhoek und von 3 Seiten vom Namib-Naukluft-Park eingeschlossen, liegt Weltevrede. Die Farm ist Heimat einer großen Zahl von Wildtieren und perfekter Ausgangspunkt für **Tagesausflüge** ins Sossusvlei und in den Sesriem Canyon.

Umgeben von einer reizvollen Mixtur aus schroffen Bergen, riesigen Wanderdünen, rauen Schotterebenen, staubigen, prähistorischen Flussbetten sowie Kameldorn-Bäumen ist Weltevrede eine Oase der Gastfreundlichkeit. Die Anzahl der gleichzeitig aufgenommenen Gäste wird bewusst begrenzt, um einen persönlichen Service und **authentische Gästefarm-Atmosphäre** zu garantieren.

Für Gäste stehen **12 einzeln stehende Bungalows** mit je eigenem Bad mit Dusche und WC zur Verfügung. Jeder Bungalow ist individuell und liebevoll eingerichtet und verfügt über eine Klimaanlage. Auch Campingmöglichkeiten sind vorhanden. Alle Unterkünfte und Einrichtungen sind sehr gepflegt. Ein Swimmingpool sorgt für Abkühlung nach Ausflügen in die Wüste.

Die gesamte Anlage ist liebevoll gestaltet und sehr gepflegt

Die Tierwelt in der Umgebung ist sehr vielfältig

Nach vielen Jahren Hege durch die heutigen Eigentümer der Farm befinden sich inzwischen **mehr als 1.000 Springböcke** auf dem Gelände. Wiederholt wurden auch Geparde auf der Farm beobachtet. Ebenfalls zu sehen sind Schakale, Leoparden, Bergzebras, Kudus, Oryxantilopen und Strauße sowie viele Insekten- und Vogelarten. Täglich wird Wasser zu den verschiedenen Wasserstellen gebracht.

Das Essen – schmackhafte **traditionelle Farmküche** – wird bei gutem Wetter in der Lapa, sonst im gemütlichen Speisezimmer eingenommen.

Auf dem Farmgelände gibt es eine markierte Allradroute für Selbstfahrer. Außerdem sind schöne, unterschiedlich lange Wanderwege ausgewiesen. Die angebotene Sundowner-Fahrt zu den **Versteinerten Dünen** ist ein ganz besonderes Erlebnis. Aber die Hauptattraktion bleiben natürlich Sossusvlei und Sesriem; Tagesausflüge werden von externen Veranstaltern angeboten oder können auf eigene Faust unternommen werden. Für alle, die hoch hinaus wollen, werden auch Heißluftballonfahrten angeboten. Hierfür ist eine Voranmeldung notwendig.

Info

Internet: www.weltevredeguestfarm.com
Preise: ab 1.400 N$ p. P./DZ mit Halbpension, Camping ca. 180 N$ p. P.
Kinder: Kinder sind in jedem Alter willkommen, sie zahlen unter 13 Jahren die Hälfte, unter 3 Jahren gar nichts.
Sonstiges: Eine kleine Flugzeuglandebahn ist vorhanden.

90 Vom Bett aus auf die Dünen schauen in der Sossus Dune Lodge

Wer hier wohnt, ist schon mittendrin und braucht weder für eine Sonnenaufgangstour in die berühmten roten Dünen, noch bei einer Sundowner-Fahrt am Eingangstor zu warten. Die Sossus Dune Lodge wurde an einem der schönsten Plätze in der Namib errichtet: mit Blick auf die knallroten Dünen, die schon morgens im ersten Licht vor dem blauen Himmel regelrecht strahlen. Ein einmaliges Naturschauspiel, das Gäste beim Aufwachen schon vom Bett aus beobachten können. Denn alle Zelte haben sowohl im Schlafbereich als auch im großen Badezimmer **Panoramafenster** vom Boden bis zum Rieddach.

Die Panoramafenster gewähren einen tollen Blick in die Namib

Die insgesamt 25 großen, runden Zelte sind innen mit Holz und in dunklen Tönen eingerichtet. Moskitonetze hängen über allen Betten, sie sind goldbraun statt weiß und verleihen dem Interieur einen edlen Glanz. Durch die Ritzen des Holzfußbodens ist der sandige Grund zu sehen, denn alle Zelte, Terrassen und Verbindungswege sind auf einer Holzkonstruktion etwa einen Meter oberhalb des Bodens errichtet. Von der eigenen **Terrasse** aus können Springböcke in der Ebene beobachtet werden, Schakale streifen unter den Terrassen umher auf der Suche nach Nahrung. Die Zelte stehen in etwa 10 m Abstand nebeneinander, 12 links, 13 rechts von Restaurant und Rezeption, die den Mittelpunkt der Lodge bilden. Das jeweils letzte Zelt in beiden Reihen ist eine Honeymoon Suite: noch größer und luxuriöser ausgestattet als die übrigen Zimmer.

Auch der **kleine Swimmingpool** neben der Bar und dem Restaurant hat einen direkten Blick auf die Namib und ihre roten Dünen. Kurz nach Sonnenuntergang leuchten in der Ferne die Scheinwerfer der vielen Fahrzeuge und ziehen wie Perlen an einer Schnur vorüber. Sie müssen das Gebiet am Eingangsgate in Sesriem wieder verlassen, Gäste der Sossus Dune Lodge können den Sonnenuntergang an Düne 45 oder auf irgendeiner anderen in aller Ruhe ohne Blick auf die Uhr genießen. Denn diese Lodge steht innerhalb des genehmigungspflichtigen Gebietes.

Sind alle Ausflügler und Guides mit ihren Reisegruppen zurückgekehrt, bricht Stille herein. Eine Stille, die beinahe unheimlich ist. **Kein einziger Laut** ist nachts in der Namib zu hören, noch nicht einmal Insekten zirpen in dem spärlichen Gras. Selbst

Alle Zelte, Terrassen und Verbindungswege sind auf einer erhöhten Holzkonstruktion errichtet

Mücken scheint es hier – zumindest während des afrikanischen Sommers von Oktober bis März – zu heiß zu sein. Und wer auf seiner Terrasse steht, sieht auch nichts mehr von den spärlichen Lichtern der Lodge, nur noch die **Millionen Sterne**, die am Himmel über der Wüste funkeln. Und natürlich das Kreuz des Südens.

Da Namibia ein Land für Selbstfahrer ist, darf natürlich auch ein Parkplatz nicht fehlen. Die Geländewagen parken auf einem überdachten Platz, mit einem Golfkarren oder zu Fuß geht es für Gäste die letzten Meter bergauf zur Lodge, um die Ruhe der Wüste nicht zu stören. Guides, die nach Sonnenuntergang von ihren Touren zurückkehren, dürfen bis vor die Rezeption fahren – allerdings müssen sie diese kurze Strecke ohne Scheinwerfer zurücklegen, um die Gäste im Restaurant nicht zu stören.

Abends gibt es 2 Menüs zur Auswahl, das Personal ist **freundlich und aufmerksam**, der Service ist in dieser Lodge unter der Leitung von Namibia Wildlife Resorts ausgezeichnet. Internet und Handynetz sind nicht verfügbar. Aber wer braucht das schon – mitten in der Namib. *Text: Daniela Kebel*

Info

Internet: www.nwr.com.na
Preise: ca. 5.040 N$ p. P./DZ mit Halbpension in der Hauptsaison (Juli–Okt.), sonst ca. 2.800 N$. Rundfahrt im Park 750, Tour zur Elim Düne oder Sesriem Canyon 400 N$ p.P.

Sonstiges: Strom, Steckdosen und warmes Wasser sind in allen Zimmern 24 Stunden am Tag verfügbar.

91 Der Gondwana Kalahari Park

Im 100 km^2 großen Naturpark 30 km nordöstlich von Mariental erleben Gäste die Kalahari hautnah – auf einer Beobachtungsfahrt oder auf den markierten Wanderpfaden. Mit etwas Glück begegnet man Tieren wie Elen- und Oryxantilope, Springbock und Streifengnu, Kuhantilope und Savannenzebra, Schakal und Löffelhund. Höhepunkt der Rundfahrt ist ein Sundowner auf einer hohen Düne mit umwerfender Sicht über die **Weite der Kalahari**. Die Wanderwege führen durch Savannenlandschaften, über sanfte Erhebungen und durch Riviere (Trockenflüsse) und bieten auf diese Weise ein abwechslungsreiches Naturerlebnis. Zudem werden E-Bikes vermietet, mit denen man die Natur selbst erkunden kann. Für den Nervenkitzel nach dem Abendessen gibt es einen kurzen Scorpion Night Walk.

Der Park hat übrigens auch eine interessante historische Facette: Das Land war einst im Besitz eines deutschen Adeligen, der sich während des Dritten Reiches am **Widerstand gegen Adolf Hitler** beteiligt hat und in den Wirren zu Kriegsende nach Namibia geflohen ist. An ihn erinnert ein unscheinbares Holzkreuz an seinem Lieblingsplatz auf einer Anhöhe.

Die meisten Gäste des Parks übernachten in der **Kalahari Anib Lodge**. Mit ihren hohen Palmen und Bäumen wirkt sie in der gelben Savanne zwischen den roten Dünen der Kalahari wie eine üppig grüne Oase. Die Lodge verfügt über 52 Doppelzimmer, ist aber so angelegt, dass sich Gruppenreisende und Individualgäste gleichermaßen wohlfühlen. 36 Doppelzimmer mit eigener Veranda gruppieren sich hufeisenförmig um eine liebevoll gestaltete Gartenanlage. In der Mitte lockt ein großes Schwimmbecken zum Sprung ins kühle Nass. Für Individualreisende gibt es außerhalb des Hufeisens weitere Doppelzimmer mit Veranda, die einen Blick in die offene Savanne der Kalahari bieten, sowie ein separates Schwimmbecken.

Grüne Oase in der Wüste: die Kalahari Anib Lodge

Das **Kalahari Farmhouse** liegt 30 km östlich vom Park am Rande des Dorfes Stampriet am Auob-Rivier. Auf dem ehemaligen Sitz einer einflussreichen Farmerfamilie errichtet, verbindet das Farmhouse ländliche Atmosphäre mit dem gehobenen Ambiente eines Herrenhofes. Hauptgebäude und Bungalows in kapholländischem Stil stehen unter hohen Bäumen und Palmen und sind umgeben von Weinstöcken und Obstbäumen. Von einem artesischen Brunnen aus fließt Wasser in einer Rinne plätschernd durch den üppig grünen Garten; ein Schwimmbecken sorgt für Abkühlung. Mit seinen 11 hellen und freundlichen Zimmern ist das Kalahari Farmhouse für kleinere Gruppen oder Individualreisende eine reizvolle Alternative zur Kalahari Anib Lodge. Selbstverständlich können Gäste an den Naturrundfahrten im Gondwana Kalahari Park teilnehmen. Interessant ist auch die Besichtigung des kleinen Farmbetriebs nebenan. Das sogenannte Gondwana Selbstversorgungszentrum versorgt alle Unterkünfte Gondwanas mit Obst, Gemüse, Milch, Joghurt, Käse, Eiern, Aufschnitt und Fleisch.

In der Küche wird gezaubert und das Ambiente stimmt

Für Zelturlauber gibt es in der Nähe der Lodge (5 Gehminuten) die **Kalahari Anib Campsite**, auf deren 3 exklusiven, separat gelegenen Plätzen jeweils nur eine Partei (max. 6 Personen) übernachtet. Camper können den Pool der Lodge nutzen und sind auch in Restaurant und Bar herzlich willkommen. Beim Farmhouse findet zudem sich die **Kalahari Farm Campsite** mit 8 Stellplätzen (je max. 10 Personen). Zudem gibt es 4 eingerichtete Zelte mit je 4 Betten, Küche, Veranda, Grill und Bad, das sog. „Camping2go“.

Info

Internet: www.gondwana-collection.com
Preise: Kalahari Anib Lodge: ab 1.800 N$, Kalahari Farmhouse: ab 1.800 N$, jeweils p. P./DZ mit Frühstück, Camping 300 N$ p. P., Camping-2go ab 750 N$.
Kinder: Kinder sind willkommen und zahlen im Alter von 6 bis 13 Jahren die Hälfte, bis zu 5 Jahren gar nichts.
Sonstiges: Eine Karte mit markierten Wanderwegen gibt es an der Rezeption.

92 Die Wüste erleben in Kalahari Red Dunes und Teufelskrallen Tented Lodge

Etwa 200 km südlich von Windhoek, mitten in den roten Dünen der Kalahari befindet sich das 40 km^2 große **private Wildreservat** der Kalahari Red Dunes Lodge, in dem Giraffen, verschiedene Antilopenarten, Hartmannzebras, Strauße und viele andere Tiere leben. In der Regenzeit sind zudem viele Wasservögel zu beobachten. Die Anfahrt vom Flughafen ist auch nach einem Nachtflug noch gut zu bewältigen, deshalb ist die Lodge hervorragend als erste Unterkunft für einen Namibia-Urlaub geeignet. Die entspannte Atmosphäre und die liebliche Landschaft dort tragen zur Entspannung bei.

Chalet der Red Dunes Lodge

Die 12 um einen natürlichen Trockensee angesiedelten Chalets der Kalahari Red Dunes Lodge verfügen über **Panoramafenster zur Beobachtung der Tiere**. Die gesamte Anlage ist barrierefrei und die Gästehäuser sind in einem großzügigen Abstand voneinander errichtet. Im Haupthaus befinden sich das Restaurant, eine Bar und die Rezeption, außerdem gibt es hier einen Pool und eine Sonnenterrasse. Die Chalets sind unterschiedlich groß, aber alle komfortabel, geräumig und sehr geschmackvoll eingerichtet. Derzeit wird die Anlage nach den starken Regenfällen mit Überschwemmung Anfang 2021 renoviert und soll 2023 neu eröffnen.

Die Küche ist landestypisch gut und bietet einen Mix aus europäischen und afrikanischen Einflüssen. Die Mahlzeiten werden entweder auf der Terrasse oder im gemütlichen Restaurant mit offenem Kamin eingenommen.

Die raue Schönheit der Kalahari lässt sich am besten auf ausgedehnten Wanderungen erfahren

Das Gelände der Kalahari Red Dunes Lodge eignet sich insbesondere für **ausgedehnte Wanderungen**. Die Schönheit und Stille, aber auch die Härte und die Lebensfeindlichkeit der weiten Dünenlandschaft werden auf eindrucksvolle Weise deutlich. Markierte Wanderwege mit Trinkstationen sind eingerichtet, es werden aber auch geführte Wanderungen unterschiedlicher Länge angeboten. Natürlich darf auch der abendliche Game Drive nicht fehlen, bei dem meistens sehr viele Tiere zu sehen sind.

Wer lieber etwas schneller vorankommt, der kann das Gelände auch auf den zur Verfügung stehenden **Mountainbikes** erkunden. Ein Netz von Fahrradwegen mit festem Untergrund ist angelegt. Zwischendurch sorgen sonnengeschützte Rastplätze für entspannende Ruhepausen.

Der Trans Kalahari Walk (S. 86) ist eine mehrtägige geführte Wanderung, die in der Kalahari Red Dunes Lodge (bis 2023 in der Teufelskrallen Tented Lodge) beginnt und von dort aus zu einem eigens dafür errichteten Dünen-Camp führt.

Angegliedert an die Kalahari Red Dunes Lodge ist die **Teufelskrallen Tented Lodge**. 6 komfortable Zeltunterkünfte auf Stelzen bieten einen fantastischen Rundumblick auf die Dünenlandschaft. Das Bad kann man über einen Steg erreichen. Rezeption und Restaurant sind im 3 km entfernten Alten Farmhaus untergebracht. Hier finden sich auch der Poolbereich und ein idyllischer Garten zum Entspannen. Ihren Namen verdankt die Lodge der nahegelegenen Teufelskrallen-Plantage. Diese bedrohte Heilpflanze wird u.a. zur Behandlung von Arthrose eingesetzt.

Info

Internet: www.ondili.com
Preise: Red Dunes Lodge: Renovierung bis 2023, Teufelskrallen Tented Lodge: ab 1.900 N$ p.P. inkl. Halbpension.

93 Mit Blick auf die Dünen des Sossusvlei: die Little Sossus Lodge

35 km südöstlich von Sesriem, an der Kreuzung von C 19 und D 854 liegt die Little Sossus Lodge. Umgeben von den Nubib-, Tsaris- und Naukluft-Bergen und mit einem wunderschönen **Ausblick auf die entfernten Dünen** im Westen ist sie ein Paradies für Erholungssuchende. In der Stille und Weite der Wüstenlandschaft und besonders bei einem Sundowner unter dem unvergleichlichen afrikanischen Himmel ist schnell aller Alltagsstress vergessen.

Einrichtung im afrikanischen Stil

Die 20 rustikal aus Naturstein erbauten, stilvoll eingerichteten Bungalows der Lodge **fügen sich sanft in die Landschaft ein**. Alle Einheiten verfügen über ein eigenes Bad mit Dusche und WC. 4 der Bungalows sind Familieneinheiten mit jeweils 4 Betten, die anderen sind mit Doppelbetten ausgestattet. Lichter und Ventilatoren in den Chalets werden mit Windenergie betrieben, die mit Hilfe eines Generators gewonnen wird. Und auch sonst, z. B. bei von der Lodge gestellten Seifen, Shampoo etc. wird großer Wert auf umweltfreundliche Produkte gelegt.

Der Kamin sorgt für Wärme und Behaglichkeit an kalten Abenden

Das Hauptgebäude ist ein **altes Farmhaus**, das zu gemütlichen Gemeinschaftsräumlichkeiten umgestaltet wurde. Die Gäste können alle Räume nach Belieben nutzen. Auf der großen geschützten Veranda werden bei gutem Wetter die Mahlzeiten eingenommen. Die afrikanischen Speisen werden teilweise mit Zutaten aus dem eigenen Garten zubereitet. Die Lounge ist in afrikanischem Stil und mit bequemen Ledersofas eingerichtet. Hier stehen den Gästen Internet, Telefon und ein Fernseher zur Verfügung. Ein Swimmingpool sorgt an heißen Tagen für Abkühlung.

Die Gebäude der Lodge sind aus Natursteinen errichtet

Auf dem Gelände der Lodge sind verschiedene **Fuß- und Allrad-Trails** gekennzeichnet, z. B. ein kurzer Fußweg mit Blick aus der Ferne auf das Sossusvlei, der etwa 20 Minuten in Anspruch nimmt. Mögliche Aktivitäten sind Tagesexkursionen ins Sossusvlei oder zum Schloss Duwisib, Ballonfahrten oder Allradtouren in die Naukluft. Geführte Touren werden auf Anfrage organisiert.

Auch für **Camper** ist die Little Sossus Lodge ein Paradies. 8 km vom Hauptgebäude entfernt bieten mehrere Stellplätze einen wunderschönen Blick über das Tal. Nur 20 Minuten braucht man von hier aus ins Sossusvlei bzw. zum Sesriem Canyon. Die überdachten Plätze bieten Schutz vor Wind und Sonne und verfügen je über ein eigenes Bad. Camper müssen sich selbst versorgen, es gibt aber einen kleinen Laden, in dem man alles Notwendige dafür kaufen kann.

Info

Internet: www.littlesossus.net
Preise: ca. 2.020 N$ p. P./DZ mit Halbpension, ca. 5.050 N$ pro Familienbungalow für 4 Personen, Camping ca. 190 N$ pro Campingplatz und 170 N$ p. P.
Kinder: Kinder sind in jedem Alter willkommen.

94 Auf dem Rücken der Pferde … die Desert Homestead Lodge

Die weite Savanne wird gesäumt von den Nubib-, Tsaris- und Naukluft-Bergen. Im Westen reicht der Blick bis zu den fernen Dünen der Namib, das Gelände von Desert Homestead grenzt an das UNESCO-Welterbe Namib Sand Sea. Urige Chalets aus Natursteinen fügen sich perfekt in die Landschaft ein. In der Desert Homestead Lodge wird Wert auf den Einklang zwischen **Natur und Tourismus** gelegt. Für den erholungsbedürftigen Gast gibt es hier wohltuende Ruhe und unendliche Weite der Landschaft.

Wie könnte man sich in einer solchen Umgebung angemessener fortbewegen als auf dem Rücken eines Pferdes? Für Anfänger ebenso wie für Profis gibt es hier die

Die Desert Homestead Lodge fügt sich perfekt in die Landschaft ein

Natur erleben – das Ondili-Konzept

Die Unterkünfte von Ondili Lodges & Activities (www.ondili.de) einfach nur als komfortable Durchgangs- und Übernachtungsstationen zu nutzen, wäre viel zu schade. Die Lodges liegen in den schönsten und eindrucksvollsten Regionen Namibias: in der Kalahari, am Sossusvlei und im Damaraland. Wer hier nicht mindestens 2 oder 3 Nächte verbringt, ist selber schuld. In allen Ondili-Unterkünften werden Aktivitäten angeboten, die weit über die üblichen Game und Nature Drives hinausgehen. Auf mehrtägigen geführten Wanderungen oder Pferdesafaris verbringen die Gäste viel Zeit in und mit der faszinierenden Natur Namibias. Übernachtet wird in einsam gelegenen Camps unter afrikanischen Sternenhimmel. So wird der Aufenthalt zum Erlebnis …

Zur Ondili-Gruppe gehören neben Desert Homestead Lodge und Outpost noch die Kalahari Red Dunes und Teufelskrallen Tented Lodge (S. 200), die Hohenstein Lodge (S. 170), das Twyfelfontein Adventure Camp, Etosha Oberland Lodge (S. 130) sowie das Gästehaus Ti Melen in Windhoek (S. 67).

Möglichkeit, Alltagssorgen bei einem **Ritt durch die Savanne** hinter sich zu lassen und neue Kraft zu tanken. Das breitgefächerte Angebot reicht vom etwa 3-stündigen Sundowner Ride bis zu mehrtägigen Horse Sleepouts, bei denen in luxuriösen Zelten in der Wüste übernachtet wird.

Stilvoll: die Einrichtung der Chalets

Wer lieber mit beiden Beinen auf dem Boden bleibt, kann sich auf eigene Faust auf den **Walking Trail** begeben. Der gut ausgezeichnete Weg führt auf einen kleinen Berg nahe der Lodge. Ideal, um sich nach der Ankunft mit der Gegend vertraut zu machen. Es wird aber auch eine halbtägige geführte Wanderung für geübte Wanderer angeboten, die von der Desert Homestead Lodge zum Desert Homestead Outpost führt und den Gästen mit der Überquerung schroffer Felsen und der Durchwanderung sandiger Ebenen beeindruckende Landschaftserlebnisse bietet.

Ob geführt oder auf eigene Faust – bei einem Ausritt kann man wunderbar die Seele baumeln lassen

Die günstige Lage der Lodge ermöglicht **Tagesausflüge** sowohl zum Sossusvlei als auch in die Naukluft. Die Exkursion ins Sossusvlei wird auch als geführte Halbtagestour im klimatisierten Allradfahrzeug angeboten.

Aber selbst, wenn man **einfach entspannen** und einmal gar nichts tun möchte, ist man in Desert Homestead richtig. Die Chalets sind geschmackvoll mit dunklen Holzmöbeln und hellem Leinen eingerichtet und verfügen über ein eigenes Bad. Der Swimmingpool, die große Veranda und die gemütliche Lounge laden zum Ausruhen und Erholen ein. Die Küche verwöhnt mit raffiniert-rustikalen Gerichten.

Die Schwesterlodge **Desert Homestead Outpost** wird derzeit neu gebaut und soll 2023 in neuem Glanz eröffnen. Geplant sind luxuriöse Bungalows aus Naturstein mit großen Glasflächen, jeder mit eigener Terrasse, sowie ein Pool am Hauptgebäude. Die Gäste des Outposts können an sämtlichen Aktivitäten der Desert Homestead Lodge teilnehmen.

Info

Internet:
www.ondili.com
Preise: Homestead Lodge: 2.300 N$ p.P./DZ mit Halbpension, Homestead Outpost: Wiedereröffnung 2023.

Kinder: Kinder sind willkommen und zahlen unter 4 Jahren gar nichts, unter 12 Jahren in der Lodge einen reduzierten Preis.

95 Schlafen unter Sternen am Rande der Namib: die Kulala Desert Lodge

Die Kulala Desert Lodge von Wilderness Safaris ist ideal gelegen, um von hier aus die Namib zu erkunden. Die Lodge setzt auf **Exklusivität und persönliche Betreuung** ihrer Gäste. Sie ist außerdem die einzige Lodge mit einem privaten Zugang zum Namib-Naukluft-Park, sodass man von hier aus auf kürzestem Wege das Sossusvlei erreichen kann.

Speisesaal mit Ausblick

Das riedgedeckte Hauptgebäude

Zum **riedgedeckten Hauptgebäude** der Lodge gehören Rezeption, Lounge, Speisezimmer und eine umlaufende Veranda. Die Tonziegel, aus denen das Gebäude errichtet wurde, wurden auf der Farm hergestellt und vermitteln ein afrikanisches Gefühl. Ein Wasserloch in direkter Nähe lockt regelmäßig Spieß- und Springböcke, Strauße und andere Wildtiere an. Zur Lodge gehören außerdem ein Schwimmbad sowie eine Bar. Die Küche bietet landestypische Gerichte, es gibt viel Wild und frisches Gemüse.

Die Gäste sind in Bungalows, den sogenannten Kulalas, untergebracht, die ganz individuell den Lebensbedingungen in der Wüste angepasst wurden. Jedes Kulala ist auf einer Plattform errichtet, um eine maximale Luftzirkulation zu ermöglichen. Die strohgedeckten Dächer bieten Schutz vor der sengenden Wüstensonne. Die Lodge verfügt über insgesamt 23 solcher Wohneinheiten mit je eigenem Bad. Auf dem Dach befindet sich eine Plattform, auf die man in lauen, sternenklaren Nächten eine Matratze legen kann, um die Stille und den **fantastischen namibischen Wüstenhimmel** zu genießen. Die Kulalas sind für je 2 Personen eingerichtet, auf Wunsch gibt es aber auch weitere Betten. Außerdem stehen 3 Familieneinheiten mit je 2 Schlafzimmern zur Verfügung. Zur Ausstattung gehören ein Ventilator sowie eine eigene Veranda mit Blick auf die Dünen des Sossusvlei. Alles ist sehr geschmackvoll und mit afrikanischer Kunst eingerichtet.

Kulalas und Hauptgebäude der Lodge vor eindrucksvoller Wüstenkulisse

Im Vordergrund der Aktivitäten in der Kulala Lodge steht natürlich das **Wüstenerlebnis**. Verschiedene Ausflüge ins Sossusvlei oder andere Teile der Namib werden angeboten. Besonders schön ist der vor Sonnenaufgang beginnende 4x4-Trail ins Sossusvlei, bei dem man die Stille und Einzigartigkeit der Wüste bei einem Brunch unter Kameldornbäumen genießen kann.

Fantastische Möglichkeiten zum Fotografieren bieten sich besonders bei einer Sundowner-Fahrt. Am späten Nachmittag bei sinkender Sonne entfalten sich die **vielfältigen Farbgebungen der Wüste** erst zu ihrer vollen Pracht. Andere Möglichkeiten, die Wüste zu entdecken, gibt es auch: sei es auf einem Pferderücken oder vom Heißluftballon aus. Wer es entspannter mag, der kann die Tiere am Wasserloch beobachten oder sich am Pool ausruhen.

Info

Internet: www.wilderness-safaris.com
Preise: ca. 9.000 N$ p. P./DZ mit Halbpension in der Hauptsaison (Mitte Juni bis Ende Okt.), sonst ca. 5.500–6.500 N$. Preise inkl. Vollpension und 2 Aktivitäten/Tag.

Kinder: Kinder sind willkommen und dürfen auch an den Aktivitäten teilnehmen. Es gibt aber keine speziellen Einrichtungen oder Angebote für sie.
Sonstiges: Ballonsafaris kosten extra und sind nicht möglich zwischen Mitte Januar und Mitte Februar. Eine Voranmeldung ist notwendig.

96 Im Einklang mit der Natur: Wolwedans Camps im NamibRand Nature Reserve

Mitten in der spektakulären Landschaft des NamibRand Nature Reserve befinden sich mit den Wolwedans Camps einige der schönsten Unterkünfte im südlichen Namibia. Wolwedans als Gesamtkonzept ist aber mehr als einfach eine Handvoll Zelte und Lodges. Hier äußert sich zugleich eine bemerkenswerte Geschäftsphilosophie, die **verantwortlichen Umgang mit der Natur**, Unterstützung der lokalen Wirtschaft und Loyalität mit den einheimischen Angestellten beinhaltet.

Die Entstehung der Wolwedans-Unterkünfte hängt eng mit der Geschichte des **NamibRand Nature Reserve** zusammen. „Wolwedans" war der Name einer derjenigen Farmen, die in den 1980er-Jahren von J. A. Brückner aufgekauft wurden, um ein privates Naturschutzgebiet zu errichten.

Die Seitenwände lassen sich aufbinden, sodass sich selbst vom Bett aus ein spektakulärer Panoramablick bietet

Heute besteht Wolwedans aus einer Gruppe sehr unterschiedlicher Übernachtungsmöglichkeiten mit je eigenem Reiz. Die **Desert Lodge** ist die größte Unterkunft der Gruppe. Sie verfügt über insgesamt 9 Chalets, ein großzügig eingerichtetes Restaurant mit schönen Außenterrassen auf Stelzen sowie eine gemütliche Bar. Das kleinere **Dune Camp** mit 6 auf Holzplattformen errichteten Zelten und Outdoor-Dusche ist etwas rustikaler und liegt an einem Dünenkamm. Das nahegelegene Dune Private Camp und die Mountain View Suite können für bis 2–6 P. exklusiv gebucht werden.

Chalet der Wolwedans Desert Lodge

Auf der Terrasse der Desert Lodge

Etwas entfernt vom Dune Camp (ca. 1,5 km) am Fuße der Dünen gelegen, ist das **Plains Camp** die ideale Unterkunft für alle, die echte afrikanische Einsamkeit und Privatsphäre suchen. Es bietet einen schönen Blick auf die Berge. Das Camp hat nur Platz für 8 Personen (4 En-Suite-Zimmer), ein Wohn- und Esszimmer, eine offene Küche und Veranda. Es kann auch ein eigener Koch gebucht werden.

Das **Boulders Safari Camp** ist die exklusivste Unterkunft der Gruppe. Ca. 45 km südlich der anderen Camps in der absoluten Einsamkeit der Namib befinden sich 4 Luxuszelte für je 2 Personen, ein Dining- und ein Lounge-Zelt sowie eine offene Feuerstelle.

Die Aktivitäten sind vielfältig: Scenic Flights in Kleinflugzeugen oder Heißluftballons ermöglichen eine ganz neue Perspektive. Geführte Wanderungen bieten ein ganz **unmittelbares Wüstenerlebnis**. Wer die Landschaft noch intensiver erfahren möchte, kann auf Wunsch auch unter freiem Himmel übernachten.

Info

Internet: www.wolwedans.com und www.namibrand.com
Preise: Desert (ehem. Dunes) Lodge: 7.650 N$, Dune Camp: 9.800 N$ p.P./Nacht, jeweils 2 Nächte Mindestaufenthalt, Boulders Camp Wiedereröffnung März 2023, 3 Nächte Mindestaufenthalt. Alle Preise p. P./DZ all inclusive mit Übernachtung, allen Mahlzeiten, Getränken und Aktivitäten. Pro Nacht pro Person wird zudem noch eine „Nachhaltigkeitsabgabe“ in Höhe von 1.000 N$ erhoben, die die 315 N$ Eintritt in den NamibRand Park beinhaltet.
Kinder: Kinder sind im Allgemeinen willkommen, vorausgesetzt, einige Verhaltensregeln werden eingehalten. Kinder ab dem Grundschulalter sind überall erlaubt. Familien mit kleineren Kindern können in der Suite der Desert Lodge, im Plains Camp und im Boulders Camp unterkommen.

97 Ökologie und Gastfreundschaft im Namtib-Biosphärenreservat

Die Namtib Desert Lodge liegt **am Rande der ältesten Wüste der Welt**. Vom Farmgelände aus hat man einen herrlichen Blick in die roten Dünen der Namib. Das Gelände der Farm ist 164 km^2 groß und liegt auf einer Höhe von ca. 1.300 m. Die Tirasberge, die bis zu 1.960 m hoch sind, umrahmen dieses herrliche Tal. Die Vegetation besteht hauptsächlich aus Kameldornbäumen, die an den Rivierläufen wachsen, und vereinzelten Zwergsträuchern. An manchen Berghängen finden sich auch unzählige Köcherbäume.

Die Farm wird unter **ökologischen Gesichtspunkten** geführt. Dazu gehört z. B., dass die umliegenden Weiden nicht in Camps eingeteilt sind, sodass das heimische Wild, wie Oryx, Springbock und Kudu, sich frei bewegen kann. Durch das Beweiden mit gemischter Viehhaltung, also mit Rindern, Schafen und Ziegen, werden die Gräser weniger selektiv gefressen und auch die Bäume und Sträucher besser geschützt.

Dazu gehört aber auch, dass mit Energie und Wasser sparsam umgegangen wird. Gartenbau und Swimmingpool sind hier am Rand der Wüste nicht ökologisch. Die Wasserversorgung der Farm wird durch 2 Tiefbohrungen sichergestellt. Das **köstliche Trinkwasser** kommt aus 120 m Tiefe.

Die Lodge verfügt über **5 geräumige Bungalows**, jeweils mit eigenem Badezimmer und einer kleinen Terrasse. Daneben gibt es 2 Einzelzimmer mit eigener Dusche und WC und ein Familienzimmer mit einem Doppelstockbett und eigenem Badezimmer.

Bungalows der Namtib Desert Lodge

Campen in absoluter Ruhe und Einsamkeit: Little Hunter's Rest

Das im afrikanischen Stil eingerichtete Esszimmer mit Loungebereich steht den Gästen jederzeit zur Verfügung. Die schmackhaften **farmtypischen Mahlzeiten** werden gemeinsam mit der Farmerfamilie am großen Tisch eingenommen.

Für Camper werden auf dem angegliederten **Campingplatz** Little Hunter's Rest 4 getrennt liegende Stellplätze sowie ein Platz für größere Gruppen angeboten. Es gibt ein Gemeinschaftsbad und die Möglichkeit, Geschirr zu spülen. Jeder Stellplatz hat einen gemauerten Grill.

Kinder können nach Herzenslust ihren Bewegungsdrang ausleben. Besonders der Umgang mit den Schafen und Ziegen wird ihnen Freude machen.

(Berg-)Wandern gehört zu den wichtigsten Aktivitäten auf der Farm. Mit etwas Glück kann man **Klippspringer in den Steilwänden** oder Felsenadler hoch in den Lüften beobachten. Ein markierter botanischer Trail führt zu den einheimischen Pflanzen, die in der Umgebung wachsen. Ornithologen können bis zu 50 verschiedene Vogelarten in der Landschaft beobachten. Auf einer geführten Farmrundfahrt erfährt man alles über die Flora und Fauna am Rande der Namib. Eine Dünenwanderung erlaubt Einblicke in das Leben und Überleben in der ältesten Wüste der Welt.

Auf dem Weg von Lüderitz zum Sossusvlei ist die Farm ein **interessanter Zwischenstopp**, für den man mindestens 1–2 Tage einplanen sollte.

Info

Internet: www.namtib.net/de
Preise: 1.300 N$ p. P./DZ mit Frühstück, Camping 200 N$ p. P.
Kinder: Kinder sind in jedem Alter willkommen, sie zahlen unter 12 Jahren die Hälfte, unter 3 Jahren gar nichts.

98 Urige Gästefarmen in den Tirasbergen

Fährt man von Aus in Richtung Norden beginnt bald ein unvergleichliches Landschaftserlebnis: Insbesondere die Strecken entlang der Pad 707 sowie der Pad 407 gehören zu den landschaftlichen Highlights Namibias. Die Route ist einsam, die westlich gelegene Wüste und die östlich gelegenen, majestätischen Tirasberge sind ein absolutes **Paradies für Naturliebhaber, Wanderer und Fotografen**. Stille und Weite pur sind angesagt. Die Granitberge reizen zum Erklimmen, und am Rande und in den Tälern des Massivs gibt es wunderschöne urige Unterkünfte.

Das an die 2.000 m hohe Massiv der Tirasberge erstreckt sich über ein Gebiet von etwa 1.250 km². Die hohen Gipfel mit unangetasteten Schluchten sind **Brutstätten mehrerer Adlerarten**. Vor allem brütet hier der Afrikanische Adler, der sich von Klippschliefern, Pavianen und Vögeln ernährt. Das hier beheimatete Namaqua-Flughuhn fliegt 80–100 km weit, um Wasser zum Brüten zu sammeln. Außerdem gibt es viele Antilopenarten auf den ausgedehnten Grasflächen: u. a. Oryx, Kudu, Springbock, Klippspringer, Buschbock kommen hier vor.

Mitten in den Bergen, auf 1.600 m Höhe, liegt die Rinder- und Schafsfarm **Landsberg**. Hier leben noch Geparde und Leoparden, die man allerdings kaum noch zu Gesicht bekommt.

Nur 15 km von Landsberg entfernt erreicht man **Koiimasis**. Die Farm liegt eingebettet in eine breite Fläche zwischen den Tirasbergen und Koiimasisnase. In dem kleinen Paradies leben prächtige Ziervögel, darunter viele einheimische Arten. Die Berge laden zum Wandern ein. Viele Western-Pferde leben auf der Farm, es werden sowohl Tagesausflüge als auch mehrtägige Touren angeboten. Erfahrene Reiter können sich beim Viehtrieb als Cowboy versuchen. Es gibt traumhaft gelegene Chalets unterschiedlicher Größe und Ausstattung sowie einen Campingplatz mit 5

Die ausgedehnten Grasflächen sind ein Paradies für viele Antilopenarten

Bis zu 2.000 m hoch sind die Gipfel der Tirasberge

Stellplätzen inmitten toller Felsformationen. Das Restaurant verfügt über eine Skybar und einen Pool. Neben Ausritten werden auch Farmrundfahrten, Wanderungen und Klettertouren angeboten.

Inmitten roter Dünen liegt auf 1.000 m Höhe die Farm **Gunsbewys**. Neben vielen endemischen Käfern, Eidechsen, Geckos und Vögeln lebt hier der Palmatogecko – so angepasst an den Dünensand, dass er sich mittels seiner Schwimmhäute rasch in den Sand eingraben kann. Seit einigen Jahren wird hier kein Gästebetrieb mehr angeboten.

35 km weiter, an der C 13 gelegen, erreicht man die Rinderfarm **Tiras**. Viele Sukkulenten gedeihen in der von der Natur verwöhnten Landschaft. Lithops – lebende Steine – sind zu entdecken. Es gibt ein Gästehaus für bis zu 6 Personen (Selbstversorger), außerdem einen Campingplatz und einfache Chalets. Der Sundownerplatz am Rande der Berge mit Blick in die Neisipfläche und hinüber zum Rooirand, der im Abendlicht rot aufleuchtet, ist eine Besonderheit.

Info

Internet: http://tirasberge.de
Preise: Tiras (www.kidogo-safaris.com/tiras): 350–650 N$ p. P./DZ für Selbstversorger, Camping ca. 200 N$ p. P.; Koiimasis (www.namibia-farm-lodge.com), Fest Inn Fels Farm Lodge: 2.150 N$ p. P./DZ, die self-catering Chalets kosten ca. 800–1.500 N$ pro Nacht/Chalet, Camping 280 N$ p. P.
Sonstiges: Die Farmen Numis, Weissenborn, Korais und Excelsior gehören auch mit zum Naturpark Tirasberge. Auf dem Gelände der Farm Numis befindet sich eine wilde Campsite, ansonsten gibt es dort aber keine Unterkünfte.

99 Klein-Aus Vista im Gondwana Sperrgebiet Rand Park

Die Unterkünfte von Klein-Aus Vista befinden sich in einem der schönsten Gebiete Namibias: Auf 1.400 m Höhe an den Hängen der Aus-Berge gelegen, bieten sie einen **grandiosen Blick in die Ebenen** der Namib. Auch eignen sie sich ideal als Ausgangsbasis für Ausflüge zu den Wilden Pferden der Namib (20 km), zum Aus Information Centre (2 km), zur Geisterstadt **Kolmanskuppe** im Diamantensperrgebiet (ca. 45 Min. Fahrt) und zum Hafenort Lüderitz (ca. 60 Min.).

Mit toller Sicht auf die Berge und in die Wüste: Desert Horse Inn

Vor allem jedoch liegen sie im Naturparadies des 510 km² großen **Gondwana Sperrgebiet Rand Park**: Mehrere markierte Wanderpfade führen über kleine Grate und durch weite Täler der Granitberge, durch wildromantische Riviere (Trockenflüsse) und über weite Ebenen. Das Gebiet gilt als Namaqualand Namibias, in dem nach ausreichendem Winterregen ein bunter Blütenteppich die Wüste bedeckt. Kein Wunder, denn es handelt sich um die Ausläufer der Sukkulenten Karoo, der artenreichsten Wüste der Welt (mehr als 1.700 Blatt- und 130 Stammsukkulenten), die sich vom Richtersveld in Südafrika bis nach Aus erstreckt. Neben Rundfahrten durch den Park werden auch Ausflüge zu den Wilden Pferden und zum Dünengürtel des Koichab Rivier angeboten, der südlichen Grenze des Sandmeers der Namib. Möglich sind auch Mountainbike-Ausflüge auf gekennzeichneten Trails.

Das **Desert Horse Inn** an der Einfahrt des Naturparks 2 km westlich von Aus besteht aus 30 großräumigen Doppelzimmern mit gemütlicher Sitzecke. Vom Fenster und der vorgelagerten Veranda aus genießt man einen herrlichen Blick auf die Aus-Berge und in die Weite der Namib. Den Sonnenuntergang verfolgt man am besten bei einem Sundowner-Drink vom Sonnendeck des Desert Horse Inn aus, das noch etwas höher gelegen ist. Wüstenstaub oder Küstennebel sorgen oft für besonders farbenprächtige Schauspiele am Abendhimmel. Nach einem leckeren 3-Gang-Menü im Restaurant lädt die Wild Horse Bar zu einem Absacker ein. In stimmungsvol-

Unterkunft in absoluter Wüsteneinsamkeit: die Eagle's Nest Chalets

ler Atmosphäre kann man die Erlebnisse des Tages Revue passieren lassen oder mit anderen Gästen teilen.

Wer Weite und Stille der Wüste lieber für sich allein genießen möchte, sollte in den Chalets von **Eagle's Nest** übernachten. Die 8 Häuschen liegen abgeschieden an einem Hang der Aus-Berge, etwa 15 Autominuten von der Rezeption des Desert Horse Inn entfernt. Jedes Chalet ist aus Naturstein zwischen mächtige Granitfelsen gebaut und mit Kochnische sowie Veranda ausgestattet. Ein Kamin sorgt für urgemütliche Atmosphäre an kalten Winterabenden. Für Frühstück, Mittag- und Abendessen fährt man zum Restaurant des Desert Horse Inn. An der Rezeption lässt sich übrigens auch Grillfleisch bestellen, falls man abends lieber auf seiner Veranda grillen möchte.

Für Selbstversorger empfiehlt sich das **Felsenhaus Geisterschlucht**, das etwa 6 km vom Desert Horse Inn entfernt in einem wildromantischen Tal der Aus Berge liegt. Es verfügt über 2 Schlafräume mit jeweils 5 Etagenbetten. Camper können zwischen den 10 Stellplätzen der **Desert Horse Campsite** (1,5 km vom Inn entfernt) wählen, die schön voneinander getrennt unter ausladenden Kameldornbäumen angelegt sind.

Info

Internet: www.gondwana-collection.com
Preise: Desert Horse Inn: 1.500 N$ p. P./DZ, Eagle's Nest Chalets: 2.000 N$ p. P./DZ, Felsenhaus (Selbstversorger): 650 N$ p. P., Camping 160 N$ p. P.
Kinder: Kinder sind in jedem Alter willkommen, sie zahlen unter 14 Jahren die Hälfte und unter 6 Jahren gar nichts.

100 Die Gondwana Fish River Canyon Collection

Nur ca. 25 km vom Aussichtspunkt am Fish River Canyon entfernt liegen die Unterkünfte der Gondwana Canyon Collection. Von dort aus lässt sich nicht nur der Rand des zweitgrößten Canyons der Welt erkunden, sondern auch der 1.260 km² große **Gondwana Canyon Park** mit seiner einzigartigen Tier- und Pflanzenwelt der Nama Karoo. Geboten werden ein- bis mehrstündige Wanderungen, kleine Ausritte und Naturrundfahrten. Wahre Wanderfreunde können in einem abgelegenen Teil des Gondwana Canyon Park mehrtägige Wanderungen von Camp zu Camp unternehmen und dabei das Wildnisgebiet des nördlichen Fish River Canyon hautnah erleben.

Jede Unterkunft der Canyon Collection hat ihren eigenen Stil. Rezeption, Restaurant und Bar der **Canyon Lodge** sind in einem renovierten Farmhaus untergebracht, das vor mehr als 100 Jahren von einem aus Bayern ausgewanderten Brüderpaar errichtet wurde. Die Dekoration ist der Pionierzeit der Farmwirtschaft gewidmet: Alte Werkzeuge und Küchengeräte zieren die Wände. 30 Bungalows, aus Naturstein gebaut und mit Stroh gedeckt, verbinden modernen Komfort (z. B. Klimaanlage) mit Urzeit-Atmosphäre: Viele Wände werden von mächtigen Granitfelsen gebildet. Ein großes Schwimmbecken bietet einen Blick über die Weite der Canyon-Landschaft.

Hauptgebäude und Bungalows des **Canyon Village** liegen wie ein kleines Dorf nur 2 km entfernt in einem gewaltigen Amphitheater der Natur, das durch einen geschwungenen Berghang gebildet wird. Die 42 Zimmer in Bungalows kapholländischen Stils – getünchte Wände, riedgedecktes Dach und Stoep (überdachte Veranda) – werden von Klimaanlagen gekühlt und bieten eine Aussicht bis hin zu den Gebirgszügen jenseits des Canyons. Auch das Schwimmbecken ist ein wahrer Pool

Perfekt an die Felslandschaft angepasst: die Canyon Lodge

with a view. Restaurant und Bar schmiegen sich an riesige Felsen einer Granitkuppe. Dutzende Wandgemälde erzählen etwas über Geschichte und Kultur der ehemaligen Bewohner dieser Gegend, der Bondelswart-Nama. Auch der Steinhaufen vor dem Eingang der Lodge erinnert an einen alten Nama-Brauch: Wer an ihm vorbeigeht, legt zum Gruß einen Stein dazu und bittet um gutes Geschick auf der weiteren Reise.

Oldtimer-Wrack vor dem Restaurant des Canyon Roadhouse

Für Oldtimer-Fans ist das **Canyon Roadhouse** ein Muss – und sei es nur für einen Zwischenstopp auf einen Kaffee und ein Stückchen des legendären Amarula Cheesecake. Man speist in einem großen Gebäude, das eher an eine Werkstatthalle erinnert als an ein Restaurant. 10 liebevoll arrangierte Oldtimer leisten dabei Gesellschaft; an den Wänden hängen lauter Gegenstände aus der Vergangenheit des Transportwesens. Logisch, dass die Bar hier „Tankstelle" heißt. Eine richtige Tankstelle gibt es auch, sie befindet sich an der Einfahrt. Im Info Centre erklären Schautafeln die Geologie, Flora, Fauna und Geschichte der Gegend. Natürlich kann man im Roadhouse auch übernachten: Es verfügt über 22 Zimmer, davon 2 Familienzimmer. Für Kühlung sorgen Klimaanlagen und Schwimmbad.

Pool with a view im Canyon Village

Campingfreunde finden beim Roadhouse schöne und für sich gelegene Zeltplätze, die von großen Bäumen beschattet werden. Schwimmbecken, Restaurant und Bar (2 Minuten zu Fuß) des Roadhouse dürfen gern besucht werden. Auf dem **Canyon Klipspringer Trail** kann man im Gondwana Canyon Park zwischen vier Camps (Strecke 8–16 km) auf eigene Faust wandern. Die einfachen Hütten sind für Selbstversorger ausgelegt (pro Nacht 385 N$ p. P., es gibt Kochgelegenheit und Grill). Wandern ist nur von April bis September erlaubt, Proviant und Gepäck wird auf Wunsch von Camp zu Camp transportiert. Buchbar sind die Camps ganzjährig, denn alternativ kann man diese direkt anfahren (4×4 erforderlich, zum Koelkrans Camp Offroad- Erfahrung!).

Info

Internet: www.gondwana-collection.com
Preise: **Canyon Lodge**: 2.500 N$, Canyon Village 1.900 N$, **Canyon Roadhouse**: 1.900 N$. Preise gelten jeweils p. P./DZ mit Frühstück.
Kinder: Kinder sind in jedem Alter willkommen und zahlen im Alter von 6 bis 13 Jahren die Hälfte, bis zu 5 Jahren gar nichts.
Touren: Fahrt zum Canyon (3 Std.) 1.208 N$ p. P., Sundowner-Fahrt im Canyon Park (3 Std.) 692 N$ p. P.

101 Nicht nur für Wassersportler: das Norotshama River Resort

Direkt am Oranje, 50 km westlich von Noordoewer, liegt im schönen **Weinanbaugebiet** von Aussenkehr das Norotshama River Resort. Im Anschluss an eine Safari durch den heißen und staubigen Südwesten Namibias kommt einem ein Aufenthalt hier geradezu paradiesisch vor.

Wer mag, kann sich natürlich einfach auf die Terrasse begeben, die Füße hochlegen und die stille Schönheit der Flusslandschaft genießen … Aber das wäre angesichts der zahlreichen **Sport- und Ausflugsmöglichkeiten** fast ein bisschen schade: Kanu- und Schlauchboottouren auf dem Oranje sind für Familien mit Kindern ebenso ein Vergnügen wie für abenteuerlustige White-Water-Profis. Unter den Angeboten der zahlreichen Tourveranstalter findet sich für jeden die richtige Strecke und Ausstattung.

Wer nicht so gerne nass wird, kann sich stattdessen im **Aussenkehr Nature Park** im Wandern, Mountain Biking, Klettern oder auf dem Quad versuchen. Geführte Wanderungen geben Einblick in die interessante Geologie der Region. Und mit ein wenig Glück laufen einem dabei die legendären Wüstenpferde der Namib über den Weg.

Stilvoll und gemütlich: Zimmer im Norotshama Resort

Die meisten Unterkünfte haben direkten Blick auf den Oranje

Norotshama bei Nacht

Aber auch für weniger Sportinteressierte gibt es im Park einiges zu sehen und zu erleben. Relikte einer deutschen Militärbastion können ebenso besichtigt werden wie ein kleiner Friedhof, auf dem die deutschen Opfer eines Nama-Aufstands zu Beginn des 20. Jahrhunderts begraben liegen.

Die Oranje-Region ist zudem ein Paradies für **Angler und Vogelbeobachter**. Auch wer nach einem perfekten Platz für sein Teleskop sucht wird hier fündig. Die sternklaren Nächte sorgen für einen freien Blick ins All.

Insgesamt gibt es im Norotshama River Resort 30 Suiten und der Gast hat die Qual der Wahl zwischen **komfortablen Zeltunterkünften**, riedgedeckten Familienchalets und steinernen Häuschen für Selbstversorger. Schön sind die Lake View Chalets direkt am Wasser. Der angeschlossene Campingplatz verfügt über Strom und einfache Waschmöglichkeiten. Camper können sich selbst versorgen oder die Mahlzeiten im Restaurant des Resorts einnehmen.

Info

Internet:
www.norotshamaresort.com
Preise: ca. 1.100 N$ p. P./DZ mit Frühstück, Camping 170 N$ p. P.
Kinder: Kinder sind in jedem Alter willkommen und zahlen je nach Unterkunft ca. 500 N$, auf dem Campingplatz 90 N$.
Touren: Es gibt diverse Touranbieter, die Kanu- und Schlauchbootsafaris anbieten, einer davon ist Felix Unite. Dort werden 4–6-tägige Kanusafaris auf dem Oranje angeboten (S. 39).
Sonstiges: Die Region ist malariafrei. Es gibt eine kleine Flugzeuglandebahn und WLAN in den Unterkünften.

ANHANG

Allgemeine Reiseinformationen

Informationsmaterial und Auskünfte

Namibia Tourism Board, Schillerstraße 42–44, 60313 Frankfurt, Tel. 069/133736-0, E-Mail: info@namibia-tourism.com, www.namibia-tourism.com

Anreise

Tipp

Klimabewusst nach Namibia

Wer seine bei den Flügen entstehenden CO_2-Emissionen über eine Spende für Klimaschutzprojekte kompensieren möchte, kann dies beispielsweise über www.atmosfair.de, https://klima-kollekte.de oder https://de.myclimate.org/de tun.

Nachdem Air Namibia den Flugbetrieb 2021 eingestellt hat, gibt es derzeit (Stand April 2022) folgende Möglichkeiten, nach Namibia zu gelangen (die Flugpläne können sich jedoch jederzeit wieder ändern): **Eurowings** fliegt täglich nonstop von Frankfurt nach Windhoek und zurück (www.eurowings.com), in der Hauptsaison sogar 10x pro Woche. Zurzeit ist dies die einzige direkte Verbindung von Europa. Die Flugzeit beträgt rund 10 Stunden. Mit **Quatar Airways** kann man die namibische Hauptstadt ab Juni 2022 mit Umsteigen in Doha drei mal pro Woche erreichen (www.qatarairways.com). Eine weitere Möglichkeit besteht mit **Ethiopian** über Addis Abeba (www.ethiopianairlines.com).

Je nach Saison bewegen sich die Preise zwischen 800 und 1.400 Euro.

Einreise

Kinder

Namibia ist ein gutes Reiseland für Kinder. Kindersitze können bei den Autovermietern bereitgestellt werden. Die Tagesetappen sollten nicht zu lang sein und es sollten stets mindestens 2 Übernachtungen an einem Ort gebucht werden. Besonders auf Gästefarmen, wo es mehr Freiräume und vor allem auch Tiere gibt, kommen Kinder auf ihre Kosten (Routenvorschlag S. 90).

Besucher aus Deutschland, Österreich und der Schweiz benötigen für touristische Besuche bei einem Aufenthalt von bis zu 90 Tagen zzt. kein Visum. Ein gültiger Reisepass genügt. Dieser muss noch mindestens 6 Monate über das Reiseende hinaus gültig sein und mindestens 2 leere Seiten für Stempel enthalten. Jedes Kind benötigt einen eigenen Pass.

Bei Drucklegung (April 2022) waren die Reisebeschränkungen in Namibia aufgrund von **Covid-19** weitgehend aufgehoben. Dies kann sich allerdings jederzeit auch kurzfristig ändern, daher ist die Einholung von aktuellen Informationen vor Buchung bzw. Abreise unbedingt notwendig.

Reisezeit

Als Hochsaison gelten – neben der Zeit um Weihnachten und Ostern – die Monate Juli bis Oktober. Das im Allgemeinen trockene und sonnenreiche Klima lässt jedoch das Reisen im ganzen Jahr zu.

Namibia liegt auf der südlichen Halbkugel: Wenn wir Winter haben, herrscht dort Sommer (Regenzeit), der sehr heiß ist. Allerdings bedeutet Regenzeit nicht, dass es dauernd regnet, vielmehr gibt es dann kurze aber heftige, gewittrige Schauer. Zwischenzeitlich können Trockenflusstäler mit Wasser gefüllt sein – ein allradgetriebenes Fahrzeug ist in dieser Jahreszeit also eine gute Wahl! Man sollte während des namibischen Sommers die Mittagshitze meiden, d. h. man sollte zu seinen Unternehmungen früh aufbrechen. Wenn bei uns Sommer ist, herrscht in Namibia Trockenzeit; die Temperaturen sind tagsüber warm, nachts erfolgt eine z. T. sehr starke Abkühlung (je nach Höhenlage bis in den Minusbereich hinein). In den winterlichen Monaten Juni bis August ist die Reisezeit (Tageszeit) sehr kurz, Sonnenuntergang ist schon um ca. 17.15 Uhr).

Sicherheit

Insgesamt ist Namibia ein sicheres Reiseland, allerdings muss in den Städten vor Diebstählen gewarnt werden. Man sollte deshalb nie den Mietwagen – ob bepackt oder unbepackt – ohne Aufsicht stehen lassen und auf das offene Tragen wertvoller Gegenstände wie Schmuck, Uhren oder Kameras verzichten. Bargeld sollte man nur in kleineren Mengen bei sich tragen und in Hotels die Wertsachen im Safe aufbewahren. Diebstähle und Raubdelikte kommen besonders in Windhoek und Swakopmund häufig vor.

Aktuelle Sicherheitshinweise gibt es im Internet: www.auswaertigesamt.de.

Währung/Preise

Die Landeswährung ist der Namibia-Dollar (N$), paritätisch mit dem südafrikanischen Rand, der auch weiter als Zahlungsmittel in Namibia und Südafrika gilt. Ein Namibia-Dollar entspricht 100 Cent. Die Bargeldeinfuhr ist beschränkt auf 2.000 N$. Andere Währungen und Reiseschecks dürfen uneingeschränkt mitgebracht werden, sind aber bei der Einreise zu deklarieren. Die gebräuchlichen Kreditkarten können in größeren Geschäften, Hotels, Restaurants, bei den Airlines, Mietwagenunternehmen, manchen Lodges und Gästefarmen benutzt werden. Ein gewisser Bargeldvorrat ist ratsam, weil man manchmal in abgelegen Landesteilen bar bezahlen muss.

Der Wechselkurs liegt aktuell (April 2022) bei 1 Euro = 16 N$. Die im Buch angegebenen Preise sind aufgrund von möglichen Kursschwankungen und saisonalen Preisänderungen eher als Richtwerte zu verstehen.

Erdhörnchen

Autofahren und Mietwagen

Selbst Auto zu fahren ist in Namibia an sich kein Problem, allerdings sollte man die landesspezifischen Bedingungen im Auge behalten. Für eine klassische Rundreise durch Namibia reicht ein normaler Pkw (Toyota Corolla, Golf u. ä.) in der Regel aus. Mit diesen Fahrzeugen kann man allerdings während der Regenzeit, aber auch ganzjährig bei bestimmten Zielen (z. B. bei der Anfahrt zu abgelegenen Gästefarmen, zum Sossusvlei etc.) Probleme bekommen. Auf Nummer sicher geht man mit einem **geländegängigen Wagen** (zumeist 4x4-Wagentypen von Toyota, Mazda oder Landrover), damit kommt man in Namibia überallhin. Den passenden Mietwagen für Namibia kann man – sofern er nicht im Reisepaket enthalten ist – z. B. über den Anbieter Bidvest (https://bidvestcarrental.co.za) buchen.

Die wichtigsten Verkehrsregeln

- Es herrscht **Linksverkehr**, das Steuer ist rechts.
- Auf den Fernstraßen gilt eine **Geschwindigkeitsbegrenzung** von 120 km/h auf Teerstraßen und 100 km/h auf Schotterstraßen, in Ortschaften von 60 km/h.
- **Anschnallpflicht** besteht für Fahrzeuge mit Gurtausrüstung.
- **Nachts** sollte man besonders vorsichtig und langsam fahren, da Tiere unvermutet über die Straße springen können.
- Es gibt Kreuzungen mit 4 Stoppschildern (4-way-stop). Derjenige, der als Erster die Kreuzung erreicht hat, darf zuerst losfahren.

Mietwagen prüfen

Bevor man bei der Vermietstation einen Wagen annimmt, sollte man vor allem folgende Dinge prüfen:

- Fahrzeugpapiere (insbesondere für Grenzübergänge)
- Öl-, Kühlwasser-, Scheibenwasser- und Bremsflüssigkeitsstand
- Reifenqualität, inkl. Ersatzreifen
- Klimaanlage/Gebläse
- Wagenheber (auf Funktionstüchtigkeit überprüfen!)
- Bremsen und Lichtanlage
- Gebrauchsanweisung
- äußere Beschädigungen (Beulen, Kratzer, Windschutzscheibe)
- Werkzeug

Bei manchen Vermietern bekommt man gegen Aufpreis ein zweites Reserverad (was allerdings in einem normalen Pkw viel Platz wegnimmt). Die Mitnahme einer **Kühlbox** ist empfehlenswert, vor allem für die heiße Jahreszeit. Zudem sollte man stets genügend **Wasser** mitnehmen.

In der **Regenzeit** (hauptsächlich von Januar bis März) kann es sein, dass Straßen durch plötzlich fließende Wasserläufe („abkommende Riviere") nicht oder nur mit

Ungewohnte Straßenschilder …

großen Schwierigkeiten zu passieren sind. Dann muss man evtl. an dieser Stelle übernachten. Empfehlenswert ist daher die Mitnahme von Nahrungsmitteln und Getränken. Für die Regenzeit, aber auch für einsame Strecken, die von Flussläufen durchquert werden, ist ein allradangetriebenes Fahrzeug dringend zu empfehlen.

Allgemeine Tipps und Fahrhinweise

- **Tourenplanung:** Namibia ist 2½-mal größer als Deutschland – das sollte bei der Routenplanung unbedingt berücksichtigt werden. Stress vermeidet man, indem man sich nicht mehr als 350 Tageskilometer vornimmt.
- **Benzin/Tanken:** Namibia hat ein relativ gutes, dichtes Tankstellennetz. Nur im abgelegenen Nordwesten des Landes und im Khaudum National Park muss man ggf. Treibstoffvorräte mitführen. Besonders in den abgelegeneren Landesteilen sollte jede Tankmöglichkeit genutzt werden. Wichtig: An Tankstellen kann man meistens nicht mit Kreditkarten bezahlen.
- **Führerschein:** Zu empfehlen ist ein Internationaler Führerschein.
- **Orientierung:** Die Orientierung im namibischen Straßennetz ist in der Regel kein Problem: An Abzweigungen oder Kreuzungen findet man Schilder mit Straßennummern und oft mit dem zusätzlich verzeichneten größeren Ort. Wichtig ist die Mitnahme einer guten Straßenkarte. Ein GPS-Gerät ist nur in wirklich abgelegenen Gebieten anzuraten.
- **Geschwindigkeit:** In Namibia trifft man auf zum Teil fantastische Schotterpisten (gravel roads), die zum schnellen Fahren verleiten. Generell sollte ein Tempo von 80 km/h nicht überschritten werden, zum Teil ist man durch schlechte Straßenqualität gezwungen, erheblich langsamer zu fahren.

Infos und Tipps für den Campingurlaub in Namibia

Die Länder unter dem Kreuz des Südens laden geradezu zum Camping ein. Der herrliche Sternenhimmel, die klare, würzige Savannenluft und ein knisterndes Lagerfeuer – eine solche Romantik gibt es nur noch in wenigen Teilen der Welt.

Namibia verfügt vor allem in den Nationalparks und Naturschutzgebieten über öffentliche **Campingplätze** mit ausgezeichnetem Standard. Freies Campen ist zwar nicht grundsätzlich verboten, allerdings hat auch die vermeintliche Wildnis in der Regel einen Besitzer, normalerweise die Farmer der Umgebung. Aufgrund der oft riesigen Farmgelände ist es für Ortsunkundige meist nahezu unmöglich, auf die Schnelle den richtigen Ansprechpartner zu finden und um Erlaubnis zu fragen. Zudem besteht in einsameren Gegenden immer die Gefahr, von Wildtieren angegriffen zu werden, auch Raubüberfälle sind leider nicht gänzlich auszuschließen. Zum Glück ist Wildcampen in Namibia auch nicht notwendig, da es auch viele sehr preisgünstige und einsam in schöner Landschaft gelegene Campingplätze gibt. Viele Farmer bieten auch gegen geringes Entgelt einfache Stellplätze an. Auf der Seite www.thomasrichter.de/namibia finden sich viele Infos und Tipps auch zu kleinen und entlegenen Plätzen.

Dachzelte sind ideal für Campingtouren in Namibia

Einige wichtige Aspekte sollte man bei einer Campingreise durch Namibia berücksichtigen:

- Um unliebsamen und möglicherweise gefährlichen Kriechtieren keinen Zugang zu gewähren, sollte man stets in einem **geschlossenen Zelt** oder **geschlossenen Wagen** schlafen. Besonders in der regenreichen Sommerzeit gibt es giftige Schlangen, die gerne Unterschlupf unter einem Wagen oder in einem Zelt suchen. Geräusche und lautes Fußstampfen vertreiben jedoch die Tiere. Vorsicht auch vor Skorpionen!
- **Lebensmittel** (insbesondere stark duftendes Obst wie reife Bananen oder Äpfel) sollten nie **im Wagen oder im Zelt** aufbewahrt werden. Sie sind geradezu eine Einladung für Elefanten und Affen.
- Besonders auf den einsamen Strecken in den Grenzregionen Farmland/Namibwüste, in der Kalahari und auf den Offroad-Strecken muss stets ein **Wasservorrat** mitgeführt werden. Man rechnet pro Person mit einem Minimal-Tagesbedarf von 3 l Wasser, in der heißen Jahreszeit bis zu 8 l. An auf der Strecke liegenden Wasserreservoirs der Farmen kann man sich notfalls versorgen. Dieses Wasser muss jedoch entkeimt und gesäubert werden, Micropur-Tabletten und ggf. ein Taschenfilter sind dafür notwendig. Als Brauchwasser jedoch eignet sich eine solche Quelle immer.
- Den Campingplatz bitte stets **ohne Abfälle** oder sonstige Reste verlassen, auch vom Vergraben von Abfällen sollte man Abstand nehmen. Flache Abfalllöcher werden in der nächsten Regenzeit wieder aufgedeckt und die Tiere können sich an Blech oder Glas verletzen. Auf keinen Fall sollte man Glasbehälter oder gar Scherben im Busch zurücklassen, sie könnten als Brennglas wirken und so Buschbrände verursachen.
- Das Holz, das unter Savannenbüschen und Akazien herumliegt, hat seinen Sinn im großen Kreislauf der Natur: Es hilft, die hohe Bodenaustrocknung zu verhindern, und es (be-) schützt den Boden vor Auswehung der lockeren oberen Krume. Deshalb sollte man **Brennholz** am besten bei den Farmern oder an der Rezeption des Campingplatzes kaufen. Besteht diese Möglichkeit nicht, sollte man am ehesten in trockenen Flussläufen, den Rivieren, suchen. Auf gar keinen Fall dürfen natürlich lebende Bäume beschädigt werden. Für das Erwärmen von Wasser und kleinen Speisen sollte besser ein **Gaskocher** seine Dienste tun.

Beim **Anlegen einer Feuerstelle** ist Folgendes zu beachten:

- Das Feuer wird in einer kleinen Mulde angelegt, wobei man mit dem Spaten das trockene Gras entfernen sollte, damit die Flammen nicht übergreifen können. Ein Steinkranz ist ein besonders guter Schutz.
- Wichtig ist ein ausreichender Sicherheitsabstand zu Zelt, Wagen und Busch, dabei ist unbedingt die Windrichtung zu beachten.
- Ein Feuer kann man gut entfachen, indem man über Papier dünnes Geäst und darüber stärkere Zweige pyramidenförmig zusammenstellt.
- Vor dem Schlafengehen sollte man das Feuer oder die Glut mit Sand zuschütten. Bei plötzlich auftretendem Wind besteht dann keine Gefahr, dass der umliegende Busch Feuer fängt und brennt.

Safari auf eigene Faust oder in der Gruppe?

Das Wort „Safari" stammt aus dem Kisuaheli und bedeutet ganz einfach „Reisen". Ursprünglich wurden damit Reisen in Ostafrika bezeichnet, die von Trägerkarawanen unternommen wurden. Später bedeutete es einen Jagdausflug, heute bezieht sich das Wort in der Regel auf Fotosafaris.

Generell kann man zwischen einer individuellen Safari mit dem Mietwagen und einer organisierten Tour unterscheiden. Beides hat Vor- und Nachteile und sollte in jedem Fall den eigenen Wünschen angepasst sein.

Bei einer **Selbstfahrertour** liegen die Vorteile auf der Hand: Man ist unabhängiger in seiner Reiseplanung, hat mehr Ruhe, entscheidet spontan über die Länge der einzelnen Etappen und wie lange man den Elefanten am Wasserloch beobachten möchte. Legt man sich schon zu Hause auf eine bestimmte Strecke fest, kann man auch direkt die ersten Unterkünfte im Voraus buchen, was gerade in der Hauptsaison ohnehin sehr zu empfehlen ist. Auch kann man hier die Art der Unterkunft selbst aussuchen und ggf. verschiedene Varianten miteinander kombinieren. Für jeden Geschmack und Geldbeutel ist, zumindest in den touristisch erschlossenen Gebieten, etwas dabei: Camping einfach und komfortabel, Teilhabe am Familienleben auf Gästefarmen, Luxus in Hotels und Lodges.

Eine gewisse Portion Abenteuerlust darf aber bei einer Selbstfahrertour nicht fehlen: Autopannen können vorkommen, man muss sich selbst mit der Karte in einem fremden Land zurechtfinden und ggf. auf weniger gut ausgestatteten Campingplätzen übernachten. Man muss bereit sein, sich wirklich auf Land und Leute einzulassen. Namibia ist, ebenso wie Südafrika, ein klassisches Einsteigerland für Selbstfahrer. Viele Strecken sind gut ausgebaut und können mit einem normalen Pkw befah-

Selbstfahrer brauchen oft Improvisationstalent, sind aber dafür unabhängig

Bei organisierten Touren mit Führung erfährt man oft mehr über das Gesehene

ren werden. Die touristische Infrastruktur ist exzellent. Die großen Parks wie der Etosha National Park sind ohne Probleme mit dem eigenen Wagen befahrbar, besonders in den vegetationsarmen Wintermonaten kann auch der Safarilaie ohne Probleme zahlreiche Tiere entdecken. Die Parkranger geben gerne Auskunft, wo man welche Tiere am besten beobachten kann.

In den privaten Wildschutzgebieten mit z. T. sehr luxuriösen Unterkünften ist man hinsichtlich der Safari-Ausbeute auf der sicheren Seite – das schlägt sich allerdings auch im Preis nieder. Hier fährt man mit offenen Geländewagen und ausgebildeten Rangern auf die Pirsch.

Organisierte Safaris in unterschiedlich großen Gruppen sind in der Regel etwas preisgünstiger und man braucht sich um die Organisation keine Sorgen zu machen. Bei dieser Art von Reise sind zudem Gebiete zugänglich, die man alleine gar nicht erreichen könnte oder nur zu einem wesentlich höheren Preis, z. B. mit einem kleinen Charterflugzeug. Allerdings können unterschiedliche Interessen unter den Reisenden hier durchaus zu Spannungen führen, wenn z. B. der passionierte Ornithologe auf eine Familie trifft, die unbedingt die Big Five sehen möchte. Eine weitere Variante – allerdings entsprechend teuer – ist, eine private Chauffeurtour für sich und seine Mitreisenden zu buchen.

Reine Flugsafaris (sog. Fly-in-Safaris) sind die ideale Reisevariante für Menschen mit wenig Zeit und viel Geld. Hier wird man mit dem Kleinflugzeug von Luxuslodge zu Luxuslodge geflogen.

In den Parks selbst gibt es noch **weitere Möglichkeiten**, die afrikanische Wildnis zu entdecken: markierte Wanderwege oder geführte Walking Safaris, Safaris mit Pferden oder Elefanten für Menschen mit einem Hang zu ausgefallenen Vergnügungen, mit dem Heißluftballon für Romantiker, mit dem Einbaum für stille Entdecker – für jeden ist etwas dabei.

Gesundheit: Impfungen und andere Vorbeugungsmaßnahmen

Die Arztversorgung in Namibia ist sehr gut und liegt in den städtischen Bereichen weit über dem Durchschnitt. Auf dem Land ist allerdings nur in den zentralen Orten eine Basisversorgung möglich. **Keinerlei Impfungen** sind vorgeschrieben, es sei denn, man reist aus einem nicht seuchenfreien Land ein. In den entlegenen Gebieten Namibias gibt es Busch-Kliniken, die auf Erste Hilfe spezialisiert sind. Es empfiehlt sich unbedingt der Abschluss einer **Auslandskrankenversicherung**.

Nur in den feuchteren Regionen Namibias ist eine Malariaprophylaxe notwendig

Generell ist Namibia in gesundheitlicher Hinsicht ein unproblematisches Land. Das Essen in den Restaurants ist von gleicher Hygiene wie bei uns. Man kann also bedenkenlos in den Restaurants Salate, Eis und Wasser genießen. Alle Gewässer Namibias – bis auf den nördlichen Teil – sind frei von Bilharziose. Auch vor Cholera und Gelbfieber braucht man sich nicht zu fürchten.

Die einzig anzuratende landesbezogene Vorsorge ist eine **Malariaprophylaxe**. Nach geeigneten Mitteln kann man sich beim Hausarzt oder in speziellen Zentren für Reisemedizin erkundigen. Die Malariaprophylaxe ist vor allem bei Reisen in die feuchteren **nördlichen und nordöstlichen Gebiete** wichtig (ganzjährig an den Flüssen Kavango und Kunene, von November bis Juni auch im übrigen Norden und Nordosten des Landes), ebenso für alle Abstecher nach Botswana und zu den Victoriafällen in Simbabwe. Mit der Einnahme entsprechender Medikamente kann man aber auch erst in Namibia beginnen. In den Apotheken vor Ort wird man in der Regel gut beraten, auch sind die Medikamente oft preiswerter als in Europa. Meist muss man die Mittel erst 24 Stunden vor der Einreise in ein malariagefährdetes Gebiet und nach der Abreise noch weitere sechs Wochen einnehmen. Hier sollte man sich genau nach den Anweisungen des Arztes bzw. nach der Packungsbeilage richten. Generell sind Malariaprophylaxen immer mit besonderen Belastungen für den Körper verbunden.

Genau so wichtig wie die medizinische Prophylaxe ist ein ausreichender **Mückenschutz** (Expositionsprophylaxe), um bestenfalls erst gar nicht gestochen zu werden. Die wichtigsten Maßnahmen sind:

- In der Dämmerung und nachts Aufenthalt in mückengeschützten Räumen (Räume mit Klimaanlage, Mücken fliegen nicht vom Warmen ins Kalte).
- Beim Aufenthalt im Freien in Malariagebieten abends und nachts weitgehend körperbedeckende Kleidung tragen (lange Ärmel, lange Hosen).
- Anwendung von insektenabwehrenden Mitteln an unbedeckten Hautstellen (Waden, Handgelenke, Nacken). Wirkungsdauer bis zu vier Stunden.
- Im Wohnbereich Anwendung von insektenabtötenden Mitteln in Form von Aerosolen, Verdampfern, Kerzen, Räucherspiralen.
- Schlafen unter dem Moskitonetz (vor allem in Hochrisikogebieten).

Hepatitis: Eine Impfung gegen Hepatitis A (evtl. auch B) ist unter Umständen empfehlenswert, auch hierzu sollte man sich individuell beim Arzt beraten lassen.

Magen- und Darmverstimmungen können vorkommen, sind aber kein spezielles Problem in Namibia, sondern können auf jeder größeren Reise auftreten. Entsprechende Mittel gegen Durchfallerscheinungen sollten in keiner Reiseapotheke fehlen. Sehr wichtig ist es, für eine regelmäßige Flüssigkeitszufuhr zu sorgen. Auf langen Fahrstrecken sowie bei Wanderungen gehört stets genügend Wasser ins Gepäck, ggf. auch Salztabletten.

Aids: Aids und Afrika werden oft in einem Atemzug genannt. Man muss davon ausgehen, dass es eine ungebrochen steigende Anzahl von Aidsfällen in Namibia gibt. HIV/AIDS ist für alle, die Sexualkontakte eingehen, unsaubere Spritzen benutzen oder auch auf Bluttransfusionen angewiesen sind, ein großes Problem.

Schlangen: Es gibt in Namibia zwar viele und z. T. giftige Schlangen, doch lauern diese nicht gerade auf Touristen. Übermäßige Angst ist deshalb nicht angebracht. Trotzdem sollte man natürlich stets darauf achten, wo man hintritt, und im Dunkeln unbedingt den Weg mit einer Taschenlampe ausleuchten. Von den etwa 75 in Namibia lebenden Schlangenarten sind 8 so giftig, dass sie für Menschen – vor allem für Kleinkinder – gefährlich werden können. Die meisten Schlangenunfälle ereignen sich in der warmen Regenzeit, die wenigsten in der trockenen Winterzeit. Gefährlich ist die Puffotter, da sie sich sehr träge bewegt und nicht flüchtet. Tritt man auf eine Puffotter, dann beißt sie zu. Vorsicht ist auch bei den selten vorkommenden Speikobras geboten: Das Gift muss sofort aus den Augen gewaschen werden.

Sollte es dennoch passieren und eine Schlange hat zugebissen: Keine Panik! Man sollte sich vor allem Farbe und Kopfform der Schlange merken, damit ein behandelnder Arzt oder anderer sachkundiger Helfer weiß, welches Gegenserum angebracht ist. Als Erste-Hilfe-Maßnahme empfiehlt sich, dass der Gebissene sich hinlegt und keine Anstrengungen unternimmt. Das gebissene Gliedmaß (Arm/Bein) sollte nicht allzu fest mit einer Bandage an eine Schiene gebunden werden (ähnlich wie bei einem Knochenbruch). Abbinden der Blutzirkulation sollte vermieden werden. Wenn keine sofortige Transportmöglichkeit besteht, ist es besser, einen Arzt zum Patienten zu bringen als umgekehrt.

Literatur

Carruthers: Fauna und Flora im südlichen Afrika, Kapstadt 2007, ISBN 978-3-936858-17-4, 294 S., zahlr. Farbillustr., 35,00 €. Der Klassiker der Tier- und Pflanzenführer! Hochwertige Illustrationen und Beschreibung von Niedrigen Wirbellosen, Spinnen, Spinnentieren, Insekten, Süßwasserfischen, Fröschen, Reptilien, Vögeln, Säugetieren, Gräsern, Seggen, Farnen, Pilzen, Wildblumen und Bäumen.

Grünert, N.: Namibia: Geologisches Wunderland, Padlangs Publ., Windhoek 2017, 2. Aufl., ISBN 978-99916-908-2-7, 219 S., 39,95 €. Durchgehend Farbfotos, Abb. u. Kartenskizzen. Aufwendig gemachter geologischer Reiseführer für Namibia.

Henning-Lohmann, R.; **Schulze Neuhoff**, K.: Ababis Gästefarm: LEKKER! Namibische Farmküche zum Kochen und Genießen. Seedorf, 2022. ISBN 978-3-948155-01-8. 36,00 €. Großartiges Namibia-Kochbuch in deutscher Sprache! Nach Jahren endlich wieder ein reich bebildertes, qualitätsvolles Kochbuch mit tollen namibischen Rezepten.

Hilpisch, H.: Die Woermann-Linie als Lebensader Deutsch-Südwestafrikas. Kuiseb Verlag, Windhoek 2021. ISBN 978-99945-76-76-0, 280 S., 29,95 €. Nach der Etablierung Südwestafrikas als deutsche Kolonie folgten bald Bestrebungen, eine regelmäßige Schifffahrtsverbindung dorthin aufzubauen.

Iwanowski, M.: Namibia, Dormagen 2020. ISBN 978-3-86197-229-7, 612 S., 25,95 €. Bewährter Namibia-Reiseführer in der 31. Auflage mit ausführlichen Hintergrundinformationen zu Land und Leuten, Geschichte, Politik, Ökologie und zur Tierwelt. Ausführliche Routenbeschreibungen, Reisekarte u. Karten-Download.

Jäschke, U.: Namibia Road Map 1:2 Mio., Projects & Promotions, Namibia 2022, ISBN 978-9991676364. Faltkarte, 66 x 73 cm, 9,95 €. Diese in zahlreichen Auflagen ausgereifte Karte gilt als eine der besten dieses Maßstabes für Namibia und das westliche Botswana.

Martin, H.: Wenn es Krieg gibt, gehen wir in die Wüste, Two Books, Hamburg 2002, ISBN 978-3-935453-02-8, 400 S., 12,80 €. Eine wahre Geschichte: 2 deutsche Geologen in Südwestafrika verbergen sich im II. Weltkrieg vor der Internierung in der Wüste Namib, unter Lebensgefahr, Hunger und Durst in wechselnden Verstecken. Ein feinfühlig und spannend geschriebener Klassiker der Namibia-Literatur.

Petrou, N.; Macleod, N.: Wilde Natur in Namibia. Random House South Africa, 2019, ISBN 978-1-77-584682-6, 160 S., 19,95 €. Ein Bestimmungshandbuch für Säugetiere, Vögel, Reptilien, Wirbellose, Flora und Flechten in Namibia.

Schleicher, A.: Reptilien Namibias. Kuiseb Verlag, Windhoek 2018, 2. Aufl., ISBN 978-99945-76-61-6, 276 Seiten, 450 Farbfotos und Verbreitungskarten, 39,95 €. Fundierter Naturführer zu Schildkröten, Echsen, Krokodilen und Schlangen.

Schütte, T.: Land Matters. (DVD-Film, 65 min., deutsch) Strategien namibischer Farmer als Reaktion auf Auswirkung der staatlichen Landreform. Der subtil wirkende Dokumentarfilm schafft ein ungefiltertes Gefühl für die Vielschichtigkeit der Landproblematik in Namibia.

Uhlmann, A.; Gralow, K.-D.: Das Hottentottenparadies: Eine Erzählung von der Entdeckung der sagenumwobenen Diamantfelder Deutsch-Südwest-Afrikas. 2020, ISBN 978-3-94-632442-3. 170 Seiten, 19,00 €. Beitrag zur Orts- und Literaturgeschichte Namibias.

von Schmettau, K.: Namibia. Entdeckungen, Expeditionen & Geschichten fürs Lagerfeuer. Swakopmund, 2019. ISBN 978-9-99-168216-7. 116 S., 19,95 €. Ein weiterer unterhaltsamer, landeskundlicher Reisebericht aus der beliebten Buchreihe „Auf Pad mit Konny".

Alle Bücher gibt es bei: **Namibiana Buchdepot**, Tel.: 04221/1230240, E-Mail: buchdepot@namibiana.de, www.namibiana.de. Weiterführende Literatur, Landkarten und andere Medien über Namibia und das südliche Afrika.

Literatur
& Landkarten
Medien
Namibia
Südafrika
Botswana
Das größte Angebot nördlich von Windhoek!

Stichwortverzeichnis

Bildnachweis

Die Fotos im Kapitel „Lodges und Gästefarmen" stammen, sofern sie nicht im Abbildungsverzeichnis genannt sind, von den betreffenden Unterkünften selbst.

Allen, Dana (Wilderness Safaris): 65, 220/221; Basini, Simone (www.tourbrief.com): 26; BüllsPort-Gästefarm: 28, 29; Cape Cross Lodge: 48, 49; Cutajar, Paul Zammit (Skeleton Coast Safaris): 17, 60, 61; Erongo Wilderness Lodge: 22, 23; Etosha Oberland Lodge/Ondili: U2 (5), Gondwana: 27, 34, 35, 54, 55, 56, 57 (2x), 78 (o), U4 (2); Gräbner, Peter: 212, 213; Hartmann, Günter: 62, 63, 225, 228; Hobatere Lodge/Arthur Peuckert: S. 128; Hobatere Lodge/Denzel Bezuidenhout: S. 129, Intu Afrika: U2 (3); Iwanowski, Michael: 5, 50, 52, 53, 66, 67, 68, 74, 77, 82, 85, 91, 92, 95, 102, 103 (2x), 106 (2x), 107, 110–115, 118, 119, 140, 141, 145, 156, 157, 223, 226, 229, 230, U2 (2), (5); Iwanowski, Ursula: 69; Kalahari Red Dunes Lodge 87; Kebel, Daniela: 24, 25, 32, 33, 176, 177; Lasslop, Silke: 39 (o) ; Lianshulu Lodge: 42, 43; Mola Mola (www.tourbrief.com): 70, 71; Myers, Mike (Wilderness Safaris): 40/41; N/a'an ku sê: 72, 73 (2x), U2 (1); Namibia Country Lodges: 64; Namibia Tracks &Trails: 10, 11, 14, 15, 20, 21 (2x), 58/59; Namib Naukluft Lodge: 6; Nest Hotel (www.tourbrief.com): 76, 78 (u); NWR: 12, 13, 18, 19, 46, 47, 75, 83; Okahirongo Elephant Lodge: 98/99; Okambara Elephant Lodge: 90; Okonjima/AfriCat: 154, 155, U4 (1); Rovos Rail Tours: 88, 89; Scenic Air (www.tourbrief.com): 79; Skeleton Coast Safaris: 16, 96, 97; South African Tourism: 36 (2x), 37, 38, 39 (u); Stünkel, Maike: 179; Tegas, Pier: 138, 139; Waterberg Wilderness: 95; Wilderness Safaris: 80/81, U2 (4); Wolwedans: 8/9, 30, 31; www.tourbrief.com: 44, 45, 51.

Marion Wallace
Geschichte Namibias
mit John Kinahan

Taleni africa
Das Tor zu Namibias besten Ferienzielen
ETOSHA VILLAGE
TOR ZU NAMIBIAS KÖNIGREICH DER TIERE
Bezahlbarer Luxus am Einfahrtstor zum Etosha Nationalpark nahe Okaukuejo
www.etosha-village.com
SOSSUSVLEI LODGE
DAS TOR ZUR NAMIB-WÜSTE
Luxus direkt am Tor zum Sesriem Canyon und dem berühmten Sossusvlei
www.sossusvleilodge.com
DESERT QUIVER CAMP
DAS TOR NACH SOSSUSVLEI
Selbstverpflegung Exzellenz am Rande der Namib
www.desertquivercamp.com
DESERT CAMP
DAS TOR NACH SOSSUSVLEI
Selbstverpflegung vom Feinsten inmitten einer schönen Wüstenlandschaft...
www.desertcamp.com
TALENI AFRICA RESERVIERUNGSBÜRO
Tel: +27 21 930 4564 | Email: reservierung@taleni-africa.com
/TaleniAfrica
/taleniafricagroup
www.taleni-africa.com

Game Drive

Honeymoon-Suite

Der Pool

Das Empfangskomitee

Eningu
the clayhouse lodge
in the Kalahari

9 individuell gestaltete Gästezimmer, Pool, Lounge und Speiseraum mit Veranda, Dachterrasse, Weinkeller, Bogenschiessbahn, Volleyball, lauschige Wander- und Lehrpfade. Idealer Start- und Schlusspunkt Ihrer Namibia-Rundreise. Nur eine Fahrstunde vom internationalen Flughafen Hosea Kutako.

Eningu ist ein Fenster auf die Kalahari – ein kreativer Blick von einem wunderbar stilvollen Ort aus einer Lodge, die von Wärme, Handwerk und Kunst durchwoben ist, dort, inmitten weiter Kameldomsavanne, wo die letzten Granitriffe des namibischen Hochlands ihre felsigen Rücken in tiefen, roten Sand eintauchen und die langen Dünenrücken der Kalahari sich als erste sanfte Bodenwellen erheben ...

Spazieren Sie entlang gut beschilderter Spazierwege, erfahren Sie dabei vieles über Flora und Fauna. Oder besuchen Sie „Home of Sculptures" der international anerkannten Künstlerin Dörte Berner und begeistern Sie sich an den imposanten, zeitgenössischen Skulpturen. Oder Sie spannen einfach aus am Pool, bei einem guten Wein aus unserem klimatisierten Weinkeller und einem guten Essen aus unserer Frischküche.

Info und Reservation
E-Mail: info@einingulodge.com
Website: www.eningulodge.com
Tel.: +264 64 464 155

Lodge
Farm Peperkorrel No. 294
off Route M51 and Route 1471
Tel.: +264 62 581 880
Mobil: +264 81 480 55 05

www.mount-etjo.com
reservations@etjo.na
+26467290176
Mount Etjo
Safari Lodge
NAMIBIA - 250 km North of Windhoek - Game Drives
-Lion Feed - Rhino Tracking -Fossilized Dinosaur Foot-
prints - Restaurant - Luxury Rooms - Campsites
Experience the Wilderness

OKAMBARA
ELEPHANT LODGE
• KLEIN ETOSHA AM RANDE DER KALAHARI
• NUR 95 KM VOM INTERNATIONALEN FLUGHAFEN ENTFERNT
• URLAUB FÜR DIE GANZE FAMIL IE
• LANGZEITURLAUB
• IDEAL ALS EINSTIEG ODER ABSCHLUSS IHER REISE
• UNGLAUBLICH GROBE ARTENVIELFALT AUF 15000 HA FARMLAND
www.okambaralodge.com
info@okambara.de
+264 62 560 264

Europcar
moving your way
MOVE
TO
EXPLORE
Discover Namibia.
#MoveToExplore
Extensive fleet including SUV's, MPV's and 4x4's.
Branches in Windhoek, Walvis Bay, Tsumeb, Rundu and Oranjemund, as well as in the airports of Windhoek, Walvis Bay, Eros and Ondangwa.
E
Call centre +26 481 124 0364
Office +26 461 385 100
europcar.co.za
EuropcarSA

BüllsPort
Lodge & Farm
Naukluft Mountains
Wandern Reiten Farm erLeben
Dein Abenteuer in der Naukluft
www.buellsport-naukluft.com